密山市革命老区发展史

密山市老区建设促进会 编

黑龙江教育出版社

图书在版编目（CIP）数据

密山市革命老区发展史 / 密山市老区建设促进会编. -- 哈尔滨：黑龙江教育出版社，2021.5
ISBN 978-7-5709-2282-6

Ⅰ.①密… Ⅱ.①密… Ⅲ.①密山－地方史 Ⅳ.①K293.54

中国版本图书馆CIP数据核字(2021)第086980号

顾　　问	于万岭
丛书主编	杜吉明
副 主 编	白亚光　张利国　李树明　李　勃

密山市革命老区发展史

Mishanshi Geming Laoqu Fazhanshi

密山市老区建设促进会　编

责任编辑	宋　菲　高　璐
封面设计	朱建明
责任校对	杨　彬
出版发行	黑龙江教育出版社
地　　址	哈尔滨市道里区群力第六大道1305号
印　　刷	哈尔滨博奇印刷有限公司
开　　本	787毫米×1092毫米　1/16
印　　张	25.5
字　　数	360千
版　　次	2021年5月第1版
印　　次	2021年5月第1次印刷
书　　号	ISBN 978-7-5709-2282-6　　　定　价　58.00元

黑龙江教育出版社网址：http://www.hljep.com.cn
如需订购图书，请与我社发行中心联系。联系电话：0451-82533097　82534665
如有印装质量问题，影响阅读，请与我公司联系调换。联系电话：0451-51789011
如发现盗版图书，请向我社举报。举报电话：0451-82533087

《密山市革命老区发展史》
编委会

主　任　马广明　中共密山市委副书记
副主任　金昌寿　密山市老区建设促进会会长
成　员　董长寿　密山市老区建设促进会副会长
　　　　王凤宝　密山市老区建设促进会秘书长

《密山革命老区发展史》
编辑人员

主　编　金昌寿　密山市老区建设促进会会长
副主编　董长寿　密山市老区建设促进会副会长
编　辑　董长寿　王凤宝
校对员　林　丽

总　序

在举国欢庆新中国成立70周年前夕，中国老区建设促进会王健会长请我为《全国革命老区县发展史》丛书作序，作为一名在老区战斗过并得到老区人民生死相助的老兵，回首往事，心潮澎湃，感慨万千，深感义不容辞，欣然应允。

中国革命老区，是以毛泽东为代表的中国共产党人在领导人民推翻帝国主义、封建主义和官僚资本主义三座大山，争取民族独立和人民解放伟大斗争中建立的革命根据地，在这片红色的土地上，诞生了无数可歌可泣的革命英雄儿女，为后人树起了一座不朽的丰碑。她是新中国的摇篮，是党和军队的根。

在艰苦卓绝的战争年代，老区人民把自己的命运与中华民族的命运紧紧地联系在一起，与中国共产党和人民军队的命运紧紧地联系在一起，他们生死相依，患难与共。我曾亲历过战争年代，并得到过老区红哥红嫂的救助，切身感受到发生在身边的一幕幕撼天动地的革命故事，在那极其艰难的条件下，老区人民倾其所有、破家支前，不怕艰难困苦，不怕流血牺牲。"最后一碗米送去做军粮，最后一尺布送去做军装，最后一件老棉袄盖在担架上，最后一个亲骨肉送去上战场"，这是当时伟大的老区人民为建立新中国做出巨大牺牲的真实写照，它将永远镌刻在中国共产党、中国人民解放军、中华人民共和国的历史丰碑上。他们的光辉业绩永载史册，他们的革命精神必将影响一代又一代的革命新人，造就一代又一代的民族脊梁。

在社会主义革命和建设时期，革命老区和老区人民响应党的号召，面对落后的面貌、脆弱的经济、恶劣的生态环境，他们本色不变，精神不丢，自力更生，艰苦奋斗，干一行爱一行。始终坚持"革命理想高于天"，自觉做共产主义远大理想的坚定信仰者和忠实实践者，勇于向恶劣的自然环境和贫穷落后宣战，他们在各条战线上为国建功立业，用平凡的双手创造了一个又一个不平凡的奇迹，彰显了老区人的崇高精神和人格力量。

在改革开放的伟大进程中，老区人民解放思想，勇于创新，发奋图强，攻坚克难，老区的经济社会建设取得了辉煌成就。特别是在改变中国的面貌、中华民族的面貌、中国人民的面貌、中国共产党的面貌的伟大实践中发挥了至关重要的作用。老区人民既是改革开放的参与者，也是改革开放的推动者。

艰苦练意志，危难见精神。老区人民在近百年的革命战争、社会主义建设和改革开放的伟大实践中，孕育形成了伟大的老区精神：爱党信党、坚定不移的理想信念；舍生忘死、无私奉献的博大胸怀；不屈不挠、敢于胜利的英雄气概；自强不息、艰苦奋斗的顽强斗志；求真务实、开拓创新的科学态度；鱼水情深、生死相依的光荣传统。这是党和人民宝贵的精神财富、丰厚的政治资源，是凝心聚力、振奋民族精神的重要法宝，也是社会主义核心价值观的重要内容。

中国老区建设促进会怀着强烈的政治责任感和历史使命感，组织全国各地老促会人员克服困难，尽心竭力编纂《全国革命老区县发展史》丛书，记录老区的光辉历史和辉煌成就，传承红色基因，弘扬老区精神，是功在当代，利及千秋的一件大事。手捧这部丛书的部分书稿，读着书中的故事，倍感亲切，深感这部丛书具有资政、育人、存史的社会功能，有着重要的时代和历史价值。它是不忘初心、牢记使命的源头活水，是赞颂共产党、讴歌老区人民的一部精品力作，是弘扬老区精神、传承红色记忆的丰厚载体，是一项继承优秀传统文化、弘扬革命文化、发展社会主义先进文化，坚定"四个自信"的宏大文化工程。它必将成为一种文化品牌，为各界人士了解老区宣传老区支持老区提供一部有价值的研究史料。希望读者朋友们能从中了解并牢记这些为党和民族的利益不断奉献的老区人民，从中得到教益，汲取人生奋斗的精神动力。

新时代赋予新使命，新起点开启新征程。让我们更加紧密地团结在以习近平同志为核心的党中央周围，坚持以习近平新时代中国特色社会主义思想为指导，增强"四个意识"，坚定"四个自信"，做到"两个维护"，弘扬老区精神，铭记苦难辉煌。为实现"两个一百年"奋斗目标，实现中华民族伟大复兴的中国梦做出新的更大的贡献！

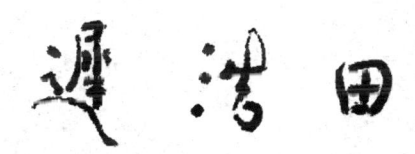

迟浩田

2019 年 4 月 11 日

编写说明

2017年6月，中国老区建设促进会组织全国各地老促会启动编纂《全国革命老区县发展史》丛书，按照"建立中国共产党、成立中华人民共和国、推进改革开放和中国特色社会主义事业"三大里程碑的历史脉络，系统书写革命老区百年历史，深入挖掘革命老区红色文化资源，这对于充实丰富中国革命史籍宝库、在新时代传承红色基因、弘扬革命精神、强固根本，对于激励人们在新的历史条件下夺取中国特色社会主义伟大胜利，实现中华民族伟大复兴的中国梦具有重要意义。

丛书编纂以习近平新时代中国特色社会主义思想为指导，以《中国共产党历史》《中国共产党的九十年》等重要文献为基本依据，以党的领导为核心，以老区人民为主体，以老区发展为主线，体现历史进程特征，突出时代发展特色，坚持辩证唯物主义和历史唯物主义相统一、历史真实性与内容可读性相统一的原则，书写革命老区从站起来、富起来到强起来的光辉革命史、不懈奋斗史、辉煌成就史，把老区人民的伟大贡献、伟大创造、伟大成就、伟大精神充分展示出来，形成一部具有厚重历史特征和鲜明时代特色的精品力作。这是一部培根铸魂、守正创新，既为历史立言，又为时代服务，字里行间流淌着红色血脉、催生着革命激情的传世之作。丛书的编纂出版将成为讴歌党讴歌人民讴歌时代、传播红色文化、为革命老区和老区人民树碑立传的重要载体。丛书按照编年体与纪事本末体相结合、以编年体为主的编写体例确定框架结构；运用时经事纬、点面结合的方式记述史实；坚持人事结合、以事带人的原则处理人与事的关系；采取夹叙夹议、叙论结合以叙为主的方法展开内容。做到史料与史论、历史与现实、政治与学术统一，文献性、学术性、知识性相兼容。

为编纂好《全国革命老区县发展史》丛书，打造红色文化品牌，中国老区建设促进会认真组织积极协调，提出政治立场鲜明、史料真实准确、思想论述深刻、历史维度厚重、时代特色突出、编写体例规范、篇目布局合理、审读把关严格、出版制作精良的编纂出版总要求，力求达到革命史籍精品的精神高度、思想深度、知识广度、语言力度，增强丛书的权威性和社会影响力。各省（区、市）、市（州、盟）、县（市、区、旗）老促会的同志，以强烈的使命感、责任感和紧迫感，勇于担当，积极作为，认真实施，组织由老促会成员、专家学者等参加的十余万人编纂队伍。编纂工作主体责任在县，省、市组织协调、有力指导、审读把关。各方面人员以高度负责的精神和科学严谨的态度，满腔热情地投入工作，为丛书编纂出版做出了重要贡献。丛书编纂工作还得到了党和国家有关部委、地方各级党委政府及有关部门的大力支持和积极参与，社会各界也给予了热情帮助。中共中央政治局原委员、中央军委原副主席、原国务委员兼国防部长迟浩田上将，对老区人民怀有深厚感情，对革命老区建设发展十分关注，欣然为《全国革命老区县发展史》丛书作总序。

| 编写说明 |

丛书由总册和1 599部分册（每个革命老区县编纂1部分册）组成，共1 600册。鉴于丛书所记述的史实内容多、时间跨度长和编纂时间紧，不妥之处，敬请批评指正。

中国老区建设促进会

目　录

序 ………………………………………………………… 001

第一章　革命老区密山概况

　第一节　密山名称的由来 ………………………………… 001

　第二节　密山的历史沿革 ………………………………… 002

　第三节　密山的资源丰富 ………………………………… 003

　第四节　密山被命名为国家一类革命老区 ……………… 010

第二章　密山抗日斗争烽火

　第一节　密山沦陷　日军肆虐 …………………………… 020

　第二节　密山发现的侵华日军罪证 ……………………… 023

　第三节　密山地区抗日斗争简略 ………………………… 030

　第四节　密山红色国际交通站 …………………………… 058

　第五节　密山是《红灯记》故事的发生地 ……………… 066

　第六节　抗联四军原军长李延禄传略 …………………… 070

　第七节　抗日英烈传略 …………………………………… 077

　第八节　中央公布的密山著名抗日英烈名单 …………… 132

第三章　密山解放　剿灭残匪 ………………………… 133

第一节　三五九旅解放密山 …………………… 133
第二节　密山剿匪斗争 ……………………………… 135

第四章　密山地区土地改革运动 …………………… 182
第一节　密山土改综述 ……………………………… 182
第二节　密山地区土改大事记（1946年至1949年2月）… 193
第三节　参加土改主要人物介绍 …………………… 202
第四节　密山县政府早期领导人介绍 ……………… 208
第五节　部分老革命土改回忆录 …………………… 221
第六节　根据地密山人民支援前线 ………………… 233

第五章　密山被誉为"四大摇篮" ………………… 238
第一节　人民装甲兵的摇篮 ………………………… 238
第二节　电器修造业的摇篮 ………………………… 247
第三节　航空事业的摇篮 …………………………… 265
第四节　军工发射药业的摇篮 ……………………… 308

第六章　抗美援朝　保家卫国 ……………………… 322
第一节　英勇的抗美援朝先头部队 ………………… 323
第二节　老航校学员的英雄事迹 …………………… 324
第三节　人物简介 …………………………………… 336

第七章　密山老区革命遗址 ………………………… 340
第一节　密山烈士陵园 ……………………………… 340
第二节　密山多处革命遗迹 ………………………… 347

第八章　开发北大荒 ………………………………… 351
第一节　十万官兵开发北大荒 ……………………… 352
第二节　北大荒开发建设纪念馆 …………………… 363

第九章　亲切的关怀　殷切的期望 ………………… 372
第一节　国家领导人视察革命老区密山 …………… 372
第二节　在密山战斗过的部分领导视察密山题词 … 376

第十章　密山革命老区的建设发展 ················ 381
编后语 ·· 386

序

按照国家、省、鸡西市老促会关于编撰《全国老区县发展史》的有关要求，为了弘扬和践行革命老区精神，密山市《密山革命老区发展史》编委会，经过反复、细致、周密收集资料，整理史料，编写出版了《密山革命老区发展史》一书。革命老区是在我国土地革命战争时期和抗日战争时期，在中国共产党和毛泽东等老一辈无产阶级革命家领导下创建的革命根据地，它分布在全国1 599个县（市），密山市16个乡镇、154个行政村都是国家一类革命老区，我市老促会是国家老促会联系点之一。革命老区是新中国的摇篮，今天的新中国是在无数革命先烈前赴后继，用鲜血和生命换来的，是新中国社会主义大厦的牢固基石。无论战争年代还是社会主义建设时期，老区和老区人民为中国革命和建设事业都付出了巨大牺牲，做出了极大贡献。老区是充满荣誉的，老区的革命传统和历史经验是非常宝贵的精神财富，它的光荣业绩载入了史册，永放光芒。习总书记说："中国革命历史是最好的营养剂"，"让红色基因代代相传"。特别是对广大青少年来说，多重温我们党领导人民进行斗争的伟大历史，心中会增添很多正能量。

对革命老区发展历史这一特殊财富的梳理挖掘工作，不能仅停留在牺牲奉献、贫穷落后这样的概念上，革命老区作为中国革命的依存和发展条件，有其特殊的内涵和外延，我们要铭记把握习总书记关于革命老区的重要论述，协调协助有关部门和机构，把革命老区作为特殊的独立的对象，系统全面地梳理挖掘这一丰富宝贵的精神财富。这是做好宣传老区工作的源泉，也是密山经济社会发展的助推剂。革命老区在我国革命斗争中，发挥了"聚水浮舟"的作用，这个真谛的挖掘加工，不仅有厚重的历史价值，更有建设时期借鉴的现实意义，要在大量的历史表象中，择取精华，认知本质，更加理性地，更加深刻地认识革命老区，切实把革命老区蕴涵的政治的、文化的、经济的、社会的、历史的、现实的精髓把握好，努力把这种精神变成为指导加快革命老区密山经济社会发展的宝贵财富。老区精神永放光芒！

张 雷

第一章 革命老区密山概况

第一节 密山名称的由来

密山因境内有蜂蜜山而得名。在密山东南18公里处有一座海拔574米的山峰。古时，山上野蜜蜂成群，在山上垒巢酿蜜，每当夏季时节，蜂蜜从山峰石隙间流淌，故人们将此山称为蜂蜜山。清光绪三十三年（1907年）吉林总督徐世昌奏请清廷设蜜山府，1908年（光绪三十四年）2月11日，清内阁政务处奉旨依议，增设蜜山府。清政府下发批文、印鉴均将"蜜"字改为"密"。密山的地名便由此诞生，沿用至今。

密山位于黑龙江省东南部，鸡西以东84公里，地处东经131°14′至133°08′，北纬45°01′至45°55′之间，属三江平原第二区。东北与虎林相邻，北与宝清县接壤，西北与七台河市毗连，西南与鸡东县为邻，南为俄罗斯，国界线长265公里，其中水界235公里。

密山总面积7 843平方公里，"三山二水五分田"。现密山市辖8个镇、8个乡（其中1个朝鲜民族乡）：密山镇、连珠山镇、当壁镇、知一镇、黑台镇、兴凯镇、裴德镇、白鱼湾镇，柳毛乡、杨木乡、和平朝鲜民族乡、承紫河乡、二人班乡、太平乡、兴凯湖乡、富源乡。乡镇辖154个行政村。境内有：农垦牡丹江管理局、八五五农场、八五七农场、八五一一农场、兴凯湖农场，全市人口44万人，其中朝鲜族、满族、回族、蒙古族等29个少数民族人口，占全市人口的8%。

第二节　密山的历史沿革

密山历史悠久，早在7 000多年前的新石器时代就有人类在此繁衍生息。

商周属肃慎。

西汉至魏晋属挹娄。

唐属渤海国东平府。

金属上京恤品路。

元属辽阳行省开元路。

明属奴儿干都司。

清为宁古塔副都统管辖。

清光绪二十一年（1895年），开始放荒招垦。

清光绪二十五年（1899年），于蜂蜜山设招垦局，管理今密山、虎林、饶河一带的招垦事宜。

清光绪二十六年（1900年），沙俄武装入侵，垦户惨遭杀害和逃亡，招垦局被迫撤销。

清光绪二十八年（1902年），复设招垦机构，隶属穆棱河招垦分局。

清光绪三十三年十二月二十六日（1908年2月11日），清政府批准建密山府，于蜂蜜山招垦局址（今知一镇），设置密山府。

清光绪三十四年十月十五日（1908年11月8日），知府到任视事。隶属吉林行省东北路道。

1913年，将密山府改为密山县。

1946年，密山县划为12个区，即：白泡子、马家岗、杨木岗、杨岗、五道岗、连珠山、黑台、永安、向阳、二人班、三梭通、城关等区。

1947年，密山西部新建"永安县"，原密山县永安、向阳二个区划归"永安县"。

1958年8月密山县将行政区改为19个人民公社，下辖277个大队，1 695个生产队。

1988年11月经国务院批准撤县建市。

1992年10月由牡丹江市管辖划归鸡西市管辖。

2012年密山市辖8个镇、8个乡（其中1个朝鲜民族乡）。

第三节　密山的资源丰富

密山解放后几十年来，7 000多年的人类文明、光荣的革命传统、北大荒精神，培育、激励、鼓舞着老区人民奋发向上、艰苦奋斗、继承发展。密山老区人民通过辛勤耕耘取得了丰硕业绩，密山发生了翻天覆地的变化。社会各项事业进步，很多部门和行业进入国家、省市先进行列。经济建设突飞猛进，2016年国内生产总值实现130亿元，同比增长5.6%；公共财政收入实现4.2亿元，同比增长3.8%；城镇常住居民人均可支配收入23 626元，同比增长7.7%；农村常住居民人均可支配收入15 193元，同比增长7.6%。密山的良好基础、丰富资源和独特优势，具有巨大的发展潜力和吸引力，前景非常可观。

一、密山地处北大荒，是大粮仓

境内"三山二水五分田"，可以说人类生存生产最合理的地理环境。密山山清水秀，林茂草丰，沃野无垠，稻香鱼肥，堪称鱼米之乡。密山农田耕种面积270多万亩，素有"风调雨顺，旱涝保收，十年九丰"的美誉。勤劳的老区人民通过辛勤耕耘，农业生产年年获得丰收，2016年粮食总产达到20.9亿斤。密山是国家商品粮基地，是粮食产量大县。渔业资源丰富，兴凯湖白鱼湖虾远近闻名。

二、密山旅游资源丰富，是旅游胜地

兴凯湖之夏

青年水库全景

铁西国家级森林公园

荷香园

兴凯湖国家级自然保护区

兴凯湖总面积达到4 380平方公里（属于中国面积1 190平方公里），湖光山色景色宜人。湿地面积22.3万公顷，这片物种多样的大湿地已被《拉姆萨尔公约》确定为国际重要湿地，是世界三大湿地之一。湿地作为地球的肾，起到调节密山地区小气候的作用，夏季空气湿润、新鲜、凉爽，给人们提供舒适的旅游气候环境。旅游景点、设施比较齐全，境内兴凯湖风景区、国家级自然生态保护区、国家级地质公园、兴凯湖湿地博物馆、北大荒书法长廊、铁西国家级森林公园、蜂蜜山景区、王震纪念馆、航博馆、荷香园、弘法寺等景点星罗棋布，并设有数条方便的旅游线路，尤其是红色旅游资源非常丰富。

三、密山人文资源丰厚，是兴凯湖文化的产生地

北大荒书法长廊正门

北大荒书法长廊内的书圣王羲之雕像、"丁玲日记""邵宇塑像"

北大荒书法长廊著名雕刻作品

密山有着7 000多年的悠久历史，有着新石器时代的文明，有着光荣的革命斗争史，是中国人民空军、人民装甲兵、发射药制造业、军工电器修造业的摇篮，也是北大荒精神的发祥地，丁玲、艾青、聂绀弩、吴祖光、邵宇等名人曾在这片土地上生活过，传播过先进文化。密山具有浑厚的文化底蕴，是兴凯湖文化产生发展的所在地。后人继承和发扬浑厚的文化，取得了辉煌的业绩，教育、文化、卫生、交通等社会事业都进入全国、省市先进行列。代表性的人文景观有"北大荒书法长廊"，占地面积四万平方米，是全国最大的现代书法艺术碑林。整个碑林汇集了现代著名书法家精品3 000多件，还有曾在密山工作过的文化名人、战斗过的老干部的书法精品石刻。碑林整体构思独特，气势宏伟，每年游客络绎不绝。

四、密山矿藏和自然资源丰富，是天然宝库

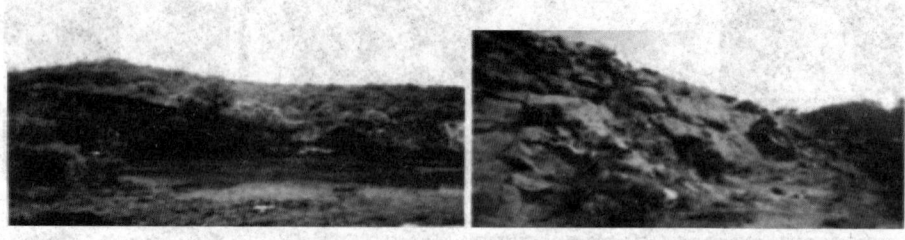

密山煤炭、石墨、钾长石、大理石等矿藏资源丰富

兴凯湖大白鱼、湖虾等鱼类资源丰富

密山野生资源丰富

煤炭、石墨、钾长石、大理石、石灰石、花岗岩、钛铁、铀、金、铝、锌等10多种高品位矿产资源。其中煤炭储量约为5亿吨，石墨储量约为2.5亿吨，钾长石储量约为1亿吨，钛铁储量约为8万吨，大理石储量约为5.4亿立方米，采矿业的前景可观。林木、山野菜、中草药等资源也非常丰富。

五、密山交通发达，是创业者实现梦想之地

密山四通八达的公路网络

密山，国家一类陆路口岸

密山不但资源丰富，还有着各方面的优势。交通发达，便于出行。交通硬质路面已实现四通八达，做到乡乡通、村村通、户户通、场场通，大通道连着邻县市，鸡虎高速公路更是加快了车速，一条铁路通往全国，尤其是兴凯湖机场的建设大大拉近了与外界的距离，到北京只需两个多小时、到上海只需四个多小时、到哈尔滨只需一个多小时。陆路口岸，便于开展国际贸易。1988年，国务院批准密山口岸为一类陆路客货口岸。2016年进出口贸易额实现1.55亿美元，同比增长8.9%。特别是工业园区，利于创办企业。密山工业园区是全省唯一的县（市）级工业园区，现占地面积2.9平方公里，园区内供水、供电和供热等设施配套，已投资近亿元，启动了园区道路、给排水、路灯、绿化、通信和电力管线等基础设施及土地收储。现已有25家企业入驻。招商引资政策优惠，创业办企环境宽松。制定了一系列优惠政策，并在监督落实上狠下功夫，实行阳光办公、领导负责、全程领办、跟踪监督等有效制度。现引进企业开复工5 000万以上重点产业项目19个，其中超亿元项目8个、5 000万元到亿元以上项目11个，实现固定资产入库9.2亿元。

密山是中国共产党活动较早的地方，具有革命斗争的光荣传统，被国家确定为一类革命老区。革命老区密山人民为抗日斗争、解放战争、抗美援朝等武装斗争付出了巨大的牺牲，做出了伟大的贡献。

第四节　密山被命名为国家一类革命老区

一、密山曾经是抗日斗争的战场

1930年9月，北满特委在密山建立了第一个党组织——中共密山特别支部，并委派党员池喜谦、张山海二人到当壁镇开展工作。当年10月,将密山特别支部改为密山县委,北满特委派特派员朴光瑞来密山组建县委,池喜谦任县委书记。1932年10月,中共绥宁中心县委为了加强对密山地区抗日斗争的领导,先后派遣朴凤南、李成林、黄玉清、朱德海等20余名党员干部到密山开展工作,并建立了当壁镇、五道岗、二道岗、一撮毛、龙王庙5个党支部。1933年1月8日,日本广濑第十师所属密山支队占领密山。1933年3月6日,密山县委反日会在哈达河头段正式成立。1934年3月,中共密山县委创建密山抗日游击队。1934年9月,杨松化名吴平,以中共满洲省委巡视员身份到密山巡视工作,在密山哈达河沟里主持召开了密山县委扩大会议。会议决定成立抗日同盟军总司令部,任命李延禄为总司令;将密山游击队编为抗日同盟军第二团,明确规定抗日同盟军由密山县委直接领导。12月,吴平在牡丹江组建了吉东特委。在吉东特委统一部署下,将密山新组建的抗日同盟军正式定名为东北抗日同盟军第四军。1936年2月,东北抗日同盟军第四军改称东北抗日联军第四军。

在抗日斗争中,密山的党组织越来越成熟发展,人民武装越来越壮大,密山优秀儿女密切配合抗日武装,不怕流血牺牲,与日军进行了殊死的斗争。1945年8月8日苏联政府正式对日宣战,8月13日苏军进入东安市(现密山镇),大大加快了胜利的步伐。密山人民经过将近13年的艰苦卓绝的斗争,最终打败日军,取得了抗日斗争的伟大胜利,为祖国为世界反法西斯战争作出了贡献。

二、东安(密山)根据地的创建

(一)党中央派干部到东安(密山)

1945年8月15日,日本无条件投降,抗日战争取得胜利。不久,中共中央制定了"关于向北发展,向南防御"的战略方针。

1945年12月28日，毛泽东以"建立巩固的东北根据地"为题，从七个方面全面阐述了建立东北根据地的相关问题。争夺东北，关系到中国革命的成败。鉴于东北地区的重要性，中共中央决定调4名中央政治局委员带领2万名干部、11万大军挺进东北。晋绥中央分局第一批抽调吴亮平在内的100人左右的高、中级干部，组成晋绥挺进东北干部团。

1946年4月初，吴亮平向合江省委书记张闻天报到，出任中共合江省东安地委书记兼（第二）军分区政治委员。东安地区位于北满东南部，包括鸡宁（西）、虎林、饶河、宝清、密山和东安市等地，属合江省管辖，它背靠苏联，是东北根据地的重要依托和东北解放战争的战略后方基地。

（二）解放东安（密山）建立人民政权

1946年4月15日，吴亮平从宁安到达东安地区鸡宁县（现鸡西市）。当时东安敌伪残余势力气焰嚣张，其中危害最严重的是以郭清典为首的一伙国民党政治土匪。

东北局、东北民主联军总部于6月16日决定："在东安地区建立第一个后方根据地（共划12个后方根据地），作为三五九旅和山东二师的后方基地。"三五九旅刘转连旅长受命率部统一领导指挥牡丹江三支队及虎林、鸡宁地方部队，肃清东安、密山（现知一）、鸡宁及勃利、林口之匪。

吴亮平（吴仁衡）作为这一地区的最高行政与军事首长，参与了三五九旅解放东安之战。6月20日，在三五九旅主力的强力攻击下，土匪郭清典部被迅速击溃，6月22日，东安（现密山镇）、密山县（现知一镇）城解放。同日，中共东安地委书记吴亮平、东安行署专员顾志等领导同志抵达东安市（现在的密山镇），全面领导密山地区清剿残匪、土地改革等建立巩固的根据地工作。6月末，中共东安地委任命三五九旅骑兵团政委、红军老干部李文华同志为中共密山县委书记；任命原吉东特委国际交通员傅文忱同志为密山县人民政府县长兼密山土改工作团主任职务。东安的解放，为我党创建北满根据地奠定了基础。于1947年2月彻底消灭了被打散上山的残匪，从而稳定了东安地区的局面。

（三）开展土地改革和大生产运动

时任中共合江省委书记的张闻天，提出全省工作应是：以发动群众改革封建土地制度为中心，完成剿匪、生产、支前的任务。吴亮平便以"一个中心，三项任务"为纲全面开展工作。

1946年7月8日，中共中央东北局派来以陈伯村（兼东安地委副书记）为团长，李尔重、于杰为副团长的200多人的土改工作团到东安地区。密山的土改运动从1946年6月末开始到1948年4月结束，层层建立了工农政权。密山是东安地区开展土改运动最早的县。

转移中心，发展生产。东安地区土地改革胜利结束，把工作中心转入生产运动上来。地委召开千人发展生产动员大会，同时，东安地委发出《关于开展群众大生产运动的指示》，号召各级领导深入动员，激发翻身农民的生产热情；改良耕作方法，组织生产互助组等。这一年，农民生产积极性极高，耕地面积扩大了，粮食增收了，翻身农民踊交公粮，支援前线。由于生产大发展，东安地区人民的生活也有很大的改善。

兴办实业，发展边贸。在东安地区进行土改运动的同时，也抓地区的工商经济发展。受战争影响，这里解放初期工商倒闭，市场萧条，粮油盐棉等生活日用品十分缺乏，人民生活陷入难以为继的困境。为此，地委制定一系列办法措施，使东安地区工商经济得到恢复和发展，工商业从业户大大增加，生产发展，经济繁荣。创办公立工商企业，东安地区先后成立东丰贸易公司、林业实业公司等，并开办了机械厂、军用被服厂、面粉加工厂等。还派军分区部队到宝清县金沟采金，解决经费来源。又在鸡宁、密山恢复煤矿生产，解决燃料问题。开放边境口岸贸易。密山的当壁镇是历史上中俄通商的边境口岸。吴亮平亲自率团到苏联，同当地军政官员洽谈通商贸易具体事宜。1946年12月初，我方第一批贸易物资大豆、豆油、猪肉、白酒等运至苏联，换回苏方的布匹、食盐、油、玻璃等。1946年到1947年两年间，东安地区共出口大豆10万吨，实现利润3.8亿元（当时货币）。口岸贸易极大地缓解了当时根据地困难，为根据地经济发展、创造收入起到重要作用。

克服困难，保障供给。东安地区作为东北根据地的后方基地，东北民主联军的山东二师、三五九旅驻扎这里，陆军第九医院、卫生学校、航空学校（我军第一所航校）、战车大队、通讯兵学校（我军第一所通讯兵学校）、总后军工部直属一、二厂及东北印刷厂等先后搬迁到这里。驻军、军校和军工单位的粮草和军需物资全部由东安地区承担。1946年，东安地区军队供应员额为11 000多人，党政机关人员为4 000人。每天需要粮食27 000斤，军队饲养战马500多匹，每天需要3 500斤饲粮、10 000斤饲料。1946年东安地区受灾粮食减产，但翻身解放后的东安地区人民积极踊跃地把粮食献给政府，仅密山县人民就献粮食12 050吨。此外，当时由于国民党反动派的经济封锁，加之当时的经济萧条，东安地区的棉花、棉布极为缺乏，广大人民群众在政府的号召下，纷纷向部队献出狗皮、马皮、羊皮、兔皮，并为部队赶制了棉皮鞋4 000双，牛皮乌拉3 000双，单鞋6 000双。

征集兵员，参军参战。仅一年时间，东安地区送去优秀子弟26 000人。三五九旅和山东二师不但在东安治愈了上千名伤病员，使部队的缺员得到了补充，而且在奔赴前线时又整整增加了一个独立团。这个团在三下江南和辽沈战役中做出了突出贡献。

(四) 大力发展军工业，全力支援前线

当年，战车大队、电器修造厂、航校、发射药厂先后成立或入驻东安根据地，它们被誉为"四大摇篮"。初创时期，在极其艰苦的条件下，他们克服不可想象的困难，加快建设步伐，加紧生产军需品，全力支援了前线。

东安（密山）战车团成立。1946年8月，我党我军第一个战车大队进驻东安市（密山）。1947年10月，随着战车大队人员装备的增加，战车大队扩编为战车团，孙三任东安（现密山市）战车团团长。隶属东北民主联军司令部直接领导。这是我党我军第一个坦克部队。他们将战利品，用拆东补西的办法修造出20辆坦克，50多辆汽车，先后参加了攻打吉林哈达湾、四平街和辽沈战役。现存军事博物馆中的"功臣号"坦克，就是东安战车团的"老头号"坦克。1949年10月1日，开国大典阅兵式，东安战车团学员董来扶驾驶的"功臣号"坦克和战车团的指战员驾驶的99辆坦克与装甲车通过天安门接受检阅。因此，密山被誉为中国人民解放军坦克装甲兵的摇篮。

东安（密山）电器修造厂成立。1946年8月10日，东北军区总部任命程明升为东北军区军工部副部长兼东安电器修造厂厂长。在东安的3年时间里，据不完全统计，共生产15瓦发报机316部，手摇发电机911部，三灯和四灯收报机336部，有线电话单机836部，总机233部，干电池10万余只，还有32部超短波机和大批信号弹。

东北民主联军航校落户东安（密山）。1946年8月中旬，以王弼、李汉、师秋朗等人为核心的航校先遣部队到东安市北大营。1946年11月，东北民主联军航空学校校长常乾坤率领部队及全校1 500余人，用马车从牡丹江将破旧飞机及部件拉到东安（密

山)。在极其艰苦的条件下,航校已有修好与待修的日式飞机93架、能用的发动机193台、培养航空技术人员560多名。当时东安机场的日式"九九"高级教练机,现存国家军事博物馆。令美国空军闻风丧胆的王海、刘玉堤、张积慧、李汉、邹炎、孙景华、侯书军、王天所、华龙毅等老航校学员,都是从这所航空学校成长培养出来的,后来成长为著名的空战英雄。上百位老航校师生后来分别担任了空军、海军航空兵、飞机制造工业、国家民航的领导骨干。

东安(密山)发射药厂成立。1947年初,东北军区参谋长伍修权和时任中共东安地委书记的吴亮平几经踏察,将解放区第一座发射药厂东北军区军工部直属一厂(国营四七五厂前身)厂址选定在东安(密山)连珠山区新发村。利用残留的侵华日军坦克修配所和日军兵营建起了我军第一座大规模发射药厂,主要生产单基发射药"五〇"弹、精棉、硝化棉等。从1947年建厂到1969年搬迁,在密山经历了22个春秋,为全国解放、抗美援朝、对外反击战、国防建设和经济建设做出了重大贡献。这里被军工战线誉为全国发射药制造工业的摇篮。

总之,东安(密山)革命根据地在中国共产党的领导下建立了人民政权,经济快速得到恢复和发展,以人力、物力、财力有力地支援了东北乃至全国的解放战争,成为巩固的战略后方基地。

三、密山革命老区的认定

(一)革命老区及其认定标准

"革命老区"是一个特定的政治历史概念,最早是毛泽东提出的。毛泽东说:"日本投降以前的老解放区,与日本投降以后至全国大反攻时两年内所占地方的半老解放区,与大反攻以后所占地方的新解放区,此三种地区情况不同,实行土地法的内容与步骤亦应有所不同。"毛泽东这里所说的"日本投降以前的老解放区",是指在第二次国内革命战争(土地革命战争)时期和抗日战争时期共产党所领导的革命根据地。这里所说的"日本投降以后至全国大反攻时两年内所占地方的半老解放区",是指从日本投降之后到1947年9月期间的共产党领导的解放区。现在,一般对上述三种情况的革命根据地和解放区,统称为革命老区,简称"老区"。

经国务院批准,1979年6月24日,民政部、财政部向各省、直辖市、自治区下发了《关于免征革命老根据地社队企业工商所得税问题的通知》(民发〔1979〕30号、(79)财税85号),其中规定了革命老区认定的基本标准。

第二次国内革命战争根据地的划定标准:一是曾经有中国共产党的组织;二是有革命武装;三是发动了群众,进行了打土豪、分田地、分粮食牲畜等运动;四是建立了工农政权,并进行了武装斗争,坚持半年以上时间。

抗日根据地的划定标准:一是曾经有中国共产党的组织;二是有革命武装;三是发动了群众,进行了减租减息运动;四是建立了抗日民主政权,并进行了武装斗争,坚持一年以上时间的。

1979年划定革命老根据地是以生产大队为单位的。如果一个公社内,属于革命老根据地的生产大队超过半数,这个公社可算作革命老根据地公社。1984年农村体制变更后,撤销公社变为乡镇,生产大队变为行政村。现在一般对革命老区划分为四类:一个县(市、区)中,如果有老区乡镇的数量占全县(市、区)乡镇的90%以上,该县(市、区)则属于一类老区县(市、区);如果占50~89%则为二类老区县(市、区);如果占30~49%,则为三类老区县(市、区);占30%以下则为四类老区县(市、区）。

（二）中央北方老根据地访问团莅临密山

1951年8月23日，以松江省人民政府主席、著名抗日将领冯仲云为团长，全国总工会副主席刘季范为副团长的中央北方老根据地访问团莅临密山，在密山剧院举行了欢迎仪式。冯仲云团长宣读了中央致老根据地人民的信：

"亲爱的老根据地革命烈士家属们！革命军人家属们！革命残疾军人们和长期坚持革命斗争的父老兄弟姊妹们！我们奉中央人民政府和毛主席之命，来访问你们，谨向你们致亲切而热烈的敬意……"

从此，祖国边陲密山县（市），被国家列为首批革命老根据地。

（三）省民政厅文件确认密山为国家一类革命老区

1994年省民政厅文件（黑民救函〔1994〕19号）中写道：

"黑龙江省的革命老根据地（亦称'革命老区'），是一九七九年根据民政部、财政部联合通知中'关于认定革命老根据地的标准'确定的。其标准是：曾经有党的组织，有革命武装，发动了群众，进行了减租减息运动，主要是建立了抗日民主政权，并进行武装斗争，时间在坚持一年以上的。""按此规定，我省现行行政区划内含革命老区县（市）54个"，12个为一类革命老根据地（革命老区），其中有密山。由此可知，密山是1979年被省政府按国家统一标准确定为国家一类革命老区的。

四、建东北密山革命根据地纪念园

密山人民为了纪念密山革命根据地对中国革命的历史性贡献，正在建设东北密山革命根据地纪念园。

| 第一章 革命老区密山概况 |

东北密山革命根据地纪念园规划效果图

王学尧烈士女儿王烈遗（前排右四）为首的革命后代参加
东北密山革命根据地纪念园奠基纪念仪式

第二章　密山抗日斗争烽火

1933年1月8日，日本广濑第十师所属密山支队占领密山后，为了巩固殖民统治，日本守备队驻守密山，建立傀儡政权，成立密山清乡局、伪警察局、伪警察步兵队、骑兵队等地方武装。对密山人民进行了残酷的镇压和屠杀，实行"三光"政策，强迫吞并村屯，抓壮丁劳工，还造出名目繁多的罪名，如通苏犯（给不明身份者提供住宿、交通、生活者，甚至为其晚上点灯者等）、思想犯、政治犯、经济犯（吃大米、白面等细粮者）等等。还摊派各种苛捐杂税，勾结伪警、土匪抢劫民财，强奸妇女，无恶不作。

1933年1月8日，日本广濑第十师所属密山支队占领密山，到1945年8月苏联红军进驻密山，将近13年的时间里，密山人民为了打败日本侵略者，为了中华民族的解放，在中国共产党的领导下，抗日军民团结一心，与日本侵略者进行英勇顽强，坚持不懈的斗争，无数密山优秀儿女献出了自己宝贵的生命。

第一节　密山沦陷　日军肆虐

1933年1月7日，日本松尾联队炮击密山县城。8日，日军乘80余辆汽车，攻占密山县城，密山沦陷。日军在密山统治13年，在军事上残酷镇压，政治上殖民统治，经济上疯狂掠夺，文化上强制推行奴化教育。日军肆虐，密山人民惨遭蹂躏。

一、在军事上残酷镇压

（一）滥杀无辜

1937年7月，日军以"通苏"罪名残酷屠杀密山县城南（今知一镇）企林村民40余人，仅一人逃脱幸免，将村落房舍全部烧光。

（二）杀害劳工

日军强迫大批关内百姓和被俘军人到密山采矿、背煤、修筑军事工事，对中国劳工进行惨无人道的奴役。1940年密山兴凯暴发了劳工起义，失败后，甘肃、山西籍的五名起义骨干全部被处决。临刑前，这五位中国同胞向在场的中国人高呼："不愿做亡国奴有良心的中国人，请你们记住我们的名字和住址，等日本人垮台后，告诉家人，我们是为消灭日本人而死的！"

（三）酷刑残害

日军在密山（东安）设多处关押迫害我同胞的水牢监狱和狗圈，对我抗日同胞予以秘密屠杀和残害，有上千人死在他们的屠刀之下，酷刑致伤致残者不计其数。

二、在政治上实行殖民统治

日军为强化其殖民统治，在密山设置伪东安省，第一任省长是日本人御影池辰雄，辖密山县、鸡宁县、宝清县、饶河县、虎林县、东安市，省会设在东安市（今密山市）。各县县长均由汉奸担任。各县均设清乡局、警察局、宪兵队、税捐局等机构，实施殖民统治。为"围剿"我抗日武装，日军对中俄边境线村屯进行火烧实行并屯，宣布密山为国境地带，列为"军事机密特别地区"，发放"居民证书"。成立"义勇奉公队"，强化"勤劳奉仕"运动。实行"国兵法"强征青年当兵。在密山县城（今知一镇）和东安市设立第十一军管区，日本领事馆，开设满洲兴业银行东安支店。在东安设有一个空军联队，修建一个飞行基地，五个起降场。日军在密山境内修筑大量的军事工事并驻扎关东军第五军，多次对我抗日军民进行"冬季大讨伐"，镇压密山人民的反抗。

三、在经济上疯狂掠夺

日军在密山修筑了林密铁路、密虎铁路、东当铁路，建穆棱河大桥，开拓移民，成立日本东蒙兴凯湖渔业公司，成立密山煤矿株式会社，管辖滴道、麻山、城子河、恒山等地煤矿。实行军国主义的"新大陆政策"，疯狂掠夺密山原始森林的木材、原煤、粮食、鱼类。日军还对贫苦农民强行征收"出荷粮"，对农民横征暴敛，为其侵略和统治服务。

四、在文化上强制推行奴化教育

日伪在东安市设立了满洲通讯社东安支局和东安广播电台。出版伪《东安日报》，开设电影院，放映日本军国主义影片。设"满洲青年训练所"，成立万字会、劳工协会、道德会等组织，以灌输殖民主义思想。还在东安设立"思想矫正辅导院"。为日本在密山毙命的两个陆军中将修建"忠灵碑"。兴办东安国高，女子国高，工科学校对中国青年学生进行奴化教育。通过法令形式"在学校中普及日语，列日语为国语之一"。密山境内各学校均推行日语课，课时比例为汉语的二倍，从思想宣传、文化道德教育、宗教等诸方面推行军国主义的奴化教育。

第二节　密山发现的侵华日军罪证

一、密山的侵华日军图片

密山北大营伪满时期日军驻东安省司令部旧址（现在原址上建了裴德医院）

东安（密山）关东军军人会所遗址（后成为裴德医院）

密山的侵华日军飞机场遗址（后来成为东安航校机场）

日本关东军正在组织中国劳工修建密山铁路（王永刚提供）

囤积在密山火车站的东北大豆，即将源源不断地运往日本（王永刚提供）

日军战败后，一列车厢被苏联军队占领中国东北时运往苏联（王永刚提供）

日伪时期（1939年）建造的密山大桥（密山至知一段）（王永刚提供）

1939年侵华日军在密山当壁镇临河村西的小山顶上建筑的碉堡（摄影：赵淑华）

（编者整理）

二、密山惊现侵华日军要塞

日军占领东北之后，曾经在北上与南下问题上犹豫了许久，直到诺门坎战役之后，日军大本营暂时放弃了北上的计划，转而南下。但是惨烈的诺门坎战役，也使日本人对于苏联这个对手产生了极大的畏惧，在不断加强关东军的同时，日军又在中苏边境修筑了大量的要塞式防御体系，以期在未来的战争中拖住苏联军队的进攻锋芒。

密山要塞（日本侵华罪证）

密山要塞就是其中之一。严格讲，密山要塞不算是前线要塞，应该属于前方虎头要塞的战略支撑更为恰当。密山

第二章　密山抗日斗争烽火

要塞群分为两部分，一部分位于兴凯湖一侧山区的半地下混凝土堡垒，目的是抵御来自兴凯湖方向的苏军登陆部队；主要部分是密山机场及附属设施，为虎头要塞、兴凯湖及其他方向提供战术支援。

日军在密山修建了大量的机场与附属物资储存设施，与虎头要塞前后呼应。有趣的是，战争爆发以后，密山兴凯湖守军一触即溃，后面的日军连敌人的影子还没见到，就慌慌张张炸毁了火车站，弄得火车站的日本侨民血肉横飞、哭爹叫娘。虎头要塞顿时成了孤军，而苏联机械化部队也得以从容绕过虎头，长驱直入，密山要塞并没有发挥应有的战术支撑作用。倒是虎头要塞孤军死守，一直坚持到了最后。

这个遗址修建于1938—1939年，有交通壕、反坦克壕，掩体、碉堡、指挥所，掩蔽部，炮台等军事设施。现有三处掩蔽部保存较好，其中一处东、西、南、北均有阶梯出口，且规格相同。掩体相互连接，掩体内部长10米、宽2.5米、高2.5米，门道宽1米、高2.5米主体结构为钢筋水泥混筑。掩体顶部为弧形结构，东西向，顶部有铁制床吊环和通风口，墙壁有灯台座，掩体外60米山腰处设有"形"及"之"字形交通壕，与掩体洞口相连，现保存基本完好。

该遗址由于泥石流对交通壕的覆盖，基本看不出当时的深度和宽度，但遗址因地处偏僻基本未遭到人为破坏。

密山要塞具体位置

崇实华山侵华日军工事遗址位于密山市知一镇崇实村东南15公里的华山顶峰，东临兴隆参场，西为红眼大排干，南抵农田地，北临山岗，面积约45 000平方米。该处多为荒山，少村落。遗址东为兴隆参场，东南为8 510农场七队，崇实村现有居民123户，人口360余人，居民以农业生产为主。

崇实华山侵华日军工事遗址是密山市文物管理所在第三次全国文物普查中新普查登记的遗址，是日本侵华的罪证。

三、侵华日军大炮

1947年，侵华日军巨炮在东安被切割为军工二厂（东安电器修造厂）的生产原料。

四、"黑台火车站"侵华日军碉堡

走进黑台火车站,这里还保留着侵华日军的碉堡,当年日军为加强对铁路线的占领,在黑台火车站建了碉堡,这个碉堡现在依旧在小站西侧。

黑台火车站始建于1934年,是当年林密铁路修筑而设站,这个火车站形状如图一座碉堡,整个站舍埋在地下,设有墙垛和暗孔,当年旅客必须沿台阶上下进出。

对于密山市黑台这个名字的由来,有很多传说,一是根据当年一个叫黑台的日军名字而得名。二是当年坐火车路过该车站,旅客都能从窗口里面看到日本军官躺在床上睡觉,那些日本兵躺着睡觉,都是直挺挺的,戏称这为黑台。

据密山县志记载,这座铁路建筑的炮台式车站,由于炮口朝向中俄边境的"黑背山"所以取名为黑台。

据了解,黑台火车站的碉堡上面有悬空流水槽,当年"大跃进"时期,有人想拆钢筋,于是就砸了一块,才发现没有钢筋,整个流水槽就是水泥浇筑而成,设计成悬空状。

黑台镇原名叫王家烧锅。1913年由王兆桐于此开设烧锅,故称为"王家烧锅",隶属于密山县。1923年改为盔山镇。东北沦陷后,1934年日军修筑林密线铁路设站,设立了"黑台站"。这座火车站的碉堡是日军侵华的又一铁的罪证。

（摄影：王刚 撰文：孙云阁 编者部分整理）

五、日军在密山的南大营

密山是一个战略要地，不仅仅因为密山自然资源丰富，而是密山与军事大国苏联是近邻。20世纪30年代，侵华日军入侵密山后，在此建立了伪东安省，密山地区驻扎着很多侵华日军，并在此建设了司令部、公路、铁路、桥梁、机场、工事、营房、医院、俱乐部、仓库等建筑和东西南北4个大本营。最为人们熟知的就是位于密山镇北的北大营，但要说起东、西、南3个日军大本营，却很少有人知道或者能说清楚。为了解开谜底、记录下来日军这一罪证，笔者多次踏查侵华日军在密山建设的南大营旧址。

南大营日军军官俱乐部遗址

始建于1938年的侵华日军南大营，位于现密山市当壁镇庆利村南约1.5公里处的8510农场2分场6连。从南大营旧址看，当时日军的建设规模相当大，占地面积3.72万平方米，兵营营房还基本都在，有几栋房屋保存相当完好。这些日本建筑全部为砖木结构平房，大都为红砖建筑，高大的烟囱林立在参天大树下面，一部分已改为民用居住，大部分

日军南大营如今还是烟囱林立

第二章 密山抗日斗争烽火

旧房、房框子闲置。

从南大营的营区选址不难看出，日军是出于战略目的才将南大营建在此地，该营区南与苏联仅咫尺之遥，北与伪东安省密山县城仅30余华里，营区群山环抱，易守难攻，南可防苏联红军，北可援密山之需。从建设规模和基础设施来看，当时设计、建设相当考究，营区设有营房、靶场、食堂、营部、俱乐部等机构和场地，周边的丘陵、高地均有军事要塞、工事，西侧小山顶上有供水设施，半山腰还建有一处神社遗址。

据1958年随十万转业官兵到密山的石祥军老人讲（石大爷今年87岁，身体十分硬朗，思路清晰，语言表达能力很强。他用略带山东口音的普通话讲述了当年的状况），1964年他刚来时，这些营房基本完好，当时的水槽还在，只有一少部分房屋被日军逃跑时烧坏了，现在看到的房框子就是当时留下的。但是日军建筑质量非常好，炉灶都是用耐火砖搭建而成的，目前也相当坚固。那时周围的土地基本是荒芜的，只有很少的一点土地看起来是开垦过的，听说是日军的菜地，后来开地挖出很多日军遗留下来的军用品和日用品，有枪支、刀具、炮弹、子弹、水壶、瓷碗、酒碗等等。他介绍，日军从南大营逃走后，解放军四野的

在南大营收集到的弹夹、弹壳

在南大营收集到的弹夹、弹壳

一个团到此驻扎把守中苏边境，1950年抗美援朝战争打响后，这个团撤走，奔赴朝鲜战场。后来，转业官兵开发北大荒将8510农场2分场6连设在此地，连队曾利用日军营房养殖梅花鹿，现在这些营房框子成了堆放粮食的大围墙了。

南大营，是目前密山境内规模最大、保存最完好的日军兵营旧址，也是日军侵略密山最有说服力的罪证。

（摄影撰文：王永刚）

第三节　密山地区抗日斗争简略

一、"九一八"事变后密山地区党建及反日斗争形势

"九一八"事变后，由于国民党蒋介石的不抵抗政策，使日军在较短时间内便将侵略魔爪伸向了东北各地。日本帝国主义侵略东北，妄图将东北作为侵占全中国的桥梁与跳板，变东北为进攻苏联的策源地。1933年1月8日，日军广濑第十师所属密山支队占领密山。当时密山辖区面积为20 000多平方公里（原密山县包括今鸡西市、鸡东县、密山市），有居民22 000余户，其中朝鲜族约占10%。日伪当局认为，密山与苏联毗邻，由于地理关系，居民多有"亲苏倾向"，共产党的活动很活跃，是他们统治吉东的大患，因此，十分注意对密山的殖民统治。日军广濑师团长在占领吉东各县后，将侵犯密山的主力第二十七联队改编成密山守备队留驻密山。同时，日伪在密山匆忙建立傀儡政权，招降纳叛，组成密山县清乡局，成立地方武装。他们将1月20日投敌之自卫军孟繁森团80余人组成密山县伪警察步兵队；将原平阳镇森

林警备队120人组成伪密山县警察骑兵队。同时成立密山县伪警察局,下设两个警察分驻所、6个区警察署,共有警察106人。日伪当局还在密山各集镇和较大村屯组织自卫团、大排队等反动地主武装共34个,计870多人。在日军指挥下,日伪军警以加强治安为名,对密山人民进行了残酷的镇压和屠杀,仅1933年2月至7月日伪有记载的出动"扫荡"就达142次,他们抓住抗日的群众随时枪杀,曾一次杀害被抓群众30人。

　　日军侵占密山后,密山人民在经济上除继续受地主、奸商高利贷盘剥外,日伪加到人民头上的各种苛捐杂税更不胜枚举,密山人民沦入痛苦的深渊。

　　日伪的残酷殖民统治激起了密山人民的反抗,流散于密山一带的自卫军、救国军残部继续扛起反日旗帜,许多有枪的大户、猎手也纷纷拉起队伍抗日。到1933年6月,密山境内立起山头的抗日武装达80余支,约有16 000人。他们积极打击敌人,据敌伪1934年2月出版的《密山县事件》统计,自1933年2月至7月,各抗日武装主动袭击敌人就达49次。2月8日,报字"双胜"的一支300人抗日队伍攻入密山县城,吓得密山县清乡局的成员逃往平阳镇避难;3月9日、18日,"双胜"联合张宝和、陈东山等5个队1 000余人,又接连两次围困密山县城;另一部分自卫军、救国军约500人于2月23日包围并炮击了日伪重兵把守的平阳镇。但由于各支抗日武装自立山头,无统一的领导和指挥,不能相互有效配合,有时还为各自利益发生摩擦,加上给养、武器弹药补给困难,部分旧军队军纪败坏,不得民心,因此在敌人频繁"讨伐"和不断地诱降面前,有的越境入苏,有的开始动摇,有的还投降了敌人。

　　1927年起密山就有党的活动。1927年,哈尔滨日报社副刊编辑、共产党员王栖真因报社被查封而来密山师范讲习所任教,

1928年党员王海曼也到该所任教，利用合法身份在学生中秘密宣传"五四"运动的革命精神，传播马列主义。1930年9月，北满特委在密山建立了第一个党组织——中共密山特别支部，并委派党员池喜谦、张山海二人到当壁镇开展工作。10月，满洲省委依照地理关系和斗争配合的需要，将密山特别支部改为密山县委，北满特委派特派员朴光瑞来密山组建县委，池喜谦任县委书记，张山海、金山海、黄继兴、蔡奇峰、崔英俊、韩熙为委员。县委建立后，在密山的朝鲜族群众中发展党员，仅短短一个多月时间，发展党员20余名，并建立了当壁镇、五道岗、二道岗、一撮毛、龙王庙5个党支部。12月末，县委在二道岗等地组织暴动，由于组织工作不够严密而失败，党员和群众24人被捕，县委骨干池喜谦、金山海、崔英俊、姜时雨、蔡奇峰等14人被通缉，密山县党的组织全部遭到破坏。

"九一八"事变后，饶河中心县委负责人崔石泉（崔庸健），于1931年冬派金刚天、蔡基范来密山恢复和重建党的组织，1932年1月建立了密山区委，金刚天任区委书记。由于区委活动局限于密山南部当壁镇、柞木台子等边境地区，所以组织发展的步伐不大，只建立了当壁镇、柞木台子、一撮毛等3个支部，党员也只有10余名。1932年10月，日军强占黑龙江中部大片领土之后，开始向东入侵，随着战线的东移，绥宁中心县委为了开展密山地区的抗日武装斗争，先后分三批派朴凤南（绥宁中心县委组织部长）、李成林（曾化名金大伦，在救国军总部工作）、李春根、李根淑等20余名党员骨干来到密山，以哈达河为根据地，活动在密山广大地区，并迅速建立了哈达河、白泡子、西大林子3个党支部。鉴于当时密山地区同时出现两个中心县委领导系列的状况，为了统一领导，便于开展斗争，1932年12月，中共满洲省委决定，将饶河中心县委在密山建立的党组织全部划归绥宁中心县委领导，随之改组和加强了密山区委，朴凤南任区委书记。朴凤南等党员骨干来到密山，给密山党的活动增添了无限生机，党员迅速增加到近40人，他们活跃在各民族、各阶层群众之中，揭露日军的侵华罪行，宣讲抗日救国的道理，组织全县人民开展抗日斗争。日军占领密山后，在密山区委的发动和组织下，密山人民群众性的反日活动普遍开展起来，1933年3月在哈达河成立了密山反日总会，各大村镇也都分别建立了秘密的反日会或反日小组。

1933年10月，吉东局（后改吉东特委）决定将密山区委改为密山县委，直属吉东局领导，朴凤南任县委书记，副书记张墨林、李春根任组织部长、李成林任宣传部长、李根淑任妇运部长。密山县委下设4个区委，即东区（白泡子，今白鱼湾）、西北区（平阳镇）、哈达河区和勃利区4个区委。同时，又改建了团密山县委，林永浩任书记、朱德海任组织部长、王兴亚（王汉）任宣传部长。县委成立后，指导组织抗日人民武装作为党的首要任务。鉴于那些自立山头的反日武装各自为政，相互之间不能有效配合，不便统一领导和指挥等问题，根据斗争的需要，决定组建一支由县委直接领导的抗日武装。为此，县委在发动党员深入敌穴从日伪军手中夺取武器的同时，派党员骨干一方面到伪军中去做说服工作，一方面到山林队等分散的反日武装中去做争取工作。在短短几个月的时间内，全县党员就从日伪军手中夺取枪支达29支。1934年3月，密山抗日游击队（当时亦称"民众抗日军"）在县委密营（张老奤菜营）正式成立，并在杨树河子首战告捷，击毙伪军营副、连副各1人，击伤伪军10余人，从此打开了密山党组织领导抗日武装斗争的新局面。

二、密山反日会的成立及其主要活动

（一）密山地区反日会的成立

1933年初日军侵占密山后，第十师团兵力被抽调至热河战场，密山只留下二十七联队的一个步兵大队。因此，日军只占领了穆棱河南的平阳镇、半截河、密山县城等几个较大城镇，其活动范围也只在当日能返回驻地的行程之内。穆棱河北岸重峦叠嶂，除了哈达河街有日军一支小部队外，其他地方敌人尚未涉足，中共密山县委就设在穆棱河北紧靠山边的哈达河头段，这一带也就成了密山人民反日斗争的活动中心。

"九一八"事变后，中共绥宁中心县委为了加强对密山地区抗日斗争的领导，1932年冬先后派遣朴凤南、李成林、黄玉清、朱德海等20余名党员干部来到密山开展工作。他们的到来，充实和加强了密山地区党组织的领导力量。密山的30余名党员干部深入群众，揭露日军的侵略暴行，号召密山人民团结起来，共同开展驱逐日本侵略者的斗争。有志之士在党的影响下，纷纷加入了抗日斗争的行列。密山党组织的工作重点，由推翻军阀统治转变到驱逐日本侵略者；活动范围，由朝鲜族扩展到中华各民族群众之中；组织上，在发展党的力量的同时，积极组织抗日团体开展抗日游击武装斗争。这些重要变化使党在人民群众中的影响日益扩大，使蕴藏在人民群众中的抗日热情得以焕发，促进了密山反日会的产生和发展。在密山县委和广大党、团员、积极分子的努力工作下，群众性的反日会、妇女会、儿童团先后建立起来，在柞木台子、西大林子、知一东门外、白泡子（今白鱼湾）、当壁镇等地，都有反日会或反日小组的活动。

1933年3月6日，密山县委反日会在哈达河头段正式成立，该会由党团员和人民群众中的抗日积极分子组成，是在中国共产

第二章 密山抗日斗争烽火

党的领导下,以反满抗日为宗旨的群众团体。反日会的任务是协助党开展统战工作,扩大抗日力量,巩固抗日根据地,支持和配合抗日武装打击日本侵略者。大家推举了县委副书记张墨林、县委宣传部长李成林、党员阚玉坤3人为总会负责人,总会下设组织、宣传、妇女各部,并设有哈达河、哈达岗、柞木台子和西大林子四个分会。会员分布在哈达河、西大林子、柞木台子、平阳镇、向阳等地。反日总会提出的口号是:打倒日本帝国主义!不当亡国奴!实现民族独立!

1933年6月,李延禄领导的东北抗日救国游击军进入密山活动,1934年3月中共密山县委创建密山抗日游击队,随着党领导的抗日武装力量不断壮大和抗日统一战线指导方针逐步推行,密山反日会的工作也日渐活跃。反日会的组织不仅在全县农村有了很大发展,而且县委根据满洲省委关于开展士兵工作、发展反日武装斗争等指示精神,积极开展了组织反日武装的活动,曾先后派人到反日山林队、自卫军残部和一些地主武装中去工作,会员甚至发展到了伪军、伪警察、大排队之中,总人数达300余人,其中有农民、士兵、山林队的头领和哗变的伪军头领。原自卫军二十六旅残部在日军进攻密山时退到了哈达河,为争取这支部队继续抗日,县委派县委委员金百万、党员李太俊、洪春洙和一名团员到这支部队中工作,同时反日会负责人李成林和李根淑(密山县委妇女部长)组织反日会员,携带大米、猪肉等慰问品和宣传材料到部队进行慰问。朝鲜族妇女会员们把自己心爱的裙子剪开裁成手帕,上面绣上"抗日救国,抗战到底"等字样,送给官兵们。反日会员们的热情慰问,使许多官兵受到感动,偷着跑出来参加反日会的活动。

密山反日会在党的培育下,涌现出一大批反日骨干,这些骨干分子信念坚定、忠实、积极,勇于献身,在抗日烽火中,逐步成长为中国共产党党员。1933年全县有党员40名，1934年发展到84名，在增加的40余名党员中，多数是反日会的会员。1934年3月创建的密山抗日游击队，全队34人多数来自反日会。

（二）反日会的主要活动

密山反日会在中国共产党的领导下，为反对日本帝国主义的侵略，支援抗日游击战争，建立抗日根据地，做出了不可磨灭的贡献。其主要活动，可以概括为以下几个方面：

一是监视敌人，保卫抗日根据地。根据地的反日会会员经常在一起学习、开会，接受党的教育。他们站岗放哨，侦察敌情，注视敌特活动。

1934年春，一个"阴阳先生"进入哈达河。会员梁玉坤见此人面貌生疏，形迹可疑，马上报告了县委领导张墨林。张墨林部署会员苏福堂请"阴阳先生"看"房宅地"，作进一步考察。在交谈中，"阴阳先生"屡屡探问党组织和游击队的情况，苏福堂又如实地向张墨林作了汇报，张墨林决定将其扣押作进一步审查。在审查中，从他的身上搜出可疑名单一份，其中有张墨林等15名党团员骨干的名字，后经审问，证实是日伪特务，把他秘密处死。

二是开展统战工作，联合各方力量。反日会积极开展对义勇军、山林队、伪军头领和士兵以及地主的统战工作。

1933年10月，西大林子反日会长朱德海、会员娄景明一起进山，与山林队首领冯佩华结拜把兄弟，一举收编了这支30多人的山林队，使之走上了抗日道路。

1934年初，反日会还曾向全县发出号召信，要求各地抗日组织和群众破坏日军修筑的通往边境的铁路。同时，还给木材重点产区——金厂青沟岭一带的20多个山林队写信，希望他们阻止木材外运。

1934年日军在全县收枪,引起了农村中有枪大户的不满。反日会曾两次组织有枪大户举行武装暴动,但因少数地主临阵动摇以及其他原因而失败。

三是开展拥军活动,支援部队抗日。1934年春,哈达河反日会员集资120元,买了一支匣枪和3条子弹,送给游击队。西大林子反日会妇女买了一架望远镜给游击队使用。哈达河反日会耕种的15垧水稻、西大林子反日会播种的3垧大烟,全部捐献给了密山游击队。1934年,日军推行配给制,封锁游击队日用品供应渠道。反日会员为了使游击队员有衣穿、有鞋穿,就都去配给店买布、买胶鞋,回来以后集中到一起,夜晚送给游击队和抗日救国游击军。反日会的妇女,做手帕,绣上"抗日到底",送给抗日部队,鼓励亲人将驱逐侵略者的斗争进行到底。

四是配合抗日武装,打击日本侵略者。1933年5月,柞木台子反日会员林逢春、朴道俊等7人,将日军电话线杆锯断7根,电线抛弃在5里以外,致使日军通讯联络多日中断。

1933年9月,党员金百万等打入马鞍山大排队,发展反日会员数名。金百万在大排队中反日会员的协助下,一举夺枪14支。

1934年春,日军在修筑铁路前进行测量。日军测量队白天竖杆插旗,柞木台子的反日会员们,夜晚就将测量标志破坏掉,气得日军暴跳如雷,筑路工作长期受阻。

五是发扬不屈精神,掩护党的组织。1932年冬,中共密山区委机关设在首批加入反日会的金炳奎家,区委书记朴凤南等人就隐蔽在金炳奎家中开展抗日活动,这里一度成为密山党组织的活动据点。金炳奎一家为区委站岗、放哨,做了很多工作。

1933年冬季的一天早晨,反日会员金炳贤发现日军前来搜捕,他为了给县委机关(1933年10月区委改为县委)报信,不顾个人安危,突然向深山中跑去,以引逗日军追捕和鸣枪。他这一跑，日军果然中计，一时枪声、喊声大作。在金炳奎家的县委领导人朴凤南、李根淑、李春根等闻声知道出现敌情，马上转移隐入山中，日军搜捕落空。

1933年11月1日，伪军一个连在特务的引导下，窜向西大林子，拿着名单围捕共产党员，党支部书记吴东元在去穆棱河南的路上与伪军遭遇被捕，押至西大林子以后，一名反日会员趁伪军不备，告诉他："你的名字上了伪军围捕的黑名单。"在敌人审讯过程中，吴东元改用朱德海这个名字，他说，我是小商人，是到下边来收债的。伪军"没有抓到"吴东元并不死心，于是把村里的人集中到一起，威胁人们交出吴东元。大家明知朱德海就是吴东元，但都说不知道，掩护吴东元脱险。

1935年1月，县委书记刘曙华以山东难民帮人种地为掩护开展工作，吃住在反日会员李贵的家里。1935年7月，刘曙华被捕后，反日会会员李贵等10余人也相继被捕入狱。李贵等在敌人的严刑拷打下，始终没有暴露刘曙华的真实身份，使刘曙华得以被营救出狱，继续从事抗日斗争，保全密山县党组织免受更大损失。

六是冒着生命危险，抚养抗联子女。1934年冬，杨岗沟密营的党员和抗联战士要随四军转移。为了便于随军活动，他们把8个孩子交给当地反日会员抚养。8个孩子都是朝鲜族，为了安全，全部由汉族反日会员抚养。其中金汉植烈士的儿子当年才5岁，在娄景玉、娄景明抚养期间，日军曾派人侦察其下落，软硬兼施，娄景玉一家闭口不吐实情，最终保全了烈士遗孤。

（三）创建密山抗日游击队，开展抗日武装斗争

密山游击队的创建。1931年"九一八"事变后，形势发生了变化，民族矛盾上升为主要矛盾。1932年冬，中共绥宁中心县委为开展密山地区的抗日武装斗争，派朴凤南、李成林、金百万

等20余名党员来到密山,并成立密山区委,朴凤南同志任区委书记。日军占领密山后,根据斗争需要,区委把组织抗日的人民武装作为党的首要任务。

密山地广人稀,历来就有土匪、小线(山间拦道抢劫的零星土匪)经常出没,因此凡地主、乡绅、有钱的大户人家,都筑有高墙大院,购置枪炮弹药,雇请炮手、家丁护院守卫。此外,当地猎户也为数不少。区委计划把这些人动员起来,开展抗日武装斗争。1933年3月密山敌伪当局下令收缴民间枪支,使一些有枪人户惶惶不安。针对这一情况,区委指示各地反日会员出面工作,发动他们开展反缴枪的武装自卫斗争,很快就在哈达河一带组织起140多人,于是密山区委决定在3月26日晚举行一次武装暴动,攻打驻哈达河街的日军。暴动当晚,由于几户地主害怕日军报复,寻找借口将自己的人员、枪支撤走,使这次暴动计划流产。

同年6月,日军结束侵略热河战争,十帅团返回原防地,密山日军增加,同时又将伪军郭宝山旅调驻密山,此后敌人开始深入较偏远地区"清剿",镇压人民的反日斗争。同年夏,日伪军先后袭击了柞木台子、西大林子等地,大肆逮捕共产党员、反日会员,并杀害了共产党员奇斗星、李宗根、尹洛范、李东根和青年团员吴福等,各地反日会被迫转入地下。

宏亮村头四烈士尹洛范、太东楨、李宗根、吴福墓碑

密山区委所在地虽未被敌人发觉,但区委几位主要领导人也不得不白天躲入山中,晚上回屯工作。严酷的现实使区委意识到,那种企图依靠旧军队或地主大户的枪支来开展武装斗争是不现实的,区委必须拥有自己的武装力量。于是,区委决定立即着

手筹建一支由党直接领导和指挥的抗日游击队。

6月，退驻哈达河一带的自卫军二十六旅残部投敌，区委派入该部当兵的金百万、金镇浩等4人带枪逃了回来，区委决定用这4支枪作基础，从敌人手中夺枪建立游击队。这一艰巨任务交给了区委委员金百万等人。金百万等人在区委的指示下，曾多次组织人员夺取敌人枪支，武装自己，打击敌人。

1933年7月中旬，金百万、李春根等5人携带4支步枪在哈达河西岗伏击大地主崔老四。金百万将崔老四打死，其护卫人员逃跑，缴匣枪一支。

7月下旬，金百万、李春根等5人在哈达河通往密山的公路上，伏击哈达河大排队队长于仁江等6人，击毙4人，缴步枪5支，匣枪1支。

9月，金百万、金瑞铉二人打入马鞍山（勃利县境内）大排队。在过阴历年时，他们二人利用大排队队长回家过年之机，将大排队员灌醉。然后，金百万上炕拿起枪，命令他们都不准动，由金瑞铉把挂在墙上的步枪枪栓卸下来，将14支步枪集中在一起，隐藏在居住转心湖的崔洪基（中共党员）家中。

11月，李春根、金昌德等10人去河南屯袭击伪自卫团。摸到敌人岗哨，将其抓住，令其领路找伪自卫团长，没有找到，发现1名自卫团员，被我方击毙。因暴露了目标，只得到两支步枪。

1934年2月，金百万带人到崔洪基家中取枪，在返回时路过马鹿沟（勃利境内）大排队，金百万等人进屋缴步枪6支。

就这样，从1933年秋至1934年春，金百万同志以他过人的机智和勇敢，先后从敌人手中缴枪29支，子弹一批，反日会员们听说成立自己的队伍，一面选拔推荐优秀青年参军，一面筹集钱款为子弟兵买了一支匣枪和一架望远镜。

1933年10月，密山区委改为密山县委，日伪对哈达河一带也

第二章 密山抗日斗争烽火

加紧了控制,为了安全,县委机关转移到哈达河沟里的张老奋菜营。

1934年2月,中共满洲省委给吉东党全体同志的信中指示,为保证吉东反日游击战争的胜利开展,吉东党除切实加强对现有各支反日武装的领导外,还应积极"创造党独立直接领导之下的赤色游击队",并指示"有很多条件,有利于马上创造赤色游击队"的密山等县迅速建队。经过一段积极准备,3月20日,"民众抗日军"在哈达河沟里张老奋菜营正式成立,后一直被称为密山抗日游击队(以下简称密山游击队)。队长张宝山,副队长金百万,共有队员34人,长短枪34支。下设两个分队,分队长由梁怀中和金昌德担任,金根负责政治工作。全队有党员10人,团员4人,其余的为反日会骨干。

密山游击队成立后,在县委的直接领导下,积极开展了一系列的反日游击斗争。

杨树河子战斗。3月下旬,密山游击队到杨树河子一带活动,由于缺乏经验,选择宿营地不当,被两个连的伪军包围在一片草甸子里。游击队员大都初次作战,地形不利,兵力悬殊,形势十分危急,但大家都沉着勇敢,利用甸子里的深草掩护,瞄准敌人射击。游击队通过打排枪的办法击退敌人数次冲锋后,信心大增,并对敌人展开政治攻势,高喊"中国人不打中国人!""我们不是胡子,是抗日军,专打日本人!""中国人不当亡国奴!"等口号。通过政治攻势,敌人不打枪了,但也没有撤退。下午,从穆棱河南岸过来一支山林队20多人,张宝山、金百万等人与这支山林队研究,决定组织大部分人抄敌人后路,留下少部分人原地阻击。经与敌人激战,我游击队无一伤亡。战斗结束后,游击队以分队为单位分别由张宝山和金百万率领分道撤离杨树河子。

张宝山原是自卫军二十六旅士兵，受反日会影响离队到地方参加反日活动，他懂点军事，在游击队成立时县委让他担任代理队长，但一遇真枪实弹的战斗，他又胆怯动摇了。张宝山带着14名队员在撤离途中，宣布要大家跟他一起去当胡子。青年团员小宋表示反对，被他一枪打死，其余队员不敢再说话。半路上，一名党员逃回县里报告了张宝山叛变情况。县委派人和两支有联系的反日山林队联络，在他们配合下追回了大部分人、枪，只张宝山一人携2支枪逃走。事后，县委指示密山游击队返回哈达河沟里进行整训。

5月，吉东局为加强对密山游击队的领导，调原宁安县委书记朱守一任密山游击队长，副队长仍为金百万。游击队整训之后剩下25人，分两个分队活动。

哈达河二段山战斗。1934年春，日伪开始在密山、勃利、桦川、依兰等县强行收缴民间枪支和地照，并按户强征民夫修筑梨树镇至密山、宝清的铁路和公路，借口清查户口强奸民女、滥杀无辜百姓，日本侵略者的兽行使广大群众无比愤怒。5月，密山县委决定组织第二次哈达河战斗，以密山游击队为骨干，联合其他抗日武装力量攻打哈达河街日军守备队，拔掉敌人设在哈达河街的据点，打开穆棱河北岸的抗日斗争新局面。经密山反日会出面联络，"大鸣字""交得宽"等反日会山林队和几户爱国地主武装同意参加暴动。为统一组织、指挥，还成立了一个暴动指挥部，由朱守一任总指挥，但就在研究制订暴动计划的第二天，有两户地主武装动摇要求退出暴动，经指挥部说服教育，虽然他们同意继续参加暴动，但消息已走漏。

5月28日计划暴动的当天早晨，日军驻哈达河街守备队50余人进沟"讨伐"，在哈达河二段山（哈达河头段五间房张家大院后山）与集结在此的密山游击队遭遇展开激战。此时，在沟里待命的"大鸣字"反日山林队骑兵主动出击,包抄敌后方,断了敌人退路。战斗中,游击队将日军"讨伐"小队长黑田击毙,朱守一立即站起来挥舞红旗鼓舞士气,敌人乱了阵脚慌忙撤退,游击队乘胜追击,朱守一不幸被一颗流弹击中头部,壮烈牺牲。正当日军"讨伐"小队弹尽无援,处于被全歼的绝境时,张家大院反动地主张老四打开他家大门,把日军"讨伐"小队接到院里,张家大院的炮手对追赶日军的游击队进行阻击。不久,哈达河街的敌援军赶来,"大鸣字"山林队的骑兵撤走,游击队也不得不退出战场。

由于县委事先将哈达河头段的群众撤出了,日军赶到后没有找到群众,便放火烧了20余间民房,迁怒于哈达河伪大排队,开枪打死伪大排队员4人。次日,哈达河伪大排队40余人全部哗变逃跑。

这次战斗,虽然未达到预期目的,但给了敌人一次很大的打击。日军再也不敢随意出街活动,伪军又众叛亲离,使哈达河头段、二段、沟里一带抗日活动很快发展起来,成为密山抗日游击根据地。

智取张家大院。1934年6月,中共密山县委决定,将原东北人民抗日革命军参谋长张奎调到密山抗日游击队任队长。张奎任队长后,决心打下张家大院惩治汉奸地主,为朱守一队长报仇,并对那些倾向于日伪势力的大户敲响警钟。游击队在群众中散发传单,列举地主张老四的罪恶,揭露他认贼作父、投靠日伪的丑恶嘴脸。但张老四这个人非常狡猾,听到风声后处处小心,游击队一时未能得手。麦收时,群众发现张老四出来监工割麦子,便报告了游击队。张奎队长带领12名游击队员,在一天的后半夜隐藏在张家麦地的麦垛了里,待天亮张老四带人到地里割麦子时,张奎等人突然出来包围张老四,张老四见势不妙伸手拔枪,张奎一枪打在张老四的手脖子上，张老四的枪掉在地上。游击队员活捉了张老四，将他押到密营。一天半夜张老四趁看守人员不备逃跑，游击队听到张老四逃跑的消息后，立即四处搜捕。张奎带了3名队员在张老四家附近的谷地发现了他，当场将其击毙，然后把尸体埋了起来。为防止张家大院知道张老四被打死的消息，第二天游击队占领了张家大院，解除了炮手武装，把张家20多人集中在一起，进行抗日爱国宣传教育，并宣布没收张家全部武装和部分财产充作军饷。

惩办叛徒李歪咀子。李歪咀子叫李恩忠，曾经参加过游击队，后因怕苦怕死而叛变投敌，当了平阳镇日本守备队的特务。

1934年10月24日，平阳镇的日本守备队派李歪咀子到哈达河一带搜集游击队活动情况时，被县委书记张墨林发现，张墨林因为其妻是抗日积极分子，为了争取李歪咀子不再干坏事，对他进行了教育，劝其不要给日本人干事，要改邪归正，重新回到革命队伍里来。李歪咀子当时表示悔过，说不再给日本人办事了，要回到革命队伍里来，又谎称说："我再回日军守备队一趟，侦察到日军的情况就回来。"当时，张墨林信以为真，将李歪咀子放走。13天后，李歪咀子又接受日军任务到哈达河北沟去侦察抗日活动情况，当他得到反日会种的15垧稻子全部拉到场院准备打场的情况，正要回守备队去报告时，在稻田里看见张继明二儿子放的两匹马，认得其中一匹是原县委书记朴凤南的，便窜到十甲长家说："张继明家给游击队保存的两匹马，不准任何人动，要没了我找你算账。"说完李歪咀子就去日军守备队报告。当李歪咀子看见张继明二儿子放马时，张继明的二儿子也看见了李歪咀子，他便骑马跑到密营报告了张墨林，张墨林和张继明二人立即骑马追赶李歪咀子，在一条山岗上将其抓住，将其押回密营处死。

第二章 密山抗日斗争烽火

密山游击队与人民抗日革命军并肩作战。密山游击队成立后，虽几次作战获胜，但由于敌人的严密封锁和游击队本身力量的不足，其活动范围仍限制在穆棱河北的狭小地带。战斗实践使县委认识到，要把抗日游击战争在全县普遍开展起来，密山游击队必须进一步增强同各支抗日武装力量的联合，尤其是和人民抗日革命军的联合。因此，1934年7月，密山县委派人前往密山南部大、小金厂沟一带联系，邀请李延禄领导的人民抗日革命军到穆棱河北来活动。李延禄则考虑到部队过去后将会给县委增加负担，复信提出暂时留在南山活动，如有大的行动，可临时配合。不久，即发生了游击队部分队员被"亮山"反日山林队缴械事件，李延禄遂率一团来到哈达河沟里县委所在地张老奋菜营。

密山县委在游击队成立之前，就派人做过附近几支反日山林队的工作，游击队成立之后，也曾和一些队配合行动，但这只是初步的联合，党要想掌握起领导和改造这些队伍的大权，还有待进一步工作和游击队力量的壮大。当时县委书记朴凤南却操之过急，他要求这些反日山林队和游击队一样纪律严明。在一次会上，朴凤南严厉批评了"亮山""邱甲长"等队侵犯群众利益的行为，下令不准他们再到哈达河一带来活动，并公开鼓动士兵们起来反对他们的队头。这种简单的工作方法激怒了"亮山"等队。8月，密山游击队与几支反日山林队联合攻打一户汉奸地主大院未克，退到大、小于家沟一带，"亮山"队趁机将张奎所率的游击队一个分队缴械，缴去步枪9支、匣枪4支和一架望远镜。县委闻讯后派人前往交涉，"亮山"自知理亏将队伍撤走，但未归还枪支。此事发生后，密山县委再次给李延禄送信，请人民抗日革命军到穆棱河北来，并要李延禄出面通缉"亮山"等队，帮助追回枪支。李延禄率一团到达穆棱河北时，正值吴平以满洲省委巡视员身份来密山巡视工作。吴得知此事后，建议从联合抗日的大局出发，将通缉信改成赠送枪支号召联合抗日的信，圆满地解决了游击队与"亮山"等反日山林队之间的矛盾。此后，游击队与人民抗日革命军一起行动，李延禄为徒手游击队员补发了枪支。

中秋节前，李延禄部与游击队一起在王家烧锅伏击了满载日军的两辆汽车，打了半小时，伤敌数人，残兵逃跑。战斗结束后，李延禄率领部队返回哈达河东北段过了一个胜利的中秋节。

中秋节后，李延禄率一团和密山游击队返回密山南部，在黄泥河子、老道沟一带活动，军部设在老道庙。不久，日伪军"讨伐"队跟踪而来，由于敌人打着抗日队伍的旗子，我方警戒哨未及时发觉，结果敌人大部队分三路包围了我军宿营地，李延禄立即指挥部队分成小队，利用深草密林分散突围，绕到敌人背后打击敌人。密山游击队掩护军部的同志们突围后，也分散撤出战场。这次战斗打死日军军官一人，士兵多人，我军部副官朱鸿恩一人负伤。

1934年9月25日，吴平（杨松）在吉东局职工部长李发陪同下来到密山县委所在地哈达河沟里，主持召开了密山县委扩大会议。会议决定成立东北抗日同盟军第四军，密山游击队改编为抗日同盟军第四军第二团，并明确规定抗日同盟军由密山县委直接领导。从此，密山游击队在抗日同盟军第四军的指挥下，转战勃利、穆棱、依兰、方正等地区，继续为抗击日本侵略者做出应有的贡献。

（四）人民抗日革命军在密山的革命斗争及东北抗日同盟军第四军的组建和发展

人民抗日革命军的前身是东北抗日救国游击军，为贯彻中共中央"一·二六"指示精神，建立全民族反帝统一战线，根据密山一带流散为数不少的前自卫军残部，急需有人去组织领导；密山敌人的力量和东满相比薄弱得多，部队在这里有更多的回旋余地；救国游击军第一团已在密山打下基础，部队能有一个相对稳定的后方基地等具体情况和有利条件，东满特委、吉东局同意了李延禄提出的到密山去开展抗日活动的建议，救国游击军于1933年6月下旬到达了密山，开始了在密山地区的抗日游击斗争。

成立人民抗日革命军，积极开展游击斗争。救国游击军到达密山后，一面派人寻找密山县委请示，一面加强同当地各反日山林队的联系，积极宣传党的抗日救国主张。

6月末，由救国游击军出面召集，在半截河东南的郝家屯召开了密山南部反日山林队联席会议。出席会议的有"小白龙"队头苏衍仁、"金山"队头赵金山、赵队长、李营长等10余个队头。会上，李延禄、张文偕（中共党员，救国游击军代理政委）分别向大家宣传了党的抗日救国的方针政策，介绍了救国游击军在宁安的作战情况。会上大家一致议定了三条共同守则：（1）坚持抗日到底，不投降、不叛变；（2）保护抗日游击区贫苦农民的利益；（3）打进城镇向敌人夺取武器和给养。这次会议还对个别山林队打着抗日旗号不抗日，霸占地盘、欺压群众，无故杀害贫苦农民的罪行进行了揭露和处置。这次会议虽未解决各支抗日武装在组织上的联合问题，但通过会议振奋了各支抗日队伍的反日斗争热情，坚定了抗日救国信念，沟通了救国游击军与各支抗日武装的关系，整顿了纪律，保护了贫苦群众利益，使救国游击军在抗日部队和群众中初步树立了威信。

各反日武装首领在郝家屯集会的消息很快被敌人侦悉，就在会议结束次日，各队刚刚离去时，日军驻半截河部队长箕浦率30名日军及伪警备第四旅驻半截河兵团，包围并袭击了郝家屯救国游击军军部。军部政治保安连连长张永富、副连长戴启发率领战士奋力阻击，掩护军部人员突围。王毓峰团闻讯赶来接应时，因不熟地形，部分战士误入敌阵遭到重创，这次战斗虽打死敌人10余名，但我方张永富连长、戴启发副连长等15人牺牲。

郝家屯战斗失利后，部队情绪产生了较大的波动，战士中的"思乡"情绪也随之抬头，认为战斗失利、战友牺牲全是密山人地生疏造成的，要求回到宁安去打游击。面对这种情况，李延禄急于得到党组织的领导与帮助，但派出寻找密山县委的人尚未回来，于是李延禄派交通员去穆棱，请求吉东局派人来帮助。

1933年7月上旬，吉东局职工部长吴赤峰跟随交通员到达救国游击军军部。同时，密山县委派出的交通员林逢春、小宋二人也找到李延禄，使救国游击军与县委取得了联系。

吴赤峰到达救国游击军后，深入部队找团、营干部谈心调查，弄清了部队当前主要问题是党的组织不健全、党员数量少，发展党的工作没开展起来。由于连队中党员数量太少，党的核心领导作用不能很好发挥。其次是部队政治思想工作力量薄弱，官兵中的一些如"乡土观念"这样的思想问题长期得不到解决。针对这些情况，吴赤峰与李延禄、张文偕等研究，决定先从加强党的组织入手。从经过考验的积极分子中，首批发展了二团长王毓峰、军部副官长泉鸿恩、副官陈荣久等10多名骨干入党。然后整顿、改组了党的支部，由张奎任支部书记（张奎离队后由李延禄接任），各团建立了党的小组，并在士兵中逐步发展反日会组织。吴赤峰向全体官兵宣讲了东北人民反满抗日斗争的新形势，介绍了全国人民对东北抗日斗争的声援情况，鼓舞了官兵的士气。

为发展密山地区的抗日游击运动，吴赤峰肯定了李延禄等人关于联合各反日山林队共同活动的意见，决定再召开一次反日山林队联席会议，共商联合抗日大计。吴赤峰、李延禄、张文偕等商定，改用"东北人民抗日革命军"名义向各反日山林队发出邀请信，以期更广泛地团结各方面的抗日力量。7月下旬，第二次反日山林队联席会议仍在密山东南的郝家屯召开。李营长、赵队长等10多个队的首领参加了会议。会上由吴赤峰作了目前东北反日武装斗争的形势报告，提出各支抗日武装不分党派、民族，在抗日到底、保护基本群众利益、没收敌伪资财等三个条件下联合起来，为发展抗日游击区进行联合行动。这一倡议得到各队赞同，大家一致同意启用"人民抗日革命军"称号，并公推李延禄担任军长。部队统一编制、分散独立活动，需要时统一指挥、联合行动。

东北抗日救国游击军改为"人民抗日革命军"后，李延禄任军长，张文偕任政委，张奎任参谋长；一团长是杨泰和，二团长是王毓峰，三团长是苏衍仁，骑兵营长是冯守臣，步兵营长是李玉丰，军部政治保安连副连长是金龙国，全军人数发展到近1 000人。

人民抗日革命军积极开展争取伪军工作。为解决部队弹药缺乏的问题，李延禄等研究决定，通过开展密山平阳镇伪军郭宝山第四骑兵旅机枪连的工作筹措武器弹药。吴赤峰与该连连长胡志敏相识，便自告奋勇前往平阳镇。

驻平阳镇伪军第四骑兵旅机关枪连长胡志敏是大革命时期党员，后与组织失去联系。"九一八"事变前曾在沈阳被捕，狱中认识了郭宝山并取得了他的信任。"九一八"事变后出狱，郭宝山投靠日伪，当了骑兵第四旅旅长，郭宝山劝说胡志敏当了他旅部直属机枪连长。胡志敏妻子浦秋潮是中共党员，被组织派到郭旅处工作，通过胡志敏的关系，当上了郭宝山女儿的家庭教师。1933年夏，郭旅调防到平阳镇，浦秋潮便和密山县委取得了关系，密山县委又将这一关系转给李延禄，让他们和胡、浦二人联系并开展伪军工作。李延禄随即派军部副官李延庆等人到胡志敏连当伙夫，充任联络员。

吴赤峰在机枪连驻防马桥河时，就与胡志敏夫妇有联系，此次便以老乡身份来到平阳镇找胡志敏。吴赤峰与胡志敏商量了向人民抗日革命军提供子弹和运送子弹的办法，前后三批共运出子弹3 000余发。此外，还通过胡志敏的关系，向其他伪军多次购买子弹。吴赤峰经吉东局同意，暂时留在伪机枪连帮助开展秘密的反日工作。

9月下旬，张奎参谋长也来到平阳镇，在机关枪连连部当马弁，与吴赤峰一起做士兵的反日工作。吴、张等人通过和伪军交朋友，结拜兄弟，培养了一批积极分子，建立了机枪连的秘密反日会。到1934年初，已发展反日会员14人，党的积极分子3人。此外，张奎还及时将敌人行动情报送往李延禄处，每当平阳镇敌人出动，我方就知道其行动目标、行军路线、武器人数，或避其锋芒，或攻其弱点，每战必胜。

1933年末，吴赤峰返回吉东局，张奎继续留在伪机枪连工作。1934年5月，张奎随胡志敏率轻机枪排增兵密山县城，接到县委送来的起义命令，决定率轻机枪排起义。张奎和胡志敏率轻机枪排40余人，带轻机枪6挺，半夜翻越城墙，涉过春寒刺骨的穆棱河，摆脱了敌人追兵。但因工作不细，思想不统一，起义后的士兵大部分不愿参加游击队而另立山头抗日，报字"双龙"。只有胡志敏夫妇和少数骨干随张奎回到密山县委所在地。受机枪连哗变的影响，伪军骑兵第四旅的第八、九、十一各连也相继哗变出80余名下级军官和士兵。

人民抗日革命军坚持开展游击斗争，攻克密山县城。1933年9月初，人民抗日革命军各部为解决冬季装备给养，决定联合攻打平阳镇。平阳镇是密山第一大镇，有居民13 000多人，是全县商业中心和交通枢纽。敌人在此驻有骑兵第四旅旅部和直属部队,还有一支日军守备队和一个宪兵分队,防守十分严密。李延禄和胡志敏联系后,制订了一个里应外合的计划。事先,胡志敏已将镇内地形、火力配备情况画成图送出。临近行动时,镇内又送出情报说,日军近日有增兵迹象。此时李延禄已将各部集结于郝家屯、二人班一带,接到敌情变化通知后,决定暂缓行动,等候确切消息。

由于部队集中时间长,走漏了消息,驻半截河伪军组织当地自卫团同时袭击了郝家屯和二人班。李延禄指挥部队击退了敌人,但已编入人民抗日革命军的原自卫军李秀峰营500余人被迫退入苏境,这一变故使人民抗日革命军联合攻打平阳镇计划再次搁浅。

此时天已秋凉,冬季将至,部队冬装粮草均无着落,官兵中返回宁安的呼声又高涨起来,各部陆续出现战士自动离队回宁安的情况。王、冯二部300人离开密山后,留在密山的人民抗日革命军基本队伍只剩下军部政治保安连和杨泰和第一团共不足100人。李延禄面对部队主力严重削弱的现实,并未动摇其坚持在密山开辟新游击区的信念。他继续坚持开展武装统一战线工作,组织各部队联合作战,打击敌人。

9月中旬,李延禄得到情报:密山县城驻军伪骑兵四旅陶团已开赴饶河一带,城内兵力空虚。借此机会,李延禄决定组织一次联合行动,攻打密山县城(今知一镇)。密山县城在平阳镇东偏北约100华里,有公路相通,途经半截河。密山县城内,当时驻有日军守备队、伪军警备队、伪地方保安队和伪骑兵四旅陶团等日伪驻军和地方武装部队,虽陶团开赴饶河,但兵力仍然比较强,为防止半截河的日伪军派兵增援,李延禄、张文偕与密山县委主要领导朴凤南等研究制订了一个佯攻半截河,实取密山城的作战计划。李延禄以人民抗日革命军名义给半截河的伪商会下通知书,令其限期为部队准备好冬装、粮食,逾期不交则武力解决。同时派一支小部队在半截河四周出没,给敌人造成错觉。半截河和平阳镇的日伪军闻讯后各自加强防守,平阳镇伪军日夜加派双岗警戒。9月16日夜,人民抗日革命军和参战各部队连夜行军直奔密山县城。按照预定作战计划,这次战斗由一团长杨泰和指挥,杨泰和率一团主力攻打西门,保安连攻打北门,联合部队赵队长攻打南门,其他几支反日山林队主攻东门。半夜12点总攻开始,密山县城四门枪声大作,"缴枪不杀!""中国人不打中国人!"的喊声四起。敌人作梦也没想到此刻会有人攻城,惊慌失措,乱作一团。守西门的张保董见攻城声势很大便急忙寻找退路,隔着城门高喊愿开西门,请攻城部队让路撤退。杨泰和下令停火,并闪开中路,张保董果然大开西门率队逃出城去。一团顺利入城后直扑伪警备队,缴了全部伪军的武器。此时,其他各门也相继被攻破,但在县公署前遭到龟缩在此的日军机枪火力拦截。杨泰和率一团赶到后,决定不与敌人纠缠,派一部分部队将日军封锁在院内,立即派人和城内地下反日会组织取得联系。在反日会员的带领下,各部队分头收缴了汉奸商号、日伪仓库,缴获了大批布匹、棉花、粮食等物资。许多爱国商人也捐赠了一批军需物品。在收缴汉奸商号、日伪仓库的同时,在反日会员的配合下,攻城部队在城内张贴了《告伪满士兵书》和大量标语。17日凌晨3时,各种物资顺利运出,部队亦有秩序地撤离,200多名爱国青年和学生也随部队一同撤出。这次攻打密山县城除解决了部队过冬物资外,还缴获步枪134支,短枪4支,子弹10 000余发。

（五）东北抗日同盟军四军的组建、发展

1934年春，日军驻防吉东第十师团和北满的十四师团沿松花江下游两岸相互配合进行一次"彻底"的"讨伐"，准备利用大部队速战，消灭我抗日武装。活跃在吉东各地的反日武装力量，却在反"讨伐"战斗中愈战愈勇。仅密山地区在1934年上半年就与日军作战50余次，毙敌100余人。伪军伪警也成批哗变，密山县黄泥河子伪军李团150人、平阳镇伪军骑兵旅轻机枪排、黑旺子伪军80余人、密山街伪警察20余人先后哗变。日军"讨伐"失败后，开始在密山城乡推行保甲制度，清查户口，逐户登记粮食、衣物，控制布匹、鞋、食盐等生活必需品的买卖，还派兵将密山南、北山边群众房屋烧毁，抢走粮食牲畜，屠杀居民，企图断绝我抗日部队的军需供应。敌人的封锁政策确实给各抗日部队带来了一定的困难，各反日山林队的活动和数量都有所减少。

10月上旬，杨松化名吴平，以中共满洲省委巡视员身份到密山哈达河，在吉东局职工部长李发的陪同下巡视工作。25日，在哈达河沟里主持召开了密山县委扩大会议。会议分析讨论了密勃地区的

李延禄（前排中）

政治、经济形势，总结了前阶段党的工作，充分肯定了县委在创建赤色游击队、发展反日会组织、团结广大群众和反日山林队开展反日斗争等方面取得的工作成绩。会议决定成立抗日同盟军第四军，任命李延禄为总司令；将密山游击队编为抗日同盟军第二

团，明确规定抗日同盟军由密山县委直接领导。为加强部队领导力量，决定将朴凤南、李春根、李根淑等一批党员干部充实到抗日同盟军工作。

10月，李延禄根据县委指示，积极开展游击活动，牵制敌人秋季"讨伐"。杨泰和率一团在穆棱河南收缴了一支投敌山林队的武装，得步枪20支，轻机枪1挺；密山游击队在胡伦（胡志敏）率领下向穆棱县境游击，瓦解敌人一个自卫团，解决了部队急需的冬装和马匹；苏衍仁部也缴获步枪30余支，送到李延禄处，以庆祝抗日同盟军的诞生。

12月，吴平（杨松）在牡丹江组建了吉东特委。吉东特委还将新由苏联派回国内工作的党员何忠国、邓化南和穆棱县委委员李守中等人分别派到四军作政治工作。

东北抗日同盟军第四军成立后，进一步建立、健全了党在部队中的各级组织，军部建立了党委员会，党、团员较多的第二团和卫队连分别成立了党支部和团小组，战士中也普遍建立了反日会组织。吉东特委和密山县委对新建的这支抗日部队十分重视，除为部队输送充实了一批领导力量和政治工作干部外，还先后从四军中抽调了拥有战斗考验的青年骨干13人，分两批送往苏联学习。在吉东特委和密山县委帮助下，加上四军各级干部的共同努力，四军的军政素质有了较大提高，部队政治工作空前活跃。

东北抗日同盟军第四军在密山、勃利、穆棱、林口直至宁安北部一带，给遭受日本殖民统治苦难深重的人民群众带来了鼓舞和希望。一批批伐木、筑路的劳工逃出来参加了第四军，一些反日山林队也积极和四军靠拢，一些在彷徨中的伪军也看到了自己的出路。5月初，伪军第26团机关枪连一个排长带10名士兵携械投奔抗日同盟军第四军，带来步枪18支、子弹2 300余发，捷克式机枪1挺、子弹3 300余发；同时又有伪军15团驻二人班一个班长带领全班战士打死排长后哗变，带出步枪13支，子弹2 000余发。他们哗变后到处打听寻找第四军队伍，从密山二人班一直找到茄子河（今属七台河市），才找到了第四军一团。密山县反日会和第四军一团在茄子河召开了欢迎伪军哗变大会，驻地的反日会、妇女会、儿童团除了表演歌舞节目欢迎伪军反正外，还向反正归来的士兵赠送了手帕、肥皂、猪肉、白面等慰问品。伪军士兵代表在会上感动地说："群众这样拥护军队我们从未见过，这才是真正的救国军队，真正能够打日本的铁军……"

1935年春，东北抗日同盟军第四军以团为单位实行分散游击，在游击战斗中发展壮大。一团在军参谋长胡伦带领下，以密山、勃利交界的锅盔山、茄子河一带为中心，向南延伸到穆棱、宁安北部活动。在开展游击战斗中，部队人数逐渐增加，5月下旬先后接受了两支哗变的伪军共20余人参加一团。经过几次联合作战，又接收反日山林队"占高山"队50余人入队，加上陆续参军的抗日群众，一团很快由初建时的30多人发展到200多人。二团由政治部主任何忠国率领在依兰县境游击，4月27日打下阁凤楼，声名大振，部队由建团时的21人扩大到100余人。三团在团长苏衍仁带领下活动于勃利青山沟一带，2月6日攻打青山沟里日资木场"清水木业组合"，打死7人，缴获敌军马100余匹，不仅武装了我骑兵，剩余马匹还分给了附近农民。伐木劳工们纷纷参军，三团由建团时115人发展到近300人。此外，从1935年春至1935年秋，第四军还相继成立了第四、五、六、七团，收编两支反日山林队成立独立第二旅、第五旅。

至此，东北抗日同盟军建军不到一年，在吉东特委、密山县委的直接领导、重视和帮助下，贯彻执行反日统一战线，联合各反日武装，积极发展到7个团两个独立旅一个卫队连，队伍由初建时的231人发展到1 800余人，游击区域也由密山扩大到穆棱、林口、勃利、宝清、依兰、方正、虎林、饶河等县。1935年8月，由于第四军活动中心由密山北移至勃利、方正一带，吉东特委将领导第四军的任务从密山县委转到勃利县委。

1936年2月，东北抗日同盟军第四军改称东北抗日联军第四军。此后，第四军在开辟富锦、宝清新游击区的斗争中，四军二团在远征铁力、海伦等地的游击斗争过程中，都做出了重大贡献。1937年"七七"事变全国抗战爆发后，抗联四军加入东北抗日联军第二路军，并于1938年5月，随抗联第二路军西征，在西征过程中，损失严重，军长、副军长壮烈牺牲，部队丧失殆尽。

总之，自1931年"九一八"事变到1945年8月苏联红军进驻密山期间，特别是1933年1月日军侵占密山后的将近13年的时间里，密山人民在中国共产党的领导下，从未间断过反抗日本帝国主义侵略，争取自己民族解放的斗争。在抗日战争中，无数密山优秀儿女为了民族解放大业洒尽了最后一滴血，用鲜血和生命捍卫了民族尊严，体现了中华儿女不屈不挠、英勇斗争的爱国主义和民族主义精神。密山人民的抗日斗争史实，将永远载入中国的抗日斗争史册，成为中国抗日斗争史不可分割的一部分。

（六）东北抗联第一个击毙的日军中将

渡久雄——侵华日军任日军第11师团师团长，于1938年1月晋升为陆军中将。1938年9月，该师团被调进黑龙江省东安地区，与我东北抗日联军作战。1939年1月，为了"消灭"抗联第二路军总部及其所属部队，他亲率"讨伐队"进行"扫荡"。当行至密山地区时，突遭密山抗日武装袭击，当场毙命。渡久雄是共产党在抗战中武装歼灭的第一个日军

侵华日军第十一师团长渡久雄

中将。

渡久雄在日俄战争爆发时就被派往中国参加对俄作战,对中国情况比较熟悉。九一八事变后,他被任命为步兵第一联队联队长,奉命开赴黑龙江省哈尔滨地区"围剿"东北抗日将领马占山部,屠杀抗日救国军民。1937年3月晋升陆军中将。1938年7月任第十一师团师团长,驻黑龙江省东安地区。1939年1月2日,陈荣久、周保中、崔庸建等人突击他的指挥部,将这位履职仅4个月的日军中将师团长击毙。

东安伏击战

东北抗日联军就是其中的一支部队。在漫长的抗日时期,中国共产党创建的抗日联军,在没有后方支援、粮弹两无,又与中共中央联络中断的情况下,以草根树皮为食,以林海雪原为家,以日军之衣为衣,以日军之枪为枪,抗战不止,纵横驰骋,大起大落,大悲大喜,用鲜血和生命谱写了一段可歌可泣、波澜壮阔、地域特色浓郁的抗争史。

据统计,十四年中东北抗联击毙日伪军十余万人,沉重地打击了侵略者,牵制住数十万日军精锐部队不能南下,有力地支援了全国抗战。

尤其值得一提的是，东北抗联曾击毙三名日军中将：日本陆航飞行教导团团长森玉德光、第一师团长服部晓太郎和第十一师团长渡久雄。

第四节　密山红色国际交通站

北满密山国际交通站传递了中共驻共产国际代表团给东北抗联的《八一宣言》、"一·二六"指示信和遵义会议精神，中共吉东特委向莫斯科输送了大批党的干部去学习，有百余人辗转回到革命圣地延安，为党培养了一批东北抗联骨干。交通站交通员王志成、桑元庆、徐道吾等为反法西斯战争的胜利献出了宝贵的生命。

鸡西市中级法院李景和以"密山红色国际交通站传奇"为题撰文，揭示了密山国际交通站。

一、红色国际交通线北端的坚强堡垒

密山国际交通站由于处于特殊的地理位置和特殊的历史阶段，在抗战以及解放战争中做出了特殊的重要贡献，成为北方边陲的一面红旗、一座桥梁、一条纽带、一座对敌斗争坚不可摧战斗堡垒！直至今天仍然是我们不可多得的党的光荣传统教育和爱国主义教育的重要阵地。革命样板戏《红灯记》的原作原形原创也诞生在这里。东北老航校、兵工厂、火药厂等也都诞生在这里。实事求是地说，密山可以定位为东北解放区军事教育第一城，"东北老航校纪念馆"被命名为省级爱国主义（国防教育）基地。所以，我们有必要将密山国际交通站成立的时间、背景、作用、相关人物及历史上作出的突出贡献做一简要回顾。

二、关于密山国际交通站成立的时代背景

1920年前后，苏共中央和共产国际为了保证来往中苏边境同志的安全，在赤塔86号小站、满洲里等地设立了秘密联络站。共产国际远东书记处国际联络部责成莉莉娅、伊萨耶夫娜负责在上海、北京、哈尔滨等地设立交通联络站。联络站的作用是通过各种方式方法护送来往中苏边境的同志，形成一条由上海经哈尔滨、密山、满洲里等地去苏的红色交通线。当时从上海（中共中央局所在地）到哈尔滨的路线有两条：一条是水路（海路），即由上海乘海轮到大连（营口），然后乘火车经沈阳、长春到哈尔滨；一条是旱路（陆路），即由天津乘火车经沈阳、长春到哈尔滨。海、陆两线皆以哈尔滨为中转站，然后由中东铁路北上出国。

1934年4—9月，上海中央局连遭敌人破坏，党中央和满洲省委联系中断。党中央决定由中共驻共产国际代表团直接领导东北地区的党组织。这时共产国际根据国际交通的迫切需要，从人力、财力等方面加强了国际交通组织的建设，于1934年成立了哈尔滨国际交通局。由哈尔滨国际交通局出资，在中东铁路东、西两线和中苏边境地区接管和建立了五个交通站和五个联络处。即满洲里交通站、扎赉诺尔交通站、满洲里直通交通站、博克图交通站、密山交通站。五个联络处，即满洲里及扎赉诺尔联络处、满洲里直通联络处、外国人会见处、哈尔滨特委联络处、密山联络处。由此可见，当时密山联络站、联络处发挥着相当重要的作用。据有关材料记载，密山方面又可分为三条交通线，即桦木林子区域第21号中苏界碑、绥芬河北沟、密山二人班；五个交通站，即横道河子、牡丹江大同医院、绥芬河、八面通田家澡堂子、下城子保安屯、密山二人班。

1936年1月，满洲省委撤销，建立哈尔滨特委，韩守魁任书

记。1937年4月15日，由于中共哈东特委宣传部长傅景勋叛变投敌，致使日伪军警在哈尔滨、滨绥、滨北各铁路沿线及各城市开展了有计划的大搜捕。韩守魁被捕叛变后，哈尔滨特委交通局主任桑如桂、宣传部长冯策安也被捕了。哈尔滨特委、党的交通局及其所属组织大连、哈尔滨市委，海伦县委，呼兰、宾县、巴彦特支均遭破坏。南满磐石中心县委书记陈文彬、柳河县委书记冯剑英、组织部长郭喜明等人相继被捕。磐石中心县委、抚顺特支、柳河县委也遭破坏。此外，敌人在阿城、双城、安达等地逮捕了一些抗日群众，在哈尔滨还逮捕了口琴社侯小古等人。这次大搜捕一直延续到同年8月，党团员及爱国群众745人被投入监狱，198人被杀害。

哈尔滨特委、哈尔滨国际交通局及下属机构遭到破坏，造成很多人被捕遇难，这就是比较著名的哈尔滨"4·15"事件。继此之后不久，密山交通线上的平阳镇联络站发生了桑元庆事件。桑元庆是1945年1月被捕的，交通站遭到破坏，被收缴了电台、发电机、报话机等，但是样板戏《红灯记》中鸠山队长所要的密电码日本人始终没得到，日本人就反复搜寻拷打桑元庆。据桑元庆女儿桑桂花回忆，当时敌人严刑拷打也是很残酷的，最后还将桑元庆送到哈尔滨七三一部队做细菌试验。受尽折磨的桑元庆牺牲了，但是密山国际交通线还在发挥着重要作用。据曾经做过密山二人班地下交通员的王振洲（解放后任鸡西矿区工会主席）档案记载、鸡西市穆棱河综合治理项目办的《穆棱河报》载，这条交通线直到解放前夕，还为解放战争做出了很大的贡献。

总之，密山国际交通线的这面红旗始终迎风飘扬，闪耀着共产主义真理的光芒！

三、关于密山国际交通站贡献突出的历史人物

追寻当年密山这条国际交通线的建立者和领导者的光辉足

第二章 密山抗日斗争烽火

迹，首屈一指的当属杨松这个历史人物，也就是《红灯记》剧中主人翁李玉和的原型。杨松原名吴绍镒，曾用名吴平。他创建了《解放日报》，也是《解放日报》首任总编辑。是中共优秀的理论家、宣传家、活动家。他曾任吉东特委书记，是东安地委、密山国际交通线的建立者和领导者，也是东北抗日联军的创建者。用东北抗联四军军长李延禄的话说，"东北抗联得以发展、统一，杨松同志是有很大的功劳的。"杨松同志1907年11月14日出生在湖北省大梧县四姑墩大吴

吉东特委书记杨松五次在密山二人班往返中苏之间

家一户知识分子家中。他和徐海东大将、刘华清军委副主席是同乡。1937年12月，杨松同志虽然当时远在莫斯科，党中央仍任命他为中共中央宣传部第一副部长。1938年2月底，他从莫斯科返回延安主持中宣部的日常工作。后来成立由张闻天负责的中央宣传委员会，成员中排名第一位的就是杨松，其后面是陈昌浩、吴亮平、陈伯达、徐冰、肖向荣。1938—1940年在延安任中宣部副部长兼秘书长，并执教延安马列学院。1941年5月在延安办起党史上具有里程碑式的《解放日报》，他既是总编辑又是记者，在自己的岗位上殚精竭虑，终致积劳成疾。住院期间，毛主席两次到医院看望，并拿出自己的稿费100元给他买补品。朱德、贺龙、博古、蔡畅、叶剑英、关向应等多次看望他。1942年11月14日杨松同志因病逝世于延安中央医院，享年35岁。追悼会上毛主席亲题挽词："杨松同志办事认真、有责任心，我们应当记住他、学习他。"刘华清为杨松题词："革烈浩气长存。"邓力群题词："深切怀念杨松老师。"吴冷西题词："学习杨松同志为党为国鞠躬尽瘁的奉献精神。"原中纪委书记韩光和赵毅敏的题

词分别是"哲人其萎、垂馨千祀。""勿忘国耻、发奋图强。"东北人民也像记住杨靖宇、周保中、李兆麟、赵一曼一样记住了杨松的名字。2007年，牡丹江市隆重纪念杨松同志100周年诞辰，并建起杨松同志纪念馆。2009年4月2日，延安党政军民像纪念"四·八"死难烈士一样为杨松烈士扫墓。

密山国际交通站的第二位领导人是张松，也就是李范五。张松原名李福德，他也是《红灯记》的主人翁李玉和的原型之一。1912年5月3日生于穆棱县，就读北京大学时参加地下党，后来被组织派回东北，担任当时杨松领导的吉东特委的组织部长，后接任杨松为吉东特委书记。新中国成立后曾任林业部副部长、党组书记，黑龙江省省长。他

吉东特委组织部长、书记李范五在密山二人班赴苏联学习，新中国成立后任黑龙江省省长

也是东北抗联、密山国际交通站的重要领导者，在穆棱河流域留下了不少可歌可泣的事迹。1934年，他率领宁安县抗日游击队长张祥所部，在镜泊湖南湖头击毙了日本开拓团中将山田悌一，这件事成为当时震惊日本朝野的一个大新闻。

还有抗联四军军长李延禄也曾战斗在这里，是密山国际交通站的重要领导者。新中国成立后李延禄担任黑龙江省副省长、国家五机部顾问。此外，还有交通员陈龙（密山抗联四军副参谋长，后到延安任毛主席警卫员，新中国成立后任公安部副部长兼政治保卫局局长）、朱光（抗联领导人，1955年授衔少将，曾任五机部副部长）、朱德海（朝鲜族，密山游击队干部，到延安后任王震警卫营长，曾任吉林省副省长、国家民委副主任）、孙三（密山抗联老战士，到延安后任抗大教官，新中国成立后任东安

战车团长、开国大典战车方队总指挥，1955年授衔少将，我军装甲兵奠基人之一）、张哈（密山二人班人，国际交通站交通员，到延安后任中央领导警卫员）、傅文忱等人。

应该突出说一说的是傅文忱同志（宋志远）。他1904年出生在双城县镶白旗二屯。由于家境困难，8岁就放猪，9岁随父亲到密山二人班大柞木台子。11岁时读三个月书，12岁开始务农，冬闲时打猎。1933年他认识了国际交通员李发，开始接触革命道理，进步很快。1934年参加革命，同年12月在密山二人班入党，担任国际交通员。到延安后担任中共"七大"会场带枪警卫班长，毛泽东赴重庆谈判担任警卫员。他后来由延安随部队到东北的第一站就是密山，任密山第一任民主县长。

傅文忱（宋志远）在延安八路军总部副官处任中尉副官。毛主席机要员，密山首任县长，东安市市长。

再比较突出的是李东光同志，他原名李希才，1922年5月出生在黑龙江通河县。他是密山国际交通站的苏方交通员，负责在苏方接送的工作。他1933年4月参加革命。1935年参加东北抗联第三军。1938年2月入党。1945年8月9日随苏军回国，任苏军驻东安市（密山市）警备区副司令员兼翻译。解放战争时期参加了黑山阻击战、辽沈战役、平津战役等重大战役。1947年其所在部队第十纵队被改编为四野第四十七军时，他担任司令部侦察处长，曾划归二野参加了解放重庆战役。1951—1958年在南京军事学院军事科学研究部翻译室任主任。1958—1978年在安徽大学工作期间任外语系主任、总支书记、工会主席。1979年任哈尔滨工业大学党委书记、黑龙江省人大常委。1993年离职休养，享受副部级待遇。被授予三级"八一勋章"和三级"解放勋章"；在反法西斯战争胜利50周年被授予朱可夫元帅奖章；2005年在纪念1941—1945年伟大卫国战争胜利60周年时，俄驻沈阳领事馆副总领事戈里亚切夫，向黑龙江省李东光等11位曾在苏联参与军事活动者颁发奖章。

四、关于密山国际交通站的历史作用

密山国际交通站的历史地位和贡献是有目共睹的，也是不言而喻的，是祖国北疆的一面鲜红的旗帜、一座坚强的战斗堡垒。东安（穆棱河流域）根据地高高飘扬着的党旗军旗，闪烁着延安精神的光芒。大量史实说明，穆棱河流域这样一块革命根据地和长江流域、黄河流域的革命同步进行着。早在1927年，中共就建立了梨树路矿所穆棱河畔的第一个党支部。后来又成立了由李延禄等同志领导的抗联第四军、五军、七军等抗联组织。胡伦作为当年和邓小平一起留法的学生，回国后曾经担任过抗联四军参谋长。抗联将领崔庸健就曾经在穆棱河畔率抗联七军击毙过日军少将日野武雄。

著名革命京剧样板戏《红灯记》的真实故事情节就发生在穆棱河流域。剧中重要人物政委就是当时的吉东特委负责人，后来的黑龙江省省长李范五。交通员就是当年的北满地下交通员、延安"七大"会场带枪警卫班长、后来随毛泽东重庆谈判的警卫员傅文忱同志。据说当年"七大会场"七个带枪警卫员中就有四个是从当年抗联四军走出去的。其中就有时任保卫处长、后随毛泽东重庆谈判（贴身警卫员）、新中国成立后任公安部副部长的陈龙同志。

这个时期到过穆棱河流域（东安地委）的党政代表人物有陈云、张闻天、李立三、陈郁、高岗、于化南、吴亮平、陈柏村、伍修权、刘亚楼、于杰、谭云鹤、李尔重、陈慕华等人。东安地委（穆棱河流域）走出去一大批党政干部和杰出的人才，他们的事迹不胜枚举。2008年8月，《黑龙江日报》曾经发表黑龙江省社科院魏国忠教授和原密山县文化局长陈兴良合写的纪念吴亮平一百周年诞辰的文章，深切缅怀吴亮平等老一辈革命家在穆棱河流域做出的历史贡献。

五、经密山国际交通站赴苏联学习的部分人员

富振声在密山二人班赴苏联学习，新中国成立后任吉林省副省长

朱光在密山二人班赴苏联学习，新中国成立后担任五机部副部长，被授予开国少将

密山抗联四军宣传科科长王静敏，南京军区原副政委，被授予开国少将

密山抗联四军军长秘书彭施鲁，新中国成立后任国防科委副参谋长，被授予开国少将

密山国际交通站通员李东光（李希才），后任哈尔滨工业大学党委书记

第五节　密山是《红灯记》故事的发生地

一、《红灯记》的创作过程

20世纪60年代有一部电影叫《自有后来人》，在全国放映，反响强烈。一部《红灯记》红遍全国，既有沪剧又有京剧还有钢琴协奏曲。然而直到现在谁都不知道《红灯记》的原作者是谁，而每次演出都说是"集体创作"。

三十多年过去了，历史的烟尘渐渐散去，应该还原事物的本来面目。《红灯记》的前身就是电影《自有后来人》。最初写的是一个剧本，作者是罗国士、沈默君。罗国士是1958年春从北京军区转业来北大荒的少尉军官。他是湖南人，生活在一个知识分子家庭，父亲是教授。罗本人在朝鲜志愿军美军战俘营当英语翻译。转业来北大荒后在黑龙江省虎林县一个农场先当农工，后任农垦局《农垦报》驻场记者，最后被分配到密山至虎林铁路线上的宝东小镇中学当了教员。与此同时，艾青、丁聪、胡考、聂绀弩等也来到北大荒，其中就有著名的电影编剧——《渡江侦察记》《海魂》的作者沈默君。沈默君原在解放军总政文化部创作室，到虎林后先在农场劳动，后来被安排到宝东中学任教。一时，这个边陲小镇的中学名声大振，成了"名校"。

罗国士与沈默君相识后，萌发了要写一个剧本的欲望，但苦于缺乏素材，一直没有付诸行动。一日，罗国士与当地群众闲唠时，听说了日伪统治时期有一铁路员工一家三代人投身抗日的传说，颇具传奇色彩，十分感人。

后来一深入了解，原来在伪满时期，中共中央为了保持与共产国际的联系,先后开通了三条国际交通线,其中一条是经黑龙江境内密山县(现为密山市)的平阳镇、密山、白泡子、当壁镇(现为兴凯湖边一旅游胜地),最后出境于苏联的图里洛格。跑这条线的人叫傅文忱,此人原是八路军的一名副官,是军委情报部的,后来到东北担任了"跑交通"的任务。当时这里的形势复杂,傅对敌斗争机智英勇,他一家三人,"不是亲人胜似亲人",誓死与敌人周旋。罗国士与沈默君从这里获得最原始的素材以后,二人经过一番研究,认为这个素材很好,初步确定写一个以抗日为主题的剧本。

关于《红灯记》故事的发生地,不少人进行了考证。据说黑龙江的北安至黑河市的铁路线上有个叫龙镇的车站,为了开发"旅游资源",还挂出了"《红灯记》的故事发生在这里"的标牌。这是不对的。《红灯记》的故事原型应该是在密山一带。

沈默君是安徽寿县人,1949年参加解放军,当过文工队长。文化虽不高但善于编故事,能掌握各种人物的特点,熟悉"戏路子"。初稿是由罗国士、沈默君二人共同写的。经过半年多的反复修改,最后定名为《自有后来人》。

罗国士曾说,《自有后来人》中有两个非常经典的细节:

一个是李玉和手中那盏红灯的由来。《自有后来人》初稿完成后,受到长春电影制片厂的关注,欲将其拍成电影,但必须修改。不久,罗国士与沈默君被邀请到"长影",住进了著名的"小白楼"。在修改加工的过程中他们发现全剧中缺少一根红线将李玉和一家三代人的关系串联起来,因而显得松散,修改一度"搁浅"。一天清晨,曙色微明,罗国士起床外出散步。当他行至铁道附近时,只见在迷蒙的烟雾中,铁道上空有几盏红灯在发光(即信号灯),那红色的光一下子穿透了他的心灵,立即触发了他的灵感,何不用红灯作为一条线索贯穿全剧呢？这既有铁路的职业特点，又具有红色的革命内涵。他想到这里已顾不得散步，连忙赶回住所，将正在睡梦中的沈默君唤醒，讲述了自己的想法。在再次修改时便加进了铁梅手中拿着的那盏红色信号灯。

第二个细节是剧中有一场对暗号的戏。这个暗号是怎样设计的呢？罗国士说，有一次他到熙熙攘攘的市场去，听到各种形形色色的小贩的叫卖声，猛地勾引起他童年时的记忆——老家小贩卖木梳与乡亲们的对话，"卖木梳哪，卖木梳哪""有桃木的吗？""有，要现钱！"他立刻回到宿舍将这段对话几乎是原封不动地搬进了剧本。

电影拍成后令人遗憾的是，由于当时的种种原因，剧作者都用了笔名，罗国士改成"罗静"，沈默君用了"迟雨"。此外，《自有后来人》的剧名前面加了"革命"二字，成了《革命自有后来人》。"文革"期间江青等看中了《革命自有后来人》，组织人马将其改名为《红灯记》，成为"旗手"的一大功绩，而原剧的作者都销声匿迹，一字不提。

"文革"结束后罗国士被调到了黑龙江桦南林业局纸浆厂。桦南离佳木斯市很近，他经常来佳木斯，我们常见面。他对《红灯记》不提他的名字只是淡淡一笑了之。20世纪80年代初，他离开桦南林业局调至安徽省作家协会当了专业作家。

（作者：丁继松）

注：作者丁继松，著名作家，北大荒文联副主席、编审，享受国务院特殊津贴。1958年同《红灯记》的作者沈默君同在北大荒下放劳动，因此见证了《红灯记》（《革命自有后来人》）的创作过程。此文发表于《中国文化报》，后被"中国文明网"转载。

二、关于《红灯记》的史料说明

（一）铁路工人罢工的史实

李范五同志任吉东特委组织部长期间领导的磨刀石、下城子铁路工人罢工。

（二）交通站史实

平阳镇交通站被叛徒出卖，负责人的发电机、电报机、密电码被日军缴获，交通员桑元庆等二十多人被送到哈尔滨七三一细菌部队杀害。

（三）写作地点

写于虎林宝东中学、云山水库。

（四）国际交通站

国际交通站就是二人班、密山县城、白泡子、当壁镇、平阳镇、苏联图里洛格，傅文忱跑的就是这条线，李东光是苏方这条线负责接人的交通员。

（五）一家"三窝人"亲又不亲的情节是事实

傅文忱参加革命前有两个女儿，七年后老婆改嫁又生了两个孩子，老傅找个爱人又生了两个女孩。李范五、吴亮平、陈伯村等都知道此事。老同志有时还开他的玩笑。大家听完傅文忱的报告后，沈默君很激动，他说一定要写出一部好的作品，即《自有后来人》。写剧时，将"三窝人"描写为"三代人"。

（六）《红灯记》剧的下集

下集主要是写密山北满国际交通站的同志从革命圣地延安重返东北参加创建东北根据工作，其中还有为李玉和寻找革命后代的情节，后因"文革"没有排演下集。

（七）第一作者"文革"前就有定论是沈默君

沈默君就是将傅文忱的抗联报告艺术概括塑造出了李玉和等抗联英雄。这里有傅文忱、李范五的影子。

革命现代京剧 红灯记

第六节 抗联四军原军长李延禄传略

李延禄，1931年7月加入中国共产党。"九一八"事变后，即受党组织的派遣进入东北军，开展抗日救亡工作。他是东北抗日联军创始人之一，曾任东北抗日救国游击军军长、东北抗日同盟军第四军军长、东北抗日联军第四军军长。在东北人民14年艰苦斗争中，李延禄率部英勇与敌作战，并冒险进关积极开展统战工作，为争得胜利做出过重大贡献。东北解放和新中国成立后，李延禄历任合江省政府主席，松江省、黑龙江省政府副主席，为黑龙江省的开发、建设献出了毕生精力。

李延禄为人正直、光明磊落，有高度组织观念。他谦虚谨慎、作风民主，严于律己、宽以待人，兢兢业业为党工作，从不计较个人得失，生活朴素，不搞特殊，对同志热情诚恳，受到黑龙江省党内外广大干部、群众的尊敬。

一

李延禄，号庆宾，祖籍山东省平度县，1895年4月出生于吉林省延吉县，家有弟兄6人，他排行老二。李延禄10岁时进学馆读了两年私塾，12岁时，终因家境困难不得不辍学到延吉城里"增源庆"银楼当学徒谋生。1911年，李延禄从随营学校毕业后被分配到督办公署当差。1914年考入吉林实习工厂。1920年延吉巡防营编入吉林省防军第十三混成旅，李延禄先后任营司务长、骑兵连连长。1921年，李延禄所在部队奉命镇压东满朝鲜人的反日活动。李延禄有意泄露了部队行动计划，保护了一批朝鲜革命者，而自己却为此被判刑4年，关入狱中，后经同僚们疏通营救，才提前释放。1925年，李延禄经人介绍到和龙县警察大队任小队长，后又任公安局巡官。1928年，李延禄回到延吉县第十三混成旅所辖的官盐催运局缉私连任连长。1930年5月延边农民举行"五卅"暴动，一夜之间炸毁天图铁路桥和日本东洋拓植会社，烧毁了日本警察署。中共满洲省委及时领导和组织了这几次爱国反日斗争，并在斗争中发展了东满各地的中共组织。这段时间李延禄和一部分爱国官兵，也支持和参加了反日群众斗争。在斗争中，他结识了一些中国共产党党员，接受了许多革命思想，思想发生了飞跃的变化。1931年春，他被中共延吉县委批准加入中国共产党。

二

1931年"九一八"事变后，中共满洲省委作出《满洲省委对士兵工作的紧急决议》，要求各地党组织加强领导士兵工作，发动士兵反抗国民党长官的投降活动，以实际行动打击日本侵略者。据此，中共延吉县委决定派李延禄利用旧关系，到十三旅王德林营开展士兵工作。11月中旬，李延禄带着党员左征、朴重根来到小城子，王德林大喜过望。王德林起义后，东满一带热血青年蜂拥而来要求投军抗日。在李延禄等人的推动下，1932年2月8日，王德林在小城子召开了抗日宣誓大会，正式成立国民救国军，自任总指挥，李延禄被任命为总参谋长。李延禄从各地投军的爱国青年中选出400余人组成3个连，又从原老三营中选出几名抗日士兵骨干做连长、排长，组成了一个新团，定名为东北抗日自卫军补充团，李延禄兼任团长，直属救国军总部指挥。1932年2月15日至21日，救国军以老三营和补充团为主力，接连攻克敦化、额穆、蛟河3城，缴获一批枪支弹药，改善了补充团的武器装备。1932年5月，日军第三十八旅团占领了牡丹江。由于密山县小石头河子的苏怀田、田宝贵、杨泰和等人拉起了一支200人的抗日队伍，到兴源镇投奔李延禄。李延禄将这支队伍编为补充二团，自己兼任团长，苏怀田任副团长。1933年1月1日，日军在飞机、重炮、装甲车掩护下，向磨刀石猛扑。李延禄指挥战士们利用天险顽强阻击，连续打退敌人4次冲锋，但傍晚时分，由于日军前一天派出的小部队已迂回占领了我阵地后方的代马沟，代马沟守军弃阵逃跑，日军便从东西两边夹击我军阵地，并包围了指挥部。李延禄率部奋力冲杀突围，由山道转移至五河林。

三

1933年1月至5月，李延禄率领救国游击军转战宁安、汪清县境，获得许多胜利。2月宁安县团山子战斗，救国游击军旗开得胜，击退日军宁安守备队的"讨伐"，击毙了敌小队长；3月初宁安县八道河子战斗，击毙日军指挥官以下37人；3月末在汪清县马家屯，李延禄率部与汪清游击队联合作战，打退敌人四路围攻，迫使伪军一个连缴械，保卫了中共东满特委所在地的安全；5月东京城战斗，瓦解伪军第二保安队300人。救国游击军连战连捷，极大地鼓舞了宁安人民的抗日斗志。宁安反日会制作了一面锦旗送给李延禄，上面绣着："抗日游击队万岁！"1933年4月，李延禄在汪清中共东满特委所在地听到了有关《中央给满洲各级党部及全体党员的信》（即"一·二六指示信"）精神的传达。他向党组织提出到密山去开辟新的抗日游击区的建议，亲率二团和骑兵营赴密山。1933年6月下旬，李延禄率救国游击军300余人到达密山县黄泥河子，与早期去密山的杨泰和所率第一团会合。李延禄抓住时机宣传中国共产党的抗日救国主张，鼓励他们坚持走抗日的道路。召开了一次各抗日部队联席会，提出了联合抗日的建议，受到多数首领的欢迎。会上共同制订了联合抗日的约法三章：一是不投降，不叛变，抗日到底；二是保护贫苦群众利益；三是打进城镇去向敌人要粮要武器。救国游击军到达密山后，李延禄即四处寻找密山县委取得联系，密山县委派出的联络员也找到了李延禄。1933年7月，吴赤峰到达救国游击军后，和密山县委一起帮助加强和完善部队党组织建设，发展了一批经过战斗考验的干部、战士入党，改选了党支部，李延禄也被批准转为中共正式党员。不久李延禄被选为支部书记。密山县委和吴赤峰都肯定了李延禄等人关于联合各反日山林队共同抗日的意见，决定再召开一次联席会议。为更好地联合自卫军、护路军散落在密山一带的队伍共同抗日，吴赤峰、李延禄等商定将救国游击军改名为"东北人民抗日革命军"，并以东北人民抗日革命军的名义向各反日山林队发出邀请信。7月下旬，第二次联席会议在密山县郝家屯召开，有十多个队首参加会议。吴赤峰做了东北抗日武装斗争形势报告，李延禄再次提出各支抗日武装不分党派、民族，在抗日到底、保护基本群众利益、没收敌伪资财等三个条件下联合起来的倡议。这个倡议得到大家赞同，并一致同意起用"东北人民抗日革命军"称号，公推李延禄任军长。部队统一编制，独立活动，作战时联合行动，统一指挥。东北人民抗日革命军成立后，部队发展到近千人。1933年9月16日，李延禄以军部卫队连和一团为主力，联合几支反日山林队，夜袭密山县城获胜，开拓了密山地区抗日游击斗争的新局面。1934年9月，中共驻共产国际代表团派吴平（即杨松）以中共满洲省委巡视员身份到吉东地区巡视，先后召开了中共密山县委、穆棱县委和宁安县委扩大会议，传达贯彻中共代表团关于满洲工作的意见。在中共密山县委扩大会议上，决定将县委创建的游击队与李延禄所率人民抗日革命军合并，联合其他反日部队，组成东北抗日同盟军第四军，任命李延禄为军长。到1935年9月，李延禄率领的东北抗日同盟军第四军已由初建时的3个团231人发展为两个独立旅、7个团、1个独立营共2 000人。李延禄还利用李杜在依兰、方正一带的影响和社会关系，在方正县大罗勒密的陈家亮子、前五家子一带开辟了四军的后方根据地。1936年4月1日，李延禄由李延平护送到中共密山县委，两人互相交换了衣帽握手道别，顺利地按时到达了二人班交通站。

四

1936年4月下旬，李延禄到达莫斯科中共代表团驻地。经过一段时间的总结工作和学习、休养后，代表团决定派他回国，到国民党的心脏南京和上海去开展工作，受潘汉年直接领导。潘是中共中央任命的同国民党谈判的正式代表，已先期由莫斯科回国。代表团还给李延禄配了一名年轻精干的助手——孙昌克（又名孙西林），孙以秘书名义随同李延禄行动。1936年11月3日，李延禄同孙昌克从莫斯科绕道巴黎、威尼斯，乘船回到上海。1937年1月22日，李杜从巴黎回到上海。李延禄向他详细报告了东北近况和自己进关请愿抗战的使命后，李杜亲自去南京求见蒋介石，并提出了组织军队打回东北去的具体计划。利用这一机会，请示潘汉年后，李延禄公开发表了《东北抗日联军代表拥护李杜将军北上抗日》的书面材料，拥戴李杜出任东北抗日联军总司令。1937年春，东北籍知名爱国人士高崇民、阎宝航、刘澜波等发起成立东北救亡总会，邀李杜、李延禄代表东北抗日联军参加，以形成关内关外统一的东北抗日救亡组织。同年5月，由李杜、李延禄、阎宝航、刘丕光等出面在上海八仙桥青年会召开了旅沪东北人士200余人的大会，高崇民、车向忱、杜重远、栗又文、解方等知名人士都出席了大会。会上宣布了在北平成立东北救亡总会的决定，提出了"援助东北抗日联军""释放张学良将军""要求政府出兵东北"等倡议。6月，东北救亡总会在北平成立，李延禄被选为常务委员。1937年11月12日，上海沦陷后第二天，李延禄带孙昌克陪同李杜乘外轮离开上海。1937年末，李延禄陪同李杜到达莫斯科。李延禄这段进关开展统战工作的经历，说明了他有很强的革命性。他不为国民党的高官厚禄所动，不顾个人及家庭的生死安危，一心一意地为党工作。抗战爆发后，他原定进关任务已经完成，但当党组织要他继续陪同李杜时，他仍愉快服从，并且尽心尽力去做。1938年10月，周恩来批准李延禄去延安。李延禄接到通知，于10月22日再次离开妻儿，和孙昌克一起到达汉口。次日即随李克农乘"新升隆号"轮船离开汉口。不料船行至湖北省嘉鱼县燕子窝附近时被日机炸沉，李延禄落水后抱着一片木板漂到岸边遇救。他和孙昌克一起又绕道桂林、重庆、西安，于11月末到达了革命圣地——延安。

五

1938年12月，中共中央领导人毛泽东、朱德分别接见了李延禄，听取了他关于东北抗日联军和3年统战工作的汇报。随后，中共中央决定成立一个东北工作委员会，专门研究和开展东北工作，培训东北干部，为收复东北做好准备。1939年1月，东北工作委员会正式成立（简称东工委），王明任主任（未到职），李延禄任副主任。1941年末，李延禄被调去中央党校学习，参加了延安整风运动。1945年，中共第七次代表大会召开，李延禄被选为正式代表，出席了这次具有重大历史意义的会议。1945年"八·一五"日本无条件投降的消息传来，年过半百的李延禄禁不住热泪涌流。10余年梦寐以求的一天终于到来了！1945年11月17日，李延禄一行到达佳木斯，当天便组成了中共合江省工作委员会，4天后正式宣布成立了合江省政府。李延禄任中共省工委委员、省政府主席。1946年年末，剿匪取得胜利，到1948年2月，合江的土改工作也胜利结束，合江城乡的任务转入开展大生产和支援全国解放战争。1948年8月，东北行政委员会成立，李延禄被选为委员。

新中国成立后，李延禄已年近花甲。他先后担任过松江省政府副主席，中共松江省委委员；黑龙江省副省长、中共黑龙江省委委员、黑龙江省政协副主席等职，一直分管人事、监察、政法、文教、卫生等部门的工作。1963年，李延禄68岁时，主动辞去了副省长职务，下决心要把东北抗联四军的斗争实况写出来，以告慰那些牺牲了的战友。在秘书的帮助下，他整理出了十几万字的初稿，并在《北方文学》上陆续开始发表。但"文化大革命"打断了他的工作。在最困难的时候，李延禄始终坚信党、坚信马列主义，保持了共产党员实事求是的高贵品质。粉碎江青反革命集团后，李延禄已是80高龄，在著名作家骆宾基的帮助下，终于完成了10年前的心愿，出版了22万字的《过去的年代：关于东北抗联四军的回忆》一书。

李延禄是全国人民代表大会一至五届代表、全国人大常务委员会三至五届委员。

1985年6月18日，李延禄在北京医院逝世，享年90岁。

第七节　抗日英烈传略

密山是1951年国家确定的首批革命老区县，密山烈士陵园，是我省第二大烈士陵园。面对烈士陵园中抗日战争时期为国捐躯的军级、副军级、师级、副师级、团级的烈士纪念碑，令人感到在密山这块光荣而灿烂的土地上，有这么多共产党员，在党的领导下，前仆后继，浴血奋战，为了中华民族的解放，为了建立新中国，为了实现共产主义远大理想，他们献出了自己的青春和宝贵的生命。这是密山人民的骄傲和宝贵的精神财富。

抗日英烈墓

一、抗联第四军军长李延平烈士

　　李延平同志，1903年3月9日出生在吉林省延吉县城郊一个贫农家庭里。1913年进本村私塾读书，1915年因家境贫困而辍学。第二年，只有13岁的李延平同志，就到当地一家皮铺学手艺，后因皮铺倒闭而失业。1928年，他在亲友们的资助下，到哈尔滨学开汽车。但是，当他刻苦学成之后，却到处得不到录用。于是，他怀着对旧社会无限愤慨的心情，离开哈尔滨，返回家乡，与父亲一起种地谋生。

　　1931年"九一八"事变爆发后，李延平同志耳闻目睹日本侵略者的种种侵华暴行，使他胸中燃起强烈的反抗怒火。1932年1月，他为了挽救祖国的危亡，决心奔向抗日救国的疆场。这时，李延平同志已经是一位有两个儿子的父亲了。临行前，他意味深长地嘱咐孩子们："你们在家要听妈妈的话。等爸爸把日本侵略者打走以后，咱们再在一起好好劳动，建设咱们美丽的家乡！"就这样，延平同志告别了亲人，离开家乡，跋山涉水，来到黑龙江省宁安县，投奔了抗日救国军，从而走上了

抗日救国的道路。参军后,他担任了抗日救国军军部参谋。

1932年2月,抗日救国军第一补充团在共产党员李延禄、孟泾清同志的领导下,积极活跃在吉林省敦化、额穆、蛟河等县境内,经常给敌人以沉重的打击。同年3月中旬,日本侵略军一部在天野少将的率领下,向我抗日救国军猛扑过来。当敌军沿着由敦化到宁安的老道沟,窜犯到南湖头"墙缝"时,我严阵以待的抗日勇士们,在一片喊杀声中,向敌人发起了猛烈的攻击。经过激战,敌人伤亡惨重。在这场战斗中,李延平同志表现得机智果敢、英勇顽强,因而得到了领导和同志们的赞扬。

"墙缝"战斗之后,天野率领残兵败将向松乙沟逃窜。当时,抗日救国军将负责追歼逃敌的任务交给了李延平和崔营长等同志。三天后,李延平等同志遵照上级部署,利用松乙沟春暖、木干、草高、风大的特点,首先封锁了敌人的退路,接着便向敌人发起了"火攻"。不多时,松乙沟火光冲天,许多敌人葬身于火海之中。

李延平同志参加抗日救国军以后,在党组织的直接培养教育下,在政治上积极要求进步,思想觉悟不断提高;在历次战斗中,总是身先士卒,屡建战功。因此,他于1932年6月,光荣地加入了中国共产党。

1932年7月,李延平同志被任命为执行特殊任务的绥宁游击支队支队长。不久,他带领游击支队队员70多人,智取了绥宁公司,缴获步枪60多支和许多其他军用物资。到这时,游击支队已发展到100多人,共编为3个分队。

1933年1月,李延禄同志将原抗日救国军旧部,改编为在中国共产党直接领导下的东北抗日游击总队。李延平同志继续被任命为游击支队支队长。同年2月,李延平同志率领第二分队在东宁县万丈沟一带活动。有一天,他们在群众中得到消息:有3辆满载布匹和棉花的敌军运输车,将在第二天上午由此地通过。李延平同志当即召开会议,进行了周密的研究和部署。果然,在第二天中午时分,3辆敌军用汽车,在9名伪军的押运下,沿公路缓缓开来,当汽车进入我伏击圈后,李延平同志一声令下,顿时枪声四起。不一会儿,汽车不动了,几名押车伪军在胡乱放了几枪之后,有的被击毙,有的交了枪。战斗结束后,李延平同志决定把3汽车物资全部分给当地群众。老乡们一边领棉花、布匹,一边高兴地说:"抗日游击队真是为国为民的好军队呀!"

4月间,李延平同志率领的游击支队在密山县与杨泰和同志领导的抗日游击总队第一团会合后,共同活动在石头河子、柳毛河子和滴道等地。

同年冬,李延平同志根据党的指示,去莫斯科东方大学学习。在学习期间,他刻苦钻研马克思列宁主义理论和军事科学知识。他的学习成绩优异,得到了老师和同志们的好评。1935年冬,李延平同志学习结束后,重新返回烽火弥漫的东北抗日战场。他到部队任职以前,在离别4年之久的家里只停留了两天。临走的时候,他告诉亲人们:"我不在家,家里确实有很多困难。将来革命胜利以后,我们就能和全国人民一样,过着有吃、有穿的幸福生活!"这些,是延平同志和家人说的最后几句话。

1936年初,党中央调东北抗日联军第四军军长李延禄同志进关。3月,组织决定让李延平同志接任抗联第四军军长职务。为了欢送李延禄同志入关,抗联四军于3月10日,在李延禄同志和李延平同志的亲自指挥下,夜袭了驻守在勃利和桦川交界处的二十五金矿的日伪军。经过3个多小时的激烈战斗,毙伤敌伪军70多人,胜利地占领了二十五金矿,缴获步枪70多支,战马百余匹,子弹16 000多发。

同年6—7月,李延平同志带领部队活动在富锦县西山里大叶子沟一带。一天早晨，李延平同志冒着滂沱大雨，率领部队成功袭击了宝清七区伪甲所，缴获步枪60多支。

在李延平等同志的领导下，抗联四军不仅在质量上有了很大提高，而且在数量上也获得了迅速发展。到1937年1月，根据上级指示，李延平将部队编成4个师、10个团，共2 000多人。

1937年8月，李延平同志由于连续不断地行军作战，再加上营养不良，患了重病。当他带领十几名战士在宝清县凉水泉子山里养病时，被敌人探知，几十名敌伪军偷偷地摸了上来。李延平同志得到报告后，坚毅沉着地一边指挥战斗，一边布置转移。不多时，便打退了敌人，脱离了险境。

同月，李延平同志在病愈之后，便率领四军与五、六军各一部相配合，共同进行了攻打凉水泉子的战斗。在战斗中，李延平同志指挥四军和五军一部，在宝清县和凉水泉子之间的二道河子公路上，胜利地完成了伏击从宝清县城来援之敌的任务。歼敌100余人，缴获轻机枪3挺，步枪100多支。

1938年春，日本帝国主义为了实现其巩固伪满政权、独霸中国的罪恶目的，接连调动大批兵力，向我抗联活动的"三江省"地区发动了灭绝人性的大"扫荡"。面对这种严峻的形势，中共吉东省委和东北抗联第二路军总指挥部为了开辟新的游击根据地，打通北满与南满等地抗联及抗日军队的联系，制定了所属各部队的西征计划。同时，命令四军和五军一起从宝清、勃利一带出发，向刁翎集中，开始西征。

同年4月，四军党委在对上述指示进行了充分研究和部署后，便和五军一起开始了西征。李延平同志担任联合西征部队主要负责人。西征部队在极为艰苦的条件下，边战斗，边前进。他们在越过四道河子、三道河子，翻过老爷岭西的绵延300余里的高山密林之后，于7月初到达了苇河县（今尚志县）东北部。7月

12日，四、五军主力部队在李延平等同志指挥下，由亚布力后坡主动攻打了娄山镇。这次战斗，缴获敌人机枪两挺，步枪100余支，弹药10 000余发，还有大量粮食和其他军用物资。

娄山战役之后，敌人从四面八方调集了大量日伪军，对我西征部队加紧了围追堵截。但是，我西征部队在李延平等同志领导下，克服了重重困难，终于在8月中旬胜利地到达了五常县。

同年10月，李延平同志率领四军部队在五常县南磨石顶子活动时，不幸遭到敌人的重重包围。在激烈的战斗中，李延平同志身负重伤，壮烈牺牲。时年35岁。

（陈庆荣）

二、抗联第四军副军长王光宇烈士

王光宇，原名王兴，吉林省德惠县人，"九一八"事变后，投身抗日救亡运动。1933年末加入共产党，1935年2月任东北反日联合军第五军一师一团政委，1936年1月后，任东北抗日联军第五军二师政治部主任、二师师长，率部转战于宁安、穆棱、密山、依兰、牡丹江沿岸等地，1937年3月任吉东省省委委员和五军党委委员，在攻打依兰县城的联合作战中，他率部痛击援敌，缴获机枪13挺，步枪300余支，电报机1部，战功卓著。10月调任抗日联军四军军长。

1938年5月，为冲破敌人"围剿"，开辟新游击区，他率部从宝清出发，向五常西征，途中突破敌人封锁，克服无数艰难险阻，经依兰、方正，进入五常。同年末，在五常磨石顶子与敌激战中壮烈牺牲。

三、密山县委书记刘曙华烈士

刘曙华，化名老曹、李明学，汉族。1912年出生于山东省济南市普利门外的一个农民家庭。

刘曙华早年参加革命并加入中国共产党。1934年在苏联海参崴列宁主义学校学习，1935年春回国后，历任中共密山县委书记，东北抗日联军第五军第二师政治部主任，东北抗日联军第八军政治部主任，中共吉东省委委员、省执委委员等职。

1935年4月，刘曙华满怀着为中华民族的解放事业而奋斗的激情，从苏联海参崴列宁主义学校毕业回国。党派他到东北参加抗日斗争，任命他为中共密山县委书记。他以山东逃荒难民的身份来到了密山，在哈达河二段以帮人种地为掩护，积极开展反日宣传和发展党的组织工作。刘曙华经常活动在哈达河、兴隆沟、半截河、平阳镇等地，深入到群众中，宣传抗日救国思想。经过四个月的艰苦努力工作，他很快在这一带组织起反日会组织，会员发展到60余人，党团员发展到30余人，为进一步开展反日工作打下了基础。

1935年8月的一天，刘曙华到哈达河二段，找正在地里干活的县委妇女干部田仲樵，向她要反日会员登记表。当他拿到登记表正要离开时，遇上伪军大搜查，刘曙华怕被敌人搜去登记表，急忙钻进附近的草丛中，把登记表分几处藏了起来。但还是被敌人发现了，他们搜出部分登记表后将刘曙华逮捕。敌人认为他是重要的政治犯，先把他关押在哈达河伪军守备队，之后，被押送到梨树镇宪兵队。敌人根据反日会员名单，逮捕了李贵、孙洪山、王喜坤、阚先生、黄木匠、董老二等6人。敌人对刘曙华进行了多次审问，他假称自己是上海武卫会派来做反日工作的。没有讲出自己的真实籍贯，更没有承认自己是共产党员及所从事的革命活动。狡猾的敌人把抓来的6名反日会员带到审问室与刘曙华对证口供，企图用这个办法，将反日会员一网打尽。但刘曙华只承认反日会员登记表是他自己偷着搞出来的，没有告诉李贵等人，与他们毫无关系。敌人没有抓到证据，恼羞成怒，对刘曙华施用各种酷刑，灌辣椒水和汽油、过电、手指夹子弹，脚用大针刺、上大挂。遍体鳞伤的刘曙华，几次被敌人折磨得昏死过去，但回答敌人的始终是那句话："我是反日的，因为我有中国人的良心，登记表和别人无关。"表现了一个共产党员威武不屈的革命气节和牺牲精神。在他的掩护下，密山党组织和反日会保全了。敌人什么情报也没有捞到，只好放了李贵等6名反日会员。

敌人用审问、对质、酷刑等计，没有获得一点证据，便又施一计。10月19日，敌人对刘曙华实行假释放，把他安排在旅店里治伤，暗中派特务监视，妄图利用刘曙华的活动，破坏密山党及反日会组织。中共穆棱县委得知这一情况后，立即部署营救刘曙华的工作。派以伪屯长身份为掩护的地下党员、五军副官长冯丕让，秘密将刘曙华营救出来，使敌人的阴谋彻底破产。被敌人关押5个月的刘曙华又回到了党的怀抱。

敌人的严刑拷打，严重摧残了刘曙华的身体，组织上安排他到奎山区委组织委员杜继臣家养伤。他的身体还没有完全恢复，又向组织要求工作。党组织批准了他的请求，决定让他暂时随同五军北征先遣队活动。1936年1月，部队活动到麻山时，与40余名伪军相遇，敌我双方展开了激战。刘曙华同志和二连李连长指挥部队沉着应战，先遣队安全地撤了出来。在这次战斗中，刘曙华腿部负了重伤，再次回到杜继臣家养伤。杜继臣兄弟两人白天把他藏到南山坡的一处地窝棚里，夜深人静时再偷着背回家，上药治疗，他的伤很快痊愈了。

1936年3月，刘曙华伤愈后，中共吉东特委决定让刘曙华担任中共穆棱县委代理书记。

在抗日战争中，刘曙华更加清楚地认识到党领导武装斗争的重要性，只有武装起千百万民众，才能赢得抗日斗争的胜利。因此，他多次向党组织提出到部队去工作的要求。1936年7月，经吉东党组织和抗联第五军军长周保中同意，刘曙华担任了抗联第五军第二师政治部主任。他满怀信心地走上领导武装的道路。刘曙华和二师师长王光宇一起，为建设这支部队做了大量的工作，热情地向二师干部、战士宣传马列主义和抗日救国的道理，教唱革命歌曲，在他的带动下，二师的政治工作开展得十分活跃。刘曙华不但是一名优秀的政治工作者，也是一名优秀的军事指挥员。同年8月，70余名敌人押着4辆汽车、20辆大车的军用物资经过林口县二道沟子，我军得到这一消息后，刘曙华带领二师部分战士在敌人必经的公路上进行埋伏。傍晚，敌人车队进入埋伏圈时，刘曙华一声令下，战士们集中火力消灭了4辆汽车上的敌人，紧接着又截击了押运物资的20辆大车。这次战斗毙敌20余名，缴获敌人押送的全部军需物资，获得了大批武器弹药，装备了二师。战斗的胜利，使二师的指战员受到了极大的鼓舞。

1936年，东北人民的抗日斗争日益发展，抗联各部队的游击区不断扩大，到处给敌人以沉重的打击。在党的《八一宣言》的号召下，东北各地广泛地建立了抗日民族统一战线，扩大了抗日武装力量。从此以后，东北各抗日武装力量，统一改编为东北抗日联军。

由谢文东（1939年3月叛变投敌，1946年被处死）领导的东北民众自卫军，在抗联三军、五军帮助下，队伍迅速发展到1 000

余人，1936年秋改编为东北抗日联军第八军。这支改编的部队成员复杂，特别是上层领导多系地主、官僚和旧军官出身，他们是在群众抗日浪潮推动下被迫参加抗日的。下层战士中，农民出身的占三分之二，由其他山林队改编的占三分之一。因此思想上极其混乱，特别是流寇和军阀思想对这支部队影响很大。我党的领导地位在八军还没有建立起来，加上当时经济条件恶劣，日伪军不断"围剿"，整个八军极不牢固。我党为了加强对这支部队的领导，把它改造成革命的抗日武装，为八军输送了一批强有力的政治工作干部，于是决定派刘曙华到八军任政治部主任。

刘曙华肩负着党交给的重任，满怀信心地来到八军。为改造这支部队他做了大量的工作，取得了很大的成绩，党的威信提高了，党的力量加强了，八军兄弟部队密切配合，共同活动，不断地打击和消灭敌人。

1937年3月10日，中共吉东省委成立时，刘曙华当选为省委委员，省委执委委员。

1938年6月，刘曙华率领29名战士在桦川县七星砬子与八军三师师长王子孚率领的部队会合，刘曙华发现了王子孚策动叛变的阴谋，同王子孚进行了坚决的斗争，并向干部战士讲解我党的抗日主张和政策，他说："中国人不应做亡国奴，中华民族只有抗战到底才是出路。"叛徒王子孚认为刘曙华是他们投敌的障碍，就把他绑起来，抬着他去投降日军，妄图胁迫他一起投降，好在敌人面前献功。但刘曙华在路上向战士们宣传抗日救国的道理，揭露叛徒的投敌罪行。有许多干部战士被他的讲话所感动。叛徒王子孚眼看投敌不成，便在途中于勃利县通天沟将刘曙华绑在大树上，惨无人道地割下了他的舌头。殷红的鲜血顺着英雄的嘴角流了下来，染红了他的衣服。刘曙华威武不屈，挺立在大树下。怒视着王子孚这伙无耻的叛徒，表示他誓死不投降的决心。最后，这伙穷凶极恶的叛徒，竟用刀子一点一点地割下刘曙华的皮肉，直到把他割死，形状之惨目不忍睹。刘曙华牺牲时年仅27岁。

刘曙华被害的噩耗传到他生前曾经战斗过的五军二师时，抗联战士悲痛万分，都为失去自己敬爱的政治部主任而失声痛哭，他们在四道河子为他召开了追悼会，战士们决心化悲痛为力量，为刘曙华报仇雪恨。

新中国成立后，党和人民抓住了当年杀害刘曙华策动叛变的叛徒王子孚，处以枪决，民族的败类得到了应有的下场。

刘曙华是吉东和松花江下游地区著名的抗日联军领导人之一，是优秀的政治工作干部，他为抗日联军五军、八军的建设做出了不可磨灭的贡献。他那为求民族解放英勇献身的英雄气概，对党对人民赤胆忠诚的优秀品质，将被祖国人民世代称颂。

四、密山县委书记王学尧烈士

王学尧是经党中央、国务院批准，民政部于2015年8月24日公布的第二批在抗日战争中顽强奋战、为国捐躯的600名著名抗日英烈之一。八十年前，王学尧在密山县任县委书记。虽然，抗日英烈王学尧已经牺牲半个多世纪了，但是，国家没有忘记他，密山人民没有忘记他，都在以各种形式怀念他、纪念他，庄严地向远去的英雄致敬！

王学尧1910年2月生于黑龙江省阿城县一个普通家庭，父亲王廷茂是铁路工人，曾参加过中东铁路工人的赤色工会，接受十月社会主义革命的影响较早，并在长期与苏联工人共事中学会一口流利的俄语，后在哈尔滨一家丹麦人开设的宝降洋行做俄语通事。聪明好学的王学尧，从小就喜欢听父亲讲苏联红军闹革命推翻沙俄皇帝的故事。

"十月革命"后，王学尧开始学习俄语，十几岁的王学尧俄语水平已经达到了很精通的程度。中学毕业后，王学尧考入哈尔滨法政大学经济系，读书期间，王学尧坚持半工半读，课余时间给人讲授俄语，取得一点微薄收入来维持读书生活。1926年，王学尧毕业于法政大学，后来在哈尔滨第二女子中学任教，并在北满翻译社兼俄文翻译。

"九一八"事变前夕，王学尧一家住在新安埠（现在的道里区）安丰街45号。1932年5月，王学尧同志在中共哈市委组织部长杨一辰、地下党金剑啸同志的不断培养教育下，加入了中国共产党。入党后，他以哈尔滨道里中国八道街（现西八道街）白宫饭店翻译为公开职业，按照地下党组织的部署，进行地下革命活动。

1935年4月，中共满洲省委书记杨光华派王学尧到中共密山县委工作。当时的密山是敌人重点"扫荡"地区，抗日同盟军已转移到勃利一带活动。王学尧途经牡丹江与吉东党组织取得联系，到指定的地点开展工作。有过各种艰苦生活锻炼和充分思想准备的王学尧，很快就适应了那里的艰苦斗争环境，掌握斗争特点。他打入伪军中进行活动，不久就成功地组织了一次伪军哗变，为抗日队伍筹集了一批物资弹药，发展壮大了抗日力量。

同年10月，密山县党组织遭到破坏，王学尧回到哈尔滨。当时的哈尔滨也处在敌人疯狂破坏和搜捕的白色恐怖之中。省委指示王学尧先在家里隐蔽一段时间。情况稍有好转，王学尧就到翻译事务所去帮忙，由于叛徒告密，王学尧于1936年4月被日本宪兵队逮捕。

王学尧先后被关押在日本特务机关和道里监狱，敌人对他进行严刑拷打和威逼利诱，王学尧视死如归，表现了一个共产党人的大无畏革命精神，给狱中难友做出了光辉的榜样。10月，敌人以中共密山县委书记的"罪名"判处王学尧死刑，10月12日，王学尧的爱人周占英拖着即将临盆的身子，到监狱门前只是远远地看到了王学尧的身影。王学尧于南岗极乐寺刑场壮烈牺牲时只有26岁。烈士牺牲后的第8天，周占英生下了一个女孩儿，取名王烈遗。东北解放后，党组织找到王学尧的遗孤，送她上了烈士子弟学校。后来，王烈遗考上了北大历史系，毕业后一直从事教育工作，现已退休。

2015年9月，79岁的王烈遗和众多老一辈革命家的后代来到密山参加6日举行的"东北密山革命根据地纪念园"奠基仪式。满头银发的王烈遗阿姨精神矍铄，身板硬朗，极具其父王学尧当年的英姿。王阿姨开朗健谈，和蔼可亲，与其短短两天的接触当中，让笔者深感敬仰。

"听母亲讲，父亲牺牲后，爷爷强忍中年丧子的悲痛，对儿子为革命牺牲感到无上光荣。"王阿姨随后介绍，爷爷曾在中东铁路工作过，后在丹麦王国驻哈尔滨做大豆生意的宝隆洋行做俄国通事，他亲眼看到旧军阀混战，又经历帝国主义侵略东北给中国人民带来的灾难，非常向往祖国独立富强。

有文章称，电视连续剧《夜幕下的哈尔滨》讲述的就是地下党王学尧在哈尔滨从事隐蔽工作的故事，剧中主人公王一民的原型就是王学尧。为此，笔者向王烈遗老人求证。王阿姨回忆：母亲在90多岁高龄的时候还常说，"王一民身上的确有你父亲的影子"。

在从"东北抗联第一乡"——二人班乡回来的路上，说起父亲的牺牲，王阿姨很是遗憾。她说：当年日军对父亲行刑后，向家属发了棺木和验尸证，母亲非常有气节，没有用日本人给的棺木，自己为父亲买了棺木，把父亲安葬在日军的刑场附近。后来，父亲的墓地被日军建成了靶场，中国人根本靠不到边，后来怎么也找不到父亲墓地的位置，至今父亲的遗骸不知去向。

王学尧没有给家人留下任何遗产，只有两张照片，王烈遗认为，父亲留下的是无比珍贵的精神财富，自己受用一生。"我是第一次以革命英烈后人的身份参加社会活动，密山是父亲曾经工作和战斗的地方，我一定要来感受一下。"王阿姨接着说："密山，红色历史文化资源丰富，市政府很重视这些历史的挖掘工作，像这个规模宏大的东北密山革命根据地纪念园的建设，就是让密山人民触摸历史、感受历史、牢记历史和弘扬主旋律的最好办法，可谓功在当代，利在千秋的壮举。再加上密山还有一些历史文化爱好者能够把红色文化作为科研课题去探索，很了不起。"

与王烈遗分手前，王阿姨欣然在笔者提供的邮资封上写下了"牢记历史，珍爱和平"8个大字，最后，签上了自己的名字。

（王永刚）

五、密山抗日游击队队长朱守一烈士

朱守一（1905—1934），原名周子歧，1905年出生在奉天（今沈阳市）。1912年，朱守一刚满7岁时，母亲把他送进一家私塾读书，后来转入小学继续学习，小学毕业后，考入省立第一中学，在校期间，他受到当时新思潮的影响，经常阅读进步书刊，参加反帝爱国运动。

1926年，朱守一中学毕业后，考入哈尔滨工业大学。在大学期间，朱守一更加勤奋读书，追求革命真理，注意研究中国社会

第二章 密山抗日斗争烽火

问题，关心祖国的前途和命运。

1928年，朱守一离开哈尔滨工业大学回到奉天，后来，在奉天一个罐头工厂当经理，致力于实业救国。

1931年，日本帝国主义悍然发动了蓄谋已久的"九一八"事变。国难当头，匹夫有责，朱守一激于民族义愤，毅然抛开富裕的生活和温暖的家庭，千里迢迢来到宁安。在党组织的教育培养下，他积极宣传抗日救国的道理，在不到3个月的时间里，建立了10多个群众抗日组织，发展会员70多人，经过实际斗争的锻炼，朱守一于1931年光荣地加入了中国共产党。

1932年春，根据中共宁安中心县委兼宁安县委的指示，朱守一在宁安县东京城（今渤海镇）一带积极着手建立新的抗日武装。1932年6月，在朱守一、金根领导下，建立了由23人组成的北满工农义勇队（后改称宁安工农义勇队），活动于宁安、穆棱、汪清等地。

1933年初，朱守一率领宁安工农义勇队在宁安通往汪清嘎呀河的山路腰岭子阻击敌人，经过这次战斗后，宁安工农义勇队扩大到60多人。

1933年3月，为了扩大党领导下的抗日武装，中共绥宁中心县委决定将宁安工农义勇队编入李延禄为司令的东北抗日救国游击军。

1933年1月下旬，东北抗日救国游击军在宁安南部的孟寡妇屯成立，李延禄任司令，孟泾清任政委。1933年5月，中共满洲省委吉东局决定重新建立中共宁安县委，朱守一任中共宁安县委书记，中共吉东局委员。

朱守一在任中共宁安县委书记期间，为加强党内组织建设，发展抗日武装，创建抗日游击根据地做了很多工作。

1933年5月，根据中共宁安县委的指示，在宁安工农义勇队中建立了党支部，于洪仁任党支部书记，李荆璞参加了支委会。

6月,中共宁安县委将中共党员陶净非、王光宇派到工农义勇队中。到本年底,宁安工农义勇队共有党团员13人,成为党直接领导下的一支抗日武装。

1933年5月,李延禄领导的抗日救国游击军在宁安东京城、杨木林子等地的战斗均获胜利,朱守一派共青团宁安县委书记李光林,将宁安抗日会赶制的一面绣着"抗日游击队万岁!"的锦旗,送到横道河子对部队进行慰问。

1933年7月,中共宁安县委决定派苏北虹、老张和小王组成党团特别工作小组,到海林地区开展抗日活动。

1933年8月,中共吉东局调中共穆棱县委书记李范五到宁安工作,朱守一在小牡丹屯与李范五接上头,开始移交工作。为使李范五尽快熟悉宁安党组织的情况,朱守一带着李范五每天步行几十里,沿着东京城附近走访了胡家沟、牛场、泡子沿、莲花泡、李塘坊、于家屯一直到镜泊湖的南湖头。白天走路、夜间开会或个别谈话,总是把时间安排得紧紧的。开头几天,朱守一见李范五走不动路就放慢步伐陪着走,走一段,休息一会,一路上总是谈笑风生。当李范五问到他的工厂时,朱守一说:"真后悔!没把它卖了,弄点钱带出来作抗日经费,今年春天我家来信说叫特务们没收了,真白瞎了!"李范五问:"你出来的时候,舍得那块肥肉扔下吗?"朱守一说:"国家被ff狗咬了,那么一小块肉算个啥!"李范五又问:"你当'财主'的时候天天吃香的喝辣的,出来当兵打仗不觉得苦吗?"朱守一说:"说实在的,刚出来住土房,打小宿,吃小米、苞米,真够呛呀!可是看着老百姓吃不上、穿不上,我又觉得没什么了,时间长了就习惯了。"李范五打趣地问:"你不想老婆和孩子吗?"朱守一说:"哪能不想呢!不把日本人打走,回去也过不上好日子,等把日本人打跑了,那时再回家好好团圆团圆。"

1933年秋，为了坚持长期的武装斗争，中共宁安县委决定将小牡丹4户、汪清10余户朝鲜族农民迁入宁安东南山的八道河子（现红旗林场），在这里建立起党团及群众反日组织，组建党领导下的农民自卫队，创建八道河子抗日根据地。

1933年12月，朱守一调离宁安县委，由李范五接任县委书记工作，朱守一受中共吉东局的派遣，到李荆璞、于洪仁领导的宁安工农义勇队中，帮助做好整顿工作，使之成为正规化的抗日队伍。朱守一到工农义勇队后，参加了支委会，加强了支部班子，在整顿工作中，朱守一与于洪仁、张建东等分别向干部战士进行了形势教育和政治工作，宣布了废除私有制，实行"枪马财产归公、官兵平等、不得打骂士兵、不施行肉刑"的制度和措施，公开处决了密谋叛变的首恶分子，教育了干部战士，整顿了队伍。

1934年春，为了进一步开展吉东地区的抗日游击战争，中共吉东局决定派朱守一去密山，任密山游击队长。

1934年6月16日，朱守一率领游击队在哈达河二段山脚下与日军"讨伐"队20多人接触开火，正当敌人孤立无援、束手待毙时，反动地主张老四敞开大门将溃退的日军放进院里，朱守一迅速指挥战士瞄准射击，这时，一名朝鲜族战士连续3枪打倒3名日军，朱守一高兴得站起来指挥杀敌，不料被敌人的一颗流弹击中胸部，光荣地牺牲了，时年29岁。

朱守一壮志未酬，未能亲眼看到抗日战争的胜利，也没有实现和家人团聚的夙愿，把自己年轻的生命献给了伟大的抗日民族解放事业。烈士的英名永载史册！密山人民将永远缅怀这位献身抗日事业的游击队长。正如李范五在回忆吉东地区的抗日斗争时所说的那样："我们要永远纪念他，学习他为革命献身的精神。"新中国成立后，当地政府在他的牺牲地建起纪念碑，以供后人学习瞻仰。

六、抗日同盟军第四军一师师长杨泰和烈士

杨泰和烈士是东北抗日同盟军第四军第一师师长，他为中华民族的解放事业而献身的革命精神，他对东北抗日同盟军第四军和密山抗日游击区的建立和发展所做的贡献，是永远不可磨灭的。

杨泰和同志，别名杨景荣，1904年8月17日出生于吉林省吉林市一个农民家庭。1910年杨泰和的全家搬到黑龙江省密山县杨木岗拉拉街居住。1915年，11岁的杨泰和进入拉拉街一家私塾馆，读了五年书。1921年杨泰和的父亲病故，这使他不得不放弃学业，担负起支撑门户和管理家业的重担。

1931年，日本帝国主义发动了"九一八"事变。目睹侵略者的暴行，年仅20岁的杨泰和，仇恨满腔，怒火燃烧，怀着强烈的爱国热情，毅然投入抗日救国的怒潮中。1932年初，他同苏怀田、田宝贵等10余人一起，在密山县举起了抗日的旗帜，组织了抗日武装。这支自发的抗日队伍在杨泰和等人的领导下，不断地打击敌人，得到了当地人民群众的拥护和支持。队伍建立后不久，便迅速地发展成一支四五百人的抗日武装。同年，他们投奔了抗日救国军，被编为补充第二团，杨泰和任该团第三营营长，后来又担任了该团的副团长。在杨泰和等人的领导下，这支队伍转战于密山县的林区、平原，先后攻打过梨树镇、平阳镇，给盘踞在密山县的敌伪势力以打击，扩大了抗日影响。

在抗日斗争的烈火中，杨泰和同志在中国共产党组织的培养和教育下，无产阶级思想觉悟提高很快，于1932年光荣地参加了中国共产党。从此，在党的指引下，他为了无产阶级和中

华民族的解放事业，更加奋不顾身地战斗在密山、穆棱、鸡西等地的抗日战场上。

1932年末，日军大举进攻吉东地区，抗日救国军中除由共产党直接领导的一部分坚持抗日斗争外，大部溃散。中国共产党东北地区党组织，高举抗日大旗，领导东北人民，独自支撑起了抗日救国的局面，将东北人民的抗日斗争，推进到了一个各民族武装抗日的新阶段。

1933年1月，根据关于建立直接由中国共产党领导的抗日武装的决定和中共满洲省委的指示，抗日武装以原救国军中由共产党所领导的部分军队为基础，于宁安县孟寡妇屯，建立了抗日救国游击军。身为共产党员的杨泰和同志，将党的利益高于一切，自觉地服从党的决定，欣然率队参加了救国游击军，并担任了第一团团长，从而巩固和扩大了党所直接领导的这支抗日武装队伍。改编后不久，根据斗争的需要，杨泰和同志即率队返回密山县，着手创建密山反日游击区。当时，日本侵略者在击溃了由王德林等人率领的抗日救国军主力部队之后，侵略气焰十分嚣张，形势真可谓黑云蔽日，险恶异常。抗日队伍中一些不坚定的分子，先后脱离革命或叛变投敌，在这严峻斗争的考验面前，杨泰和同志，如一棵挺拔的青松，毫不动摇，对未来充满必胜的信心。就在杨泰和同志率领一团回到密山县不久，密山县伪县长刘相南（系杨泰和同志之内兄），便强迫杨泰和同志的妻子，抱着其唯一的小女儿，到一团驻地小石头河子去劝降，并以30垧地和"自卫团总"的官衔作为诱降条件。对于敌人的这个卑鄙手段，杨泰和同志感到无比愤怒，予以严词拒绝。他说："想让我不抗日，那是绝对办不到的。不打走日本人绝不罢休。"他对妻子进行了多次耐心的教育，反复向她说明了"不打走日本人，绝不会有安稳日子过"的道理。他坚定地表示："你愿意等待抗日胜利，全家重新团聚的那一天，就等着；不能等，你可以改嫁。"杨泰和同志还告诉妻子："既然你哥哥已经给日本人办事，那就是汉奸了，从此以后，再没有什么私人亲属关系可说的了。"杨泰和同志就是这样地把国家的存亡和民族的解放，摆到了个人安危和家庭幸福之上。在杨泰和同志坚定的抗日决心的感染和耐心教育下，他的妻子终于被说服了，并留在了抗日部队的驻地。不久，杨泰和同志又教育和动员了他的堂兄杨太贵，四弟杨泰昌和妹夫陈兴一等同志，参加了抗日部队，奔赴了抗日战场。杨泰贵同志于1933年加入中国共产党，并担任了抗日救国游击军的营长，同年在率队攻打密山县城的战斗中，英勇牺牲。杨泰昌和陈兴一同志，也都先后为中华民族的解放事业献出了宝贵的生命。

在开辟密山抗日游击区的斗争中，杨泰和同志总是紧紧依靠当地人民群众的支持，避实就虚，机动灵活地打击敌人。1934年春，杨泰和同志根据群众提供的情报和伪军中爱国士兵的内应，亲自率队，将密山县的小石头河子伪自卫团全部缴械，巩固了抗日游击区。

以小石头河子和黄泥河子一带为中心的密山抗日游击区的开辟和巩固，不仅沉重地打击了敌人，而且为整个抗日救国游击军在密山一带的活动和发展，打下了基础。1933年7月，抗日游击军军长李延禄同志率队转战到密山县平阳镇地区，与杨泰和同志率领的第一团胜利会师。杨泰和同志向李延禄等领导同志汇报了密山一带的抗日斗争形势和一团的工作，为以后全军的活动创造了有利的条件。

1934年3月，李延禄同志去上海向党中央汇报工作，杨泰和同志受党的委托，负起了代理指挥全军军事工作的重任。他率领全军，在艰苦的环境下，坚持抗日游击活动，达5个月之久。

1934年7月，中共满洲省委为了加强和巩固党对反日游击队的领导，决定将东北各反日游击队统一改编为"东北人民革命军"。9月，在纪念"九一八"事变三周年时，正式宣布将抗日救国游击军改编为东北人民革命军第四军，下辖一个师，杨泰和同志继续担任第一团团长。同年10月，为了团结更多的阶级和阶层共同抗日，又将东北人民革命军第四军改编为东北抗日同盟军第四军。杨泰和同志担任第一师师长，兼第一团团长。

在四军里，杨泰和同志素以指挥有方、英勇顽强、机智灵活和在战斗中身先士卒而闻名，特别是在密山一带，杨泰和的队伍名传四方。1934年9月，为了从敌人手中夺取军需物资和武器弹药并牵制敌人，以支援兄弟部队，四军决定由杨泰和师长指挥，攻打密山县城。泰和同志当即根据敌我力量对比的情况，决定采取声东击西的战术。首先，派一支队伍，进驻密山县附近的平阳镇市郊，将四军印制的《告伪军兵士书》在平阳镇郊广为张贴，拟做攻击平阳镇的准备，诱使平阳镇守敌采取紧缩队伍、固守平阳镇的态势，从而避免发生当我军攻击密山县城时，平阳镇守敌增援发生的可能性。同时，派主力部队攻打密山县城。10月6日午夜，杨泰和师长下令攻城部队分四路，同时攻打四个城门，使城内守敌左右不能相顾。泰和同志亲率一支队伍主攻西门。他命令部队边打边进行"中国人不打中国人""交枪留命"的政治喊话，迫使守敌放弃西门。泰和同志立即率部冲进城内，以迅雷不及掩耳之势，包围了伪警备队营部，将一连伪军全部缴械。这时，进攻另外三个城门的部队也冲进了城里，在杨泰和师长的统一指挥下，包围了驻守在伪县公署的日本守备队，经3个小时的激战，杨泰和部队全部占领了密山县城。战斗结束后，杨泰和同志指挥部队在城内广泛地开展了抗日宣传活动，贴标语、撒传单、街头讲演……使党所领导的抗日武装的政治影响，在密山县人民中，得到了广泛的传播，产生了巨大的反响，200多名群众当即参加了抗日队伍。这次战斗，共缴获敌人各种枪支138支，子弹10 000余发，及其他许多军用物资。

从1934年冬到1935年春，日军加紧了对抗日武装的"围剿"。他们将短期"讨伐"变成长期"讨伐"；将以伪军为主，变成了以日军为主；将进驻山沟改变为进驻大屯和交通要道。在发起军事进攻的同时，还实行了"经济封锁"和"匪民分离"等反革命措施，企图造成抗日武装的"无衣、无食、无住处"的困难局面。但是，中国共产党所领导的人民抗日队伍，丝毫未被气势汹汹的敌人所吓倒，也未被艰苦的环境所征服。相反，却更加激发了抗日的战斗意志。1935年初，根据反"围剿"和扩大抗日游击区的需要，四军决定组建骑兵队伍。为了解决战马问题，杨泰和师长奉命率领一师，于1935年2月，攻打了勃利县青山沟的伪森林警察队。战斗打响后，敌人负隅顽抗。这时，杨泰和师长亲率部分战士，用刺刀和手榴弹，一阵猛打猛冲，迅速攻占团防所，打乱了敌人的指挥中心，使敌人陷入了一片混乱。经过3小时的激战，毙伤一批敌人，缴获了许多枪支弹药，并乘胜缴获了伪林业组合拉运木材的好马五百多匹。四军从此建立了骑兵部队。同年5月24日，杨泰和同志又率领一师一团进攻林密线上的滴道河车站。凌晨2时许，杨泰和师长率队从滴道河后山攀藤附葛，蛇行而下。行抵车站，首先俘获了敌哨兵，然后包围了车站的自卫团防所。乘敌人还在熟睡之际，突然发起了攻击。部队遵照杨泰和师长的命令，对顽抗的日军坚决消灭之；而对伪军，则以政治攻势为主，以军事打击为辅。结果，绝大多数伪军放下了武器。守卫车站的日军全部被消灭。天将破晓时，杨师长率领一团指战员，带着战利品，胜利地返回了驻地。

在抗日斗争极端艰苦的年代里，在同日军进行殊死战斗的日日夜夜，杨泰和同志和他所率领的一师指战员，就这样辗转各地，英勇顽强地打击敌人，一刻也未停止过。在战斗中，他总是冲锋在前，掩护在后，不避艰险，不怕牺牲，表现出一个共产党员的高贵品质，赢得了一师全体指战员及密山人民群众的赞扬和尊敬。

1935年9月，四军决定召开一次全军高级干部会议，传达和贯彻中央"八一"宣言的精神，研究将东北抗日同盟军改编为东北抗日联军的问题。此刻，党和人民多么需要杨泰和同志去承担更多的革命工作啊！但是，就在杨泰和同志奉命率队去依兰县五道河子参加四军召开的这次高级干部会议的途中，路过勃利县缸窑沟时，突然遇敌。在战斗形势对我方极为不利的情况下，杨泰和同志双手持枪，率领几名战士，掩护部队转移，同敌人激战到最后一刻，终因敌众我寡，壮烈牺牲，时年32岁。

杨泰和师长的牺牲，使当地群众无比悲愤，他们冒着生命危险，将泰和烈士的遗体，安葬在他牺牲的地方，并以树木作为标记。

杨泰和同志的一生是短暂的，但他在吉东人民心中，却留下了一个真正的共产主义战士的崇高形象。他为中华民族和无产阶级的解放事业而英勇献身的革命精神，他的不畏强敌、不怕牺牲、抗战到底的斗争意志，他那始终将党的利益高于一切，并自觉为之奋斗终生的坚强的无产阶级党性，将永远留在人民的心中。

（金增林）

七、抗日同盟军第四军政治部主任何忠国烈士

何忠国同志，湖北人，生于1909年，贫农家庭出身。他在青年读书时即开始接受了马列主义，逐步地树立起为革命而献身的理想，积极参加各种革命活动。1927年，他光荣地加入了中国共产党。不久，他根据党的指示，深入到工矿，启发工人觉悟，组织工人罢工斗争，长期热情地从事工人运动，同帝国主义和封建

势力进行了不屈不挠的斗争。后来，由于革命形势发展和培养干部的需要，党派他到苏联学习军事和政治。他在学习过程中，勤学苦练，刻苦钻研，成绩优秀。完成学习任务后，他肩负着党交给的从事抗日斗争的重任，于1934年秋回国。党为了加强东北抗日斗争的领导力量，派他到东北抗日同盟军第四军担任军政治部主任兼一师政治部主任职务。

何忠国同志到四军时，正值中共满洲省委巡视员吴平同志（又名杨松，中共中央驻共产国际代表团成员之一）到中共密山县委和抗日同盟军第四军视察工作。根据密山县委10月扩大会议精神和吴平同志的建议，决定对四军进行整顿。这次整顿的指导思想和重点是联合一切可以联合的阶级、阶层，团结一切可以团结的力量，组成广泛的反日民族统一战线；搞好干部的思想教育，扩大党的影响；加强军事训练，充实军需物资；严明组织纪律，克服分散主义。吴平和何忠国根据上级的指示和密山县委的决定，具体负责对四军的整顿工作。何忠国同志在部队整顿工作中，认真执行反日民族统一战线，努力贯彻抗日救国行动纲领。何忠国同志经常在干部和群众中宣讲："为了抗击日本侵略者，我们中国人民应该团结一致，有钱出钱，有枪出枪，有粮出粮，有力出力。"由于他的宣传、组织和积极开展团结各种抗日队伍的工作，使抗日同盟军第四军得到进一步巩固和扩大，各地相继成立了抗日宣传队和士兵反日会等组织。何忠国同志在部队整顿工作中，耐心细致地做思想政治工作，不分白天黑夜，不拘形式找干部、战士谈心，召开各种专题讨论会、座谈会、民主生活会等，活跃了四军的民主生活，加强了对士兵的阶级教育和一心抗日的教育。经过两个多月的整顿工作，部队的精神面貌发生了很大的变化,提高了广大指战员的思想觉悟,加强了战斗力,为以后更好地开展抗日游击活动奠定了思想基础和组织基础。

何忠国同志在担任抗日同盟军第四军政治部主任的工作中,坚持言传身教,模范地发扬了党的优良传统和作风。他生活艰苦朴素,从不浪费一文钱,把节省下来的钱都交给了党,作为抗日活动经费。在行军途中,他不怕苦和累,徒步爬山越岭,却把马匹让给体弱的战士和伤病员骑;在大雪纷飞寒气逼人的日子里,他忍受着严寒的侵袭,把自己的棉衣给伤病员穿;在物质生活困难的条件下,他忍受饥饿,把仅有的一点食品给战士充饥。何忠国同志平易近人,和群众办事态度非常和气。充分体现了对战士如亲人、同群众心连心的革命作风。因此,他在勃利、密山一带军民中享有很高的威信。

1934年冬到1935年春,日本帝国主义为了实现其进一步占领华北平原侵占全中国的目的,加紧了对我东北抗日武装力量的"围剿"。将过去的短期"讨伐"变成了长期进攻;把以伪军"讨伐"为主变为日伪军联合"讨伐";将烧山沟、封山区变为驻大屯步步为营。在军事"围剿"的同时,还实行了残酷的经济封锁,妄图切断我军的物资来源,造成我军无衣、无食、无住处的困境。但我四军广大指战员并没有被敌人的疯狂"围剿"所吓倒,他们迎着困难同日本侵略者进行英勇的战斗。

1935年初,何忠国同志率领部队转战在密山、勃利、穆棱、依兰等地,同日军进行艰苦的游击战斗。他以大无畏的革命精神和机动灵活的战术,指挥部队炸毁了滴道河子日军军火仓库和穆棱三道河子大桥。毁掉了敌人的军火物资,破坏了日军的交通要道,取得了战斗的胜利。

1935年4月27日,何忠国同志率领一师二团向青龙沟一带转移,途中经过依兰县重镇阁凤楼。这里是日本侵略者盗伐木材的要道。镇内驻有伪警备连。当我二团到达阁凤楼时，伪警备连进行阻击。何忠国同志率部进行英勇还击，激战3小时，占领阁凤楼，击毙伪军20余人，缴获步枪30余支，没收了镇内日本洋行及商店的财产，将其中一部分分给了群众，并召开了群众大会。何忠国同志在会上讲话，他铿锵有力地宣传了中国共产党的抗日政策和主张，讲明抗日军队一心抗日的宗旨，表明了共产党同日本侵略者战斗到底的决心。因而当地群众受到很大教育和鼓舞，不少群众当场就参加了抗日军队，扩大了四军的队伍，使抗日同盟军的名声大震。

6月17日，何忠国同志率领一师二团在勃利县刘家店宿营时，发现有日军迎面围攻而来，何忠国同志果断地命令三团一个连埋伏在公路两侧，作好战斗准备。当日军"讨伐"队的尖兵班进入我军伏击圈时，何忠国同志一声令下，我军指战员一齐开枪射击，8个日本尖兵班全被击毙，缴获轻机枪1挺，步枪5支，掷弹筒1个。战斗结束后，我军携带战利品急速转移到马鞍山屯。当部队正在休息时，又发现200多名日军对三团进行围攻。在这危急时刻，何忠国同志带领部队主动出击，经过激烈战斗，抢占了马鞍山高峰。这时日军又以数挺机枪向我军阵地疯狂射击，何忠国同志身先士卒，临危不惧，沉着、勇敢地站在山头上指挥战斗。在他忘我的革命精神的鼓舞下，全团战士对日军进行了猛烈还击。这时敌人的进攻更加疯狂，在战斗中何忠国同志身中一弹，他不顾伤口流血，忍着剧痛，以惊人的毅力，继续指挥战斗。后来，不幸又连中3弹，伤势严重，生命垂危。此刻，何忠国同志想到的并不是个人安危，而是抗日事业和全体指战员的突围。他担心随身携带的机要文件被敌人获得，于是，把文件交给了在其身边的战友，并嘱咐立即派人送到军部。何忠国同志在临终前的几分钟，还以顽强的毅力，打手势来激励干部、战士前进，并向同志们说："敌人来了，我不行了，你们不要管我，努力为抗击日本侵略者英勇战斗吧！"在场的同志看到他临终前的行动，听到他激动人心的喊话，无不声泪俱下。临终前，他还呼喊："打倒日本帝国主义！中华民族解放万岁！"何忠国同志牺牲时30岁。

何忠国同志牺牲的噩耗传出，全军干部、战士无不悲愤满腔，无不热泪涌流。为悼念何忠国同志，军民召开了追悼大会。全军指战员和群众深切地怀念到四军工作仅8个月就英勇地献出了年轻生命的何忠国同志。何忠国是中国共产党的好党员，是四军优秀的政治工作人员，是发扬党的优良传统和作风的模范，他的牺牲是四军的重大损失。

何忠国烈士的英雄事迹，曾于1936年在巴黎出版的《救国时报》上登载过，得到广泛地传颂。

（刘云久）

八、抗联五军二师师长傅显明烈士

傅显明同志，满族，黑龙江省双城县人，1900年出生于贫苦的农民家庭。他的童年是在痛苦中度过的，7岁亡母，12岁丧父。由于家境困难，未能上学读书，终年跟随兄嫂下地劳动。1916年，他刚满16岁时，因不甘忍受封建地主的剥削压迫，逃到宁安街里，先后在鞋铺和商店里当杂役工人，从事繁重的体力劳动。后来，终因店主盘剥过甚而于1927年跑出宁安，从戎入伍，在中东铁路沿线十八旅当兵。后因故离开，复到宁安二区，在芦家屯、卧龙屯警察署当巡警，至"九一八"事变。

1931年"九一八"事变后，中共中央和中共满洲省委发表宣言，揭露日本帝国主义的侵略目的和国民党的投降卖国政策，号召工农劳苦大众武装起来，开展游击战争，驱逐日本帝国主义出中国。日本帝国主义占领沈阳、长春、哈尔滨以后，到处烧杀掠夺，无恶不作，使东北人民无比愤怒。这时，傅显明同志在中国共产党的号召影响之下，见到国土沦陷，日军横行，同胞惨遭蹂躏、杀戮的民族危亡的现实，爱国热情被激发，决心为民族解放，为国家独立而斗争。他奔走各地，经常向群众宣传抗日救国的道理，唤起群众觉悟。同时，收集了几十支枪，于1932年初，与好友杨永山（和傅显明同志一起参加救国军，救国军溃散后，报字"青山"进行抗日）一起，团结宁安二区芦家屯、卧龙屯等地的爱国民众，组成抗日武装队伍，奋起抗日。当时在吉林东部地区（下称吉东地区），王德林领导的抗日救国军（下称救国军）是较有影响的，很多自发抗日的队伍都投奔了救国军。在救国军前方总指挥吴义成的队伍从敦化来到宁安时，傅显明同志也率队参加了救国军。他初到救国军时任连副，活动于安图、敦化、额穆、宁安等地。由于他作战英勇，屡建奇功，颇得救国军领导的器重，不久便提升为连长。

1933年初，日军进攻在中东铁路东线活动的王德林救国军。由于这个军队的上层领导，在军事上不统一，在政治上多数人受国民党不抵抗政策的影响，同时他们侵害群众利益，得不到群众的支持，这些因素使这一曾经发展到数万人的队伍，挡不住日军一击，甚至不见日军的影子就逃跑溃散了。王德林等上层领导人，在日军进攻之时，竟离开了东北抗日战场，跑到苏联去了。所以，日本侵略者很快就占领了吉东地区。在这一紧要关头，傅显明同志看清了救国军上层领导的本质，认识到依靠他们是不能坚持抗日救国的，跟着他们是没有出路的，因此，他毅然返回安图，去找共产党派到救国军中工作、并在救国军任总参谋长的周保中同志。之后，他随周保中同志领导的救国军残部，活动于安图、宁安、东宁等地。于同年6月16日参加了攻克安图县城的战斗。从安图县城撤出后转战于东宁一带。同年夏天参加了著名的攻打东宁县城——三岔口的战斗。

东宁县城失守后，1933年秋开始，救国军残部，尤其是吴义成率领下的各支部队，士气更加低落，有的逃跑，有的投降。决心坚持抗日的队伍，因没有统一的领导，均独立进行活动。他们为了适应当时的环境，取得群众的信任和支持，也都纷纷报了"山头"。傅显明报字"占中华"，率领150余人活动于宁安东南山一带。这时，为了挽救民族危亡，领导群众和反日队伍坚持抗日斗争，中共满洲省委吉东局曾派了一些党员到流散在吉东地区的反日队伍中进行工作。当时吉东局派张建东同志到宁安东南山的救国军残部柴世荣、傅显明、土汝起、王毓峰等部队和反日山林队中进行联合抗日的工作。此时，傅显明同志坚决拥护共产党提出的联合抗日的政治主张，积极靠近党派去的同志，并提出了加入中国共产党的要求。同时，吉东局党组织指定"工农义务队"党支部，召开在宁安一带继续坚持抗日的救国军残部和反日山林队首领会议。傅显明同志积极参加了这次会议。会上订立了共同抗日公约，通过了不投降的决议，共同决定处理了有投降倾向的个别队头。此后，傅显明同志就与共产党直接领导下的李荆璞同志的工农义务队共同活动在宁安县各地。

在中国共产党的影响下，通过两年来的斗争实践，傅显明同志进一步明白了，只有依靠群众，只有得到群众的信任和支持，才能打败敌人，取得抗日斗争的胜利。所以，他每到一处，就向当地群众讲："我们队伍就是你们的队伍，我们两下团结一心，日本人是不足怕的！"傅显明同志要求他的队伍要和群众"打成一片"。傅显明同志这一进步思想和在这一思想指导下的实际行动，使他同群众建立了血肉联系，鱼水关系。由于他得到了群众的拥护，他的队伍迅速地发展起来，多达400人，并不断地给宁安等地的日伪军以有力打击。1933年冬天，傅显明同志率队同其他反日队伍一起进攻汪清大甸子时，他的队伍战斗在前，他本人也身先士卒。因为他作战英勇，屡建战功，又被推举为救国军十四旅第一团团长。此后，傅显明同志的队伍，便以"傅团"著称于宁安、东宁、东满等地。在同日伪军作战时，傅显明同志总是率领本团战士高喊着："同胞们！努力冲呀——"的口号冲锋在前。战士们常说："团长真勇敢，不怕死！"所以，傅显明同志在战士中的威信也高起来。战士们在他的实际行动的影响下，都能勇敢战斗，不怕牺牲。

1934年春，根据中共满洲省委关于加强反日民族统一战线工作，建立党在各种反日队伍中的领导权的指示，吉东局作出了贯彻省委指示、组织绥宁反日同盟军的决议。由周保中同志出面，在宁安东南乡召开了各种反日队伍代表会议。会议上通过了一致抗日的纲领，决定以周保中同志率领的边区军一、三连和李荆璞同志率领的工农义务队为基础，联合救国军残部和一部分反日山林队，组成"绥宁反日同盟军"。傅显明同志参加了这次会议，在会上他坚决拥护我党提出的反日民族统一战线的政治主张，并率领全团参加了绥宁反日同盟军。此后，傅显明同志思想起了很大变化。几年来的戎马生活，他亲眼看到了国民党不抵抗政策所造成的影响是极坏的，受国民党不抵抗政策影响的救国军，没有勇敢抗战的决心。而共产党的抗日主张和抗日行动，深受广大民众的热烈拥护和积极响应。共产党在群众中的政治影响不断扩大，群众和各种反日队伍更靠近了共产党，并要求党的领导。这些事实，使傅显明同志进一步认识到：只有共产党和它所领导的革命队伍，才能真正抗日到底，取得中华民族的最后解放。所以，他坚定不移地认为若坚持抗日斗争，必须与共产党合作，必须由共产党来领导。从此以后，傅显明同志便在绥宁反日同盟军的直接领导下，进行抗日武装斗争。绥宁反日同盟军组成之初，主要活动在宁安县各地。傅显明同志的队伍就在宁安二道河子、天桥岭、二站等地收缴反动的地方武装，解决反动势力，和与日伪军的"讨伐"队进行战斗。此间曾在风水山和团山子与日伪军"讨伐"队作战，打死日军十几名。

1934年四五月份，同盟军党委决定，除留守一部分队伍在宁安外，将大部分队派往东满等地进行游击活动。傅显明同志率领的"傅团"被列入东满派遣队。东满派遣队于6月15日由周保中同志率领赴东满，20日到达绥芬河镇，与东满特委共同研究决定，去汪清县会同东北人民革命军第二军进攻汪清大甸子。汪清大甸子战斗之后，傅显明同志又随周保中同志返回宁安，参加了绥宁反日同盟军粉碎日伪军秋、冬季两次大"讨伐"的战斗。日本侵略者在1934年秋到1935年春两次"大讨伐"中，除在军事上调来大批日伪军向我同盟军部队进攻外，在政治上进行欺骗宣传，提出"专打平南洋、游击队，不打山林队"的口号，以破坏我反日民族统一战线。在经济上实行封锁政策，实行归屯并户，制造无人区，以断绝我同盟军队伍与人民群众的联系，企图消灭绥宁反日同盟军的各支抗日队伍。在这种残酷的斗争环境中，同盟军的队伍，有一小部分发生了动摇、逃跑，乃至投降等现象。但是，傅显明同志在同盟军党委的领导下，始终坚定不移地同敌人坚持战斗，直到这两次反"讨伐"斗争的最后胜利。

1935年2月，吉东特委、宁安县委和绥宁反日同盟军党委共同决定，将绥宁反日同盟军改编为东北反日联合军第五军（1936年1月以后改为抗日联军第五军）。军长周保中，先后编成两个师、7个团、19个连，共930余人。傅显明同志率领的"傅团"，被改编为五军第二师，傅显明同志任二师师长兼第四团团长。

　　傅显明同志，经过3年多艰苦的战争生活的锻炼和考验，他的共产主义觉悟不断提高，为民族解放，为实现共产主义理想的革命意志更加坚定不移，因此，在五军宣告成立时，他也光荣地加入了中国共产党的组织，实现了他的心愿。入党后，他常向别人说："早先我只是抱有抗日的决心，现在加入了共产党，更有了光明的目标，有了坚定的心志，在共产党领导之下，我势必将用我满腔的热血，为民族解放，为社会解放而努力！"

　　五军在改编之初，主要活动在宁安县内，先后与日伪军进行了10多次战斗，予敌人以很大打击。傅显明同志率领的五军二师先后袭击了马厂的日本国道局和石头河子车站的日本守备队。

　　五军编成后，全军队伍都集中在宁安县内。宁安是日本侵略者在吉东地区统治的中心。根据吉东特委的提议和过去游击活动的经验，1935年4月五军党委决定，将队伍分散到三个地区进行活动，以开辟新的游击区。傅显明同志率领的五军二师大部和一师一部为宁安留守部队，同五军军部及东北人民革命军第二军一部分队伍，以宁安游击根据地为中心，活动在额穆、敦化、穆棱、东宁、汪清等地。从1935年到1936年初，针对日伪军的秋、冬季大"讨伐"，展开了游击战斗。在此期间，傅显明同志亲自指挥的战斗是很多的。1935年他率五军部队50余人，在宁安团山子与超过两倍于我的日军作战，打死日军10余人，缴获一批枪支物资。不久，又率五军留守部队与五军军部共同将钱胖子沟伪警备旅缴械，得步枪92支。1936年1月率五军基干队和东北人民革命军第二军的部分队伍，将宁安三道河子伪警备旅缴械，得步枪42支，轻机枪两挺，子弹两万余发，大批军需物资。他还曾指挥过宁安东京城和汪清小城子等战斗，均取得胜利。

傅显明同志,参加绥宁反日同盟军和反日联合军第五军以来,特别是加入中国共产党以后,在各种斗争和活动中,他都能认真贯彻党的政策,坚决执行党的决议,积极响应党的号召。他一直是抗日队伍中的一位出生入死,勇敢顽强,令敌人胆寒,受同胞称颂的优秀的指挥员和战斗员。

1935年以后,日本侵略者对吉东地区的统治更加残酷了。军事上由过去的短期"讨伐"改为长期的不间断的"讨伐";政治上继续破坏我反日民族统一战线政策;经济上进一步实施封锁政策。为了防止人民群众暗中给抗日部队送给养,日军要求对一切生活必需品实行"配给制",特别是布匹、棉花和食盐都各有限额,不准多卖一尺布、一斤盐,企图将我抗日部队饿死、冻死在山里。这时,我抗日部队在弹药、给养和相互联系等方面都发生了很大困难。针对这种情况,根据吉东特委尽可能开辟新的游击区的提议,1936年1月20日,五军党委特别会议决定:五军主力部队向中东铁路道北转移。傅显明同志领导的五军二师担任光荣的先遣任务。傅显明同志,为了完成党交给他的这一重要任务,立即将妻子柏玉清和岳母全家从宁安转移到密山县平阳镇隐居起来。之后,便率领五军二师部队向穆棱、密山、依兰方向活动。部队到达穆棱县以后中,将队伍分成几个部分继续前进。傅显明同志率领60余人向密山方向前进。队伍活动到密山县黄泥河子煤矿附近,于2月17日攻打煤矿时,因对当地地理环境和群众不熟悉,被力量超过我军很多的日伪军包围追击。在激烈的战斗中,我抗联五军二师师长傅显明等19名同志壮烈牺牲。傅显明同志在身受重伤临危之际,还高呼着"中国共产党万岁!中华民族万岁!抗日联军万岁!打倒日本帝国主义！"傅显明同志牺牲时36岁。当傅显明同志壮烈牺牲这一悲痛的消息传到抗联五军其他部队和傅显明同志战斗过的地方时，战友们无不为之落泪！寄予沉痛的哀悼！

傅显明同志，五年如一日地战斗在民族解放的战场上。他在敌人的重兵追击和重重包围下，毫不畏惧地与日伪军进行顽强的战斗，战胜了无数的严重困难，忠实地完成了党交给他的一切任务。为中华民族的解放事业洒尽了最后一滴鲜血，献出了宝贵的生命。傅显明同志用实际行动实践了他入党时的誓言，为实现共产主义远大理想贡献了自己的一切！

傅显明同志为民族解放，为国家独立而艰苦奋斗、英勇顽强的战斗精神是永存的！

（刘文新）

九、密山县委委员，西大林子、白泡子区委书记黄玉清烈士

黄玉清同志，原名黄亨镐，朝鲜族，1899年出生于朝鲜咸镜北道吉州郡一个贫苦农民家庭里。1905年，他全家迁移到黑龙江省穆棱县向阳村居住。1909年，他进当地小学读书。1913年小学毕业后，他在向阳村、下城子等地种田谋生。

黄玉清同志早在青年时代就具有反抗侵略、反抗压迫的英勇不屈的坚强性格。从1927年开始，他一面参加农业生产，一面秘密从事反抗日本帝国主义侵略的斗争。当时，他和其他爱国者一起，经常利用张贴标语、散发传单等形式，揭露敌人的罪行，号召人民团结起来，与日本侵略者进行针锋相对的斗争。1928年，他曾带领本村的贫苦群众，进行过反抗

地主盘剥、压榨的减租减息斗争。1929年，他又组织金世弦、许范俊等20多名群众，同当地一个以传教为名、反对抗日的反动基督教牧师进行了面对面的斗争。黄玉清同志虽因此事而被八面通伪警察署关押了两个多月，但出狱后，他仍然继续领导群众进行反抗日本帝国主义侵略的斗争。

黄玉清同志在斗争的实践中，逐渐加深了对中国共产党的认识。从这时起，他就主动地接受党的领导，按照党的要求从事各种活动。1930年，他光荣地加入了中国共产党。第二年，他被选为中共穆棱县下城子区委书记。不久，他又担任了中共穆棱县委宣传委员。

1932年下半年，日本帝国主义者加紧了对我吉东地区的殖民统治。当时，黄玉清同志遵照党的指示，和其他几位同志一起，于11月份离开穆棱来到密山县哈达河一带，从事筹建密山县委的工作。中共密山县委成立时，黄玉清同志被选为县委委员兼西大林子、白泡子地区区委书记。与此同时，黄玉清同志还积极在西大林子、白泡子（今白鱼湾）、马家岗、半拉城子等地组织和发展群众性的秘密抗日组织——"反日会"，从而使这一地区反抗日本帝国主义侵略的斗争，出现了一个崭新的局面。

1934年秋，根据斗争形势发展的需要，黄玉清同志被调到东北抗日同盟军第四军一团二连任指导员。他的爱人许贤淑同志把他们3岁的女儿托放在一位汉族反日会员家里抚养，只带领两个稍大一些的男孩儿，跟随黄玉清同志一起从地方转到部队工作。1936年3月，黄玉清同志被任命为军政治部主任。

黄玉清同志在四军工作期间，对党忠心耿耿，对工作任劳任怨，对同志和蔼可亲，平易近人，因此，他得到了领导的信任和同志们的拥戴。抗联四军在1935年时，只有700多人，到了1937年，迅速地发展到4个师、10个团，共2 000人。这个成果的取得，是和黄玉清同志的辛勤工作分不开的。

四军的同志们都称赞黄玉清同志能文能武，智勇双全。他除了出色地担负着部队的政治思想工作之外，还亲自领导和指挥了许多大大小小的战斗。1937年1月，他率领部队，袭击了密山县四人班、偏脸子等地的伪甲所，清除了几个顽固与人民为敌的反动势力，并为部队募集了大量捐款。2月，在他的领导下，经过反复较量，胜利地开创了宝清、富锦一带抗日斗争的新局面。5月，他又带领部队南下，联合五军，共同攻打了驻密山县哈达河的伪军第二十六团，活捉了该团团长苏某，缴了迫击炮连、机枪连和3个步兵连的全部武器弹药。8月，他在率队攻打凉水泉子的战斗中，打死敌人10余名，缴获步枪13支。

1938年春，黄玉清同志兼任抗联四军一师政治部主任。4月，他随四军主力西征到五常。他的爱人许贤淑同志也随队西征，在五常境内一次激战中被俘，惨遭敌人杀害。黄玉清同志忍住悲痛，更加坚定地带领部队打击敌人。同年冬，因情况发生变化，他又率领一部分抗联战士从五常重返宝清一带，继续坚持抗日斗争。

这时，日本侵略军又在宝清、富锦一带进行空前野蛮的大"讨伐"。在这处境十分不利的情况下，黄玉清同志和他所率领的人数有限的抗联部队，经过一个时期艰苦的转战之后，又从宝清向富锦一带进发。一路上，他们翻高山，越草原，穿密林，过河泊，历尽千辛万苦，连续行走了几十天。再加上敌人的严密封锁，他们有时一连几天吃不到一粒粮食。由于劳累过度、营养缺乏，黄玉清同志患了浮肿病，而且病情起来越严重。有一天，同志们关切地要为他熬点稀粥，黄玉清同志望着剩下的那一点口粮，深情地说："不要给我做了，还是把它留给别的伤员同志们吃吧！"几天过后，黄玉清同志连走路都十分困难了，同志们一致提出要抬着他走。但是，他为了不给同志们增添麻烦，坚持不肯让大家抬，每当夜晚宿营时，他为了让同志们休息好，还总和大家一样值班站岗。同志们深受感动，都说："黄主任真是咱们的好榜样、好领导啊！"

1939年12月，黄玉清同志被选为中共吉东省委委员，同时被任命为东北抗联第二路军总部政务处主任。

1939年冬到1940年春，黄玉清同志率领总部留守部队和五军三师一个团，顶着敌人的巨大压力，继续顽强地活动在宝清、富锦、勃利一带。日本侵略者依仗其军事优势，接连不断地派出步兵和骑兵，轮番对我抗联部队进行追剿。在这种极端困苦的情况中，黄玉清同志仍然坚毅沉着地带领部队与敌军进行顽强的斗争。

可是，在1940年2月20日，黄玉清等20余名同志被数十倍于我的日伪军包围在宝清县南的石灰窑里。在激烈的战斗中，黄玉清同志不幸牺牲。时年41岁。

黄玉清同志为中国人民的解放事业所作出的重大贡献，将永远激励我们在新的革命征程中去夺取更大的胜利。

（陈庆荣）

十、饶河反日游击大队大队长张文偕烈士

张文偕同志，是饶河反日游击大队队长。他为壮大饶河反日游击队，开展密山、饶河地区的抗日斗争，做出了重大贡献。

张文偕同志，是山东省掖县人，生于1907年。青年时期，加入了中国工人阶级的行列。在中国大革命的浪潮中，他接受了革命思想，积极参加反帝反封建的伟大斗争。

在中国共产党的领导教育下，思想日趋成熟，很快加入了中国共产党。为了进一步培养他，党组织送他到苏联去学习。

1931年"九一八"事变后，日本帝国主义的铁蹄踏进了东北，民族灾难沉重地压在中国人民头上。面对民族危亡，张文偕同志急切地盼望早日投入抗日救国的伟大斗争中。1933年6月，他由苏联回国，党组织派他到李延禄同志领导的东北抗日救国游击军任政委。他同广大抗日战士转战在吉东地区，英勇地打击日本侵略者。

1933年初，饶河反日游击队在虎林战斗中遭到重大损失。为了加强游击队的领导，党组织派张文偕同志以救国游击军、后为东北人民革命军第四军政委的身份到饶河反日游击队帮助工作，以后任饶河反日游击大队队长。

张文偕同志到游击队之前，游击队根据党的反日民族统一战线思想，在建队初期就与救国军进行联合作战。但在联合的过程中，救国军中的一些反动军官极力破坏游击队在群众中的威信，妄图吞并游击队，独揽领导权。游击队面对同救国军的这个矛盾，采取了武装解决的方法，结果双方发生军事冲突，使游击队遭到重大损失，反日民族统一战线工作也受到很大挫折。

张文偕同志了解到游击队同救国军在联合过程中的这段情况后，根据党中央"给满洲各级党部及全体党员的信"中提出的实行反日民族统一战线的思想，分析了饶河反日游击队当时的形势和任务，认为建立巩固的统一战线，加强党对各种抗日武装的领导，是壮大饶河反日游击队，开展抗日斗争的重要任务。他和游击队的其他领导同志，总结了游击队同救国军联合中的经验教训，制定了积极宣传和稳妥联合的方针。他一方面积极宣传党的反日民族统一战线思想，扩大党的抗日方针在救国军和山林队中的影响，另一方面又主动联合积极抗日的队伍，吸收坚决抗日的武装力量加入游击队。同时，带领游击队积极打击敌人，用不断取得军事上的胜利来扩大游击队的影响，提高游击队的威望。救国军残余部队和一些山林队，在游击队的宣传工作和战斗胜利的影响下，再加上他们面临日伪军的"讨伐"，活动日趋困难，便积极向游击队靠近。张文偕同志根据这个形势，于1934年7月，在义顺召开了救国军残余部队和各山林队200多人的反日大会。会上，制定了共同打击日本侵略者、没收敌人财产按人平均分配胜利品、不抢夺群众东西等联合抗日的方针和政策。通过这次大会，使党的抗日主张得到广泛传播，得到了一些救国军和山林队的拥护，有的还主动要求接受游击队的改编和领导。仅在这次会上，就收编了200来人，使饶河反日游击队的武装力量有了很大的发展，为进一步扩大抗日武装奠定了有力基础。

反日民族统一战线工作的加强，团结了各种反日力量，打开了新的斗争局面，特别是在张义偕同志出色的指挥下，取得了打击日伪军的多次胜利。

1934年2月25日，张文偕率领队伍冒着大雪在饶河一带活动。队伍行至十八垧地，突然与200多敌人相遇。从兵力上看，敌众我寡，不易取胜。但张文偕同志迅速地观察了周围的地形，果断决定利用有利地形给敌人以突然袭击。他命令队伍迅速占领制高点，集中火力打击敌人。张文偕同志奋勇杀敌，仅他一个人就打死日军4人、打伤4人。在他的指挥下，战士们士气大振，英勇拼杀，经过5个多小时的战斗，打死打伤敌人30多个，最后敌人被打得抱头鼠窜，溃不成军。游击队取得了以少胜多的战绩。这一仗，鼓舞了部队的士气，打出了游击队的威风。队员们都称赞大队长有勇有谋，夸他是"神枪手"。就连敌人也被张文偕出奇制胜的战术和弹不虚发的枪法吓破了胆。伪军们在起誓诅咒时都说："我若是说谎，出门就叫我碰上张文偕，枪子在脑门上穿个眼。"同年6月，张文偕又率领游击队打垮了抱马顶子苑福堂。苑福堂伪军鱼肉人民，认贼为父，极力破坏饶河地区的抗日斗争，是游击队开展抗日活动的一大障碍。为除掉这一祸害，经党组织研究决定，由张文偕率领游击队消灭这股敌人。由于计划周密，指挥有方，70多人的队伍被击溃，我军损失很小。不久，张文偕又率领游击队取得了攻打小佳河、小西山等地反动势力的胜利。

武装斗争的胜利，极大地鼓舞了饶河地区人民的抗日斗志，他们纷纷参加游击队的反日会。游击队得到群众更加积极的拥护和支援，为在饶河一带建立游击根据地打下了基础。在这大好形势下，经县委决定，创建了以抱马顶子为中心的抗日游击根据地，从而使饶河地区的抗日斗争得到进一步发展。

张文偕同志，不仅是个出色的军事指挥员，也是搞好部队建设的党的优秀干部。他无微不至地关怀每一个战士，为解决战士们的衣食问题，他经常忍饥挨饿。游击队活动在日伪严密封锁的深山密林，给养很困难。冬天到了，棉衣不能全部解决，他就让战士们先穿；有时饭不够吃了，他就叫战士们先吃，自己饿着。战士们都为他这种吃苦在前、享受在后的精神所感动。因此，大家非常拥戴他，都亲切地称他为"我们的大队长"。张文偕同志十分重视游击队和群众之间的关系，不断地向战士宣传抗日军队保护人民的宗旨，要求战士遵守群众纪律，保护群众利益。他还经常主动地帮助老百姓推磨、打柴、做饭，用自己的行动教育战士。他这种爱护群众的精神深深感染着战士们，战士们都以大队长为榜样，严格要求自己，保护群众利益。因此，游击队和群众的关系非常密切。老百姓都说："张文偕大队长的队伍，是真正的救国救民的队伍。"张文偕特别注重游击队内部的团结，经常向战士讲解团结的重要意义、启发引导战士搞好队伍的团结。在他的领导带动下，同志们紧密团结，并肩作战，有力地打击了日本侵略者。

1934年8月28日，张文偕同志率领游击队和山林队攻打虎林县三人班的敌人。当天晚上，队伍分三路进攻，因为雨大天冷，没能按时在预定地点会合，队伍只好在距离三人班4里多地的一个窝棚附近宿营。由于山林队行动不够隐蔽，被敌人发觉，到了半夜，四周突然响起激烈的枪声，大批敌人把游击队团团包围。队伍如不立即撤走，就有全军覆灭的危险。张文偕当机立断，马上下令："我在这里用枪顶住你们快撤！"同志们都担心大队长的安全，不同意他留下掩护，但张文偕同志为使队伍安全撤走，保护住这支在战斗中壮大的抗日武装，他把自己的安危丢在脑后，坚决命令队伍快撤。同志们怀着沉重的心情离开了大队长。在阻击当中，敌人的子弹像密集的雨点射向张文偕同志，他顽强地进行着阻击。当队伍安全撤出敌人的包围圈时，张文偕同志壮烈牺牲，年仅27岁。

张文偕同志牺牲后，为了纪念这位抗日烈士，饶河抗日总会印发了悼文：

"我们队员个个都非常爱护我们的大队长，他牺牲的时候，我们全体都放声大哭，但同时更坚定了我们抗日救国的意志，全体宣誓以扩大第四军（饶河反日游击队于1935年9月改编成东北人民革命军第四军第四团）成为抗日铁军，反日到底，收复东北失地来纪念我们的张文偕同志。"

为了民族的利益，张文偕同志英勇的牺牲了，但他的英雄事迹将永远为人民所传颂。张文偕同志永垂不朽！

（张耀民）

十一、抗联第七军军长陈荣久烈士

东北抗日联军第七军军长陈荣久同志，1904年出生在宁安县东京城三家子村一个雇农家庭里。少年时期，因家庭生活贫困，没有上学读书，在家种地，荣久同志自幼热爱劳动，憎恨地主阶级的剥削和压迫。"九一八"事变前，他在东北军第二十一混成旅骑兵二营七连当兵。

1931年"九一八"事变后，国民党反动政府实行不抵抗政策，使敌人迅速占领了东北各地，无辜的人民惨遭屠杀。他目睹日军烧杀抢掠的残暴罪行，悲愤交加，仇恨满腔。他在军营中指责国民党拱手奉让，不战而退的卖国政策。同时，在士兵中激励大家不要投降、坚决抗日。他的爱国精神得到士兵们的同情和支持。当连长率队投降时，他和那些主张抗日的士兵一起，缴了连长的枪，举行起义，投奔抗日救国军。不久，救国军队伍开始整编时，因陈荣久同志积极主张抗日，战斗中表现英勇顽强，深受士兵们的拥护，大家公举他为新编第五连连长。

这个连在陈荣久同志领导下，有了很大的发展，人员不断增加，士气愈来愈高。先后在穆棱、海林、宁安等地活动，曾多次与日军交战，打击了敌人的侵略气焰。

陈荣久同志率领的这个连队，曾经得到救国军首领孔宪荣的赏识。有一次，孔宪荣命令他率队协同刘万奎去梨树镇剿马宪章旅的时候，他坚决反对这种自相残杀的做法。他说："国难当头，我们应该一致对外，要以团结为重，在自己内部互相残杀，就给敌人造成对我们各个击破的机会。"陈荣久同志的正确意见虽然没有得到救国军首领们的重视，但他激昂的陈词，却在广大士兵中激起很大的反响。士兵们要求一致对外，坚决反对自相残杀。从此以后，陈荣久同志在士兵中的威望愈来愈高。后来救国军和自卫军在敌人大举进攻面前，面临严重危机。在这紧要关头,是抗日到底,还是逃跑投降,这对每一个爱国志士都是一个考验。陈荣久同志也在经受着这一严峻的考验。当时,救国军中有人劝他一起前往苏联,有人劝他投降日本侵略者。这些诱惑、"规劝"都遭到陈荣久同志的严厉拒绝和痛斥。他在士兵中疾呼:"我们决不投降,决不过界,就是剩下一个人也要坚决抗日到底!"这铿锵有力的话语,完全表达了他抗日的决心和宁死不屈的英雄气概。后来,他得知李延禄同志率领的抗日救国游击军是真正的抗日队伍以后,在1933年2月,率队到宁安参加了抗日救国游击队。陈荣久同志到游击队后,主动接受党组织的教育和帮助,不久担任了游击军部副官。曾参加和指挥了二道河子、东京城、马莲河等战斗。

同年5月,根据中共满洲省委和吉东局的指示,为扩大吉东地区的抗日武装力量,建立游击区,抗日救国游击军转赴密山地区活动。陈荣久同志随军队到达黄泥河子,游击军同在这里活动的杨泰和同志领导的第一团会合。陈荣久同志到密山后曾参加和指挥队伍与敌人进行多次战斗,每次他都抢在前面,冲锋陷阵,不怕危险,带领部队给敌人以沉重的打击,被群众称颂为"魁武将军"。

密山地区在救国军溃散后,山林队纷纷兴起,他们各自独立活动,经常遭受日伪军的袭击,因此也有抗日的愿望。当游击军到密山的时候,许多山林队头目派人四处寻找抗日救国游击军,愿接受游击军的领导。不久,李延禄和陈荣久同志在郝家屯召开各反日山林头目会议。会上,军部领导同志详细讲解了共产党的抗日民族统一战线政策,与他们订立了联合战斗协定,促进了各反日山林队联合战斗协定,促进了各反日山林队联合起来,共同打击日本侵略者。

陈荣久同志在党的教育下,阶级觉悟不断提高,真正懂得了只有在中国共产党领导下，才能团结一切抗日力量，打击敌人而收复东北失地。从此，他进一步坚定了为中国革命和抗击日本帝国主义的侵略战斗到底的信念。经过党组织培养和教育，陈荣久同志进步很快，于1933年6月，光荣地加入中国共产党。

同年6月，党组织决定将抗日游击军改编为东北人民革命军第四军。陈荣久同志入党后，在艰苦的抗日斗争中，赤胆忠心，保持艰苦朴素的作风，增强了爱国主义信念。在工作中，从不满足于已取得的成绩，为抗击日本侵略者，他彻夜不眠地工作着。在战斗生活中还坚持不懈地刻苦学习，钻研军事理论。由于陈荣久同志虚心地接受党的教育和同志们的帮助，锻炼成长为一个英勇善战的好指挥员。

1934年春，东北人民革命军第四军军长李延禄同志，进关到上海向上级组织汇报四军活动情况，争取全国各界人士支援东北的抗日斗争。此时，陈荣久同志代理四军政委职务，杨泰和同志代理军事工作。东北人民革命第四军在陈荣久、杨泰和两位同志的领导下，加强了对部队的政治思想教育和整训工作，使部队上下团结，士气旺盛，纪律严明，深受群众拥护和爱戴。

陈荣久同志率队在密山平阳镇、向阳等地与日伪军交战多次，缴获了一批武器，装备了四军部队。与此同时，积极开展对反日山林队的争取与收编工作，对人民革命军第四军的发展壮大，做出了重要贡献。

1934年秋，党组织决定派陈荣久同志去苏联莫斯科东方大学学习，当时他感动地说："党的培养和教育，使我懂得了无产阶级政党的伟大，像我这样一个大字不识的大老粗，还能出国学习，我感激党和同志们的培养和关怀……"临行前，他再次向党组织表示："我的能力有限，对革命贡献太少，我一定学好革命理论，提高自己的本领，将来回国继续为中华民族的解放事业奋斗到底，用实际行动报答党的恩情。"

1936年秋，陈荣久同志学习完回国。党组织为进一步加强我军建设和扩大抗日根据地，决定派陈荣久同志去虎林、饶河以东北人民革命军第四军第二师为基础，组建东北抗日联军第七军。四军二师是由饶河游击队逐渐发展扩大起来的一支抗日队伍，它是虎饶地区的抗日主力部队。

陈荣久同志深知重任在肩，愉快地接受了党交给他的任务。在去虎饶寻找部队的途中，陈荣久同志忍受着饥饿和寒冷，翻山涉水，穿过层层密林和沼泽地带，终于在抱马顶子找到了四军二师师部。

陈荣久同志和二师的领导同志紧密团结，努力做好争取和收编反日山林队的工作，扩大抗日武装力量，经过一段艰苦细致的工作，于1936年11月在抱马顶子召开了会议。会上，陈荣久同志传达了上级党组织的指示，总结了过去的经验，处理了内部存在的一些重大问题，并宣布东北抗日联军第七军正式成立。陈荣久同志担任军长兼第一师师长。

东北抗日联军第七军成立后，原二师个别干部进行派别活动，企图分裂领导之间的团结，离间我军和山林队的关系，以达到破坏七军组建的目的。军长陈荣久同志及时识破了坏分子的阴谋，清除了坏分子，把七军建立并巩固起来了。接着，陈荣久同志率队积极展开游击活动。

1937年春，敌人对游击区和抗联七军进行春季"讨伐"，妄图消灭新成立的抗联第七军。3月，陈荣久同志得知敌人进山"讨伐"的消息，分兵几路截击敌人。陈荣久同志亲自率领150余人在饶河县西北小南河天津班活动。这时有日伪军三四百人与七军部队相遇。敌人的指挥官是饶河县日本参事官大穗和饶河县伪警察大队长苑福堂。发现敌人后，陈荣久同志立即命令队伍埋伏在有利的山冈上，准备伏击敌人。当敌人进入我七军伏击圈时，他一声令下，集中各种火力猛烈射击，打得伪军乱成一团，四处逃窜。正待我军发起冲锋时，又发现后边有一支日军围攻上来。在这紧急情况下，陈荣久同志不畏强敌，冷静沉着地指挥队伍坚决抵抗日伪军的围攻。日本大穗参事官手持战刀，杀气腾腾，耀武扬威，号叫着指挥日伪军，向我军发起一次又一次的进攻，但均被我军击溃。激烈的战斗持续了3个多小时。这次激战打死日军大穗参事官以下30多名，伪军死伤几十名。在战斗中陈荣久同志一直在山冈上奋不顾身地指挥作战，虽在战斗一开始就身负重伤，但他忍受伤痛，坚持不下火线，直到击退敌人围攻，指挥队伍突围出来。陈荣久同志在突围时，一直走在最后。在掩护大队转移时，不幸中弹壮烈牺牲。时年34岁。

陈荣久同志为中华民族的解放事业献出了宝贵生命，他的英雄事迹永远为人民所赞颂。

（赵明福）

十二、密山县委书记朴凤南烈士

朴凤南同志是中国共产党的优秀党员，是坚强的无产阶级革命战士。他先后担任了中共宁安县委宣传部长，绥宁中心县委宣传部长、组织部长、中共密山区委和县委书记、东北抗日同盟军第四军党委书记等职务。

朴凤南，原名金万兴，化名姜哲山、金满珠、吴万福，朝鲜族。1907年3月4日出生于朝鲜咸镜北道明川郡西北面的一个贫困的农民家庭。在日本帝国主义的残酷剥削和压迫下，生活窘迫。为了谋生，1912年秋，6岁的朴凤南随全家离开朝鲜渡过图们江来到中国的间岛开拓里普成村(现在的吉林省和龙县东城乡明丰村)落户。

1915年,9岁的朴凤南入守信乡五道沟公立学校学习。求学心切的朴凤南,深知学习机会的来之不易,所以,努力学习功课,成绩非常优秀。从小经历了贫困生活的朴凤南,热爱劳动,一到暑假便帮助父母下地干活,寒假上山打烧柴。他13岁时,朝鲜"三一"运动的革命烈火涉及了间岛,掀起了群众性的反日斗争。日本帝国主义无视中国的主权,同奉系军阀勾结进行了"大讨伐",镇压反日斗争,残酷地杀害革命者和群众,房屋和庄稼全部被烧毁。朴凤南读书的五道沟学校因是反日爱国志士们活动的地点,许多革命者在这里向学生进行反日启蒙教育。在这次大"讨伐"中,进步的反日教员被敌人抓起来,学生也被迫解散了,校舍被烧掉。亲眼看见这凄惨的情景,怀着对日军复仇的心理,朴凤南离开学校到二道沟明岩村的私立学校继续求学。自从"大讨伐"后,很多革命者来到这里,进行反日的启蒙教育,朴凤南受到革命者的教育和影响,加入了儿童团,积极参加了反日斗争。假期回家,他同鲁昌律等一起组织村里青年办夜校,又创建了群众性的组织"亲睦会"开展各种形式的文娱活动,向群众宣传抗日斗争的道理。

1923年10月,朴凤南考入了东兴中学。当升入四年级时,因家庭贫困,无力支付学费,只得辍学。在中学期间,深受进步组织的影响,认真学习马列主义书籍,积极参加早期共产主义团体的活动。

朴凤南回到村里后,同金兴奎、鲁昌律等人以办夜校为名,给青年讲解《唯物史观》《劳农读本》,并组织起"青年会""妇女会""农民协会""少年团"等群众性的团体,张贴反日宣传单,引导群众进行反日斗争。

1927年5月,延边各地为了纪念"五一"节,普遍举行了反对日本帝国主义和奉系军阀的示威游行。朴凤南也动员了300余名农民参加了这次游行,他们头围白布,手持小旗,高喊"打倒地主、军阀!""捣毁日本领事馆!""取消治外法权!"等口号。并散发传单,宣传抗日救国的道理,使这次活动产生了广泛的影响。

1928年10月21日,根据上级"为迎接抗日斗争的更大胜利,要保存革命干部"的指示,朴凤南等同志离开家乡,来到宁安县花脸沟。在临走时,对他母亲说:"我们革命者不流血,革命不会胜利。革命不胜利我不回家。"他对革命赤胆忠心,献出了自己的一切。在花脸沟朴凤南改名为姜哲山。他在这里和林永浩等人一起进行反日反封建的宣传和组织工作。在花脸沟,他首先组织青年开办夜校,向爱国青年和群众进行宣传,又动员村里的积极分子,组织了"农民协会""少年团""反日会"等群众团体,把群众团结在党的周围,引导他们走向革命的道路。

1929年秋,朴凤南组织了"垦牧公司"的农民,向残酷地压迫和剥削农民的"垦牧公司"的地主进行了4天的罢工并组织要求减租减息的示威游行,朴凤南等人站在队列前,领导了示威群众,经过斗争,取得了胜利。

1930年6月,朴凤南光荣地加入了中国共产党。从此,他以无产阶级先锋战士的标准,严格要求自己,更积极地参加抗日救国斗争。同年9月担任了中共宁安县委宣传部长。

1931年,"九一八"事变后,日本帝国主义侵占了我国的东北。1932年6月,日军向宁安进犯。中共宁安中心县委迁到了穆棱县,改称为"中共绥宁中心县委"。此时,朴凤南同志继任宣传部长，10月任组织部长。中共绥宁中心县委为了迎接更大的抗日斗争的胜利，在抵抗日军的进攻，开展广泛的游击战场，决定派朴凤南等到密山地区。11月，朴凤南带领李根淑、黄玉清、金百万、金镇浩、金根、李春根等10余名党员干部，组成假家庭到密山哈达河定居，一边劳动，一边工作。在密山发展党员，组建了哈达河、白泡子、西大林子3个党支部；并接收饶河中心县委在密山建立的柞木台子、一撮毛、档壁镇3个支部。经中共绥宁中心县委批准，建立了中共密山区委，朴凤南任书记。

朴凤南同志在恢复、发展党组织的同时，于1933年3月16日创建了300余人的"密山抗日总会"（也叫反日会、抗日会）。"抗日总会"是以反日积极分子组成的群众性团体，县里设总会，各地分别设分会。当时，抗日会的威信很高，不少的群众积极参加这个组织。抗日会的主要任务是：向群众宣传抗日救国的道理，开展侦察敌情，张贴标语，散发传单，切断交通和电话线等抗日救国活动。朴凤南同志和李成林同志（县委宣传部长、哈达河抗日会会长）领导了地方抗日会的工作。

1933年5至6月，在密山县的朝鲜族村里，亲日的反动势力，欺骗不明真相的群众组织起"民会"。妄图把群众束缚起来，达到他们卖国求荣的目的。朴凤南领导县委的同志们，同亲日的反动势力开展了针锋相对的斗争，召开群众大会，宣传当前国内的抗日形势，无情地揭露批判"民会"的反动本质。

1933年10月，中共吉东局决定，撤销中共绥宁中心县委，将中共密山区委改为中共密山县委，朴凤南任县委书记。

朴凤南是密山抗日游击队的创始人之一。根据中共吉东关于"组织广泛的群众性反日反满运动，扩大反日游击战争"的指示，他发动全县党员，组织游击队，进行游击战争。为了建立抗日武装，夺取武器，在1933年4月，派金百万等4人打入自卫军二十六旅二营三连当兵，准备哗变，后发现该旅有投敌的迹象。7月区委指示发动哗变，因准备工作不充分，哗变未成，只带出4支步枪返回区委。这就是密山游击队的第一批枪。此后，通过缴地主和伪大排队的枪33支，用卖水稻和猎物的钱买枪1支，在一年的时间里，共有枪34支。1934年3月20日，在哈达尔河沟里的张老畲菜营成立了密山抗日游击队（当时亦称"民众抗日军"）。这支抗日队伍的建立，在朴凤南的领导下，不断地打击敌人，取得了一次次战斗的胜利，极大地鼓舞了密山人民群众的抗日救国斗争。

1934年3月末，朴凤南得知密山抗日济南队长张宝山在杨树河子的一次战斗中，胁迫部分队员当土匪，他采取果断措施，邀请抗日的山林队收缴了叛队的武装，整顿了游击队，使年轻的游击队得到巩固和发展。

1934年10月，中共满洲省委巡视员吴平（杨松）在密山哈达河沟里召开了密山县委扩大会议，决定改组中共密山县委。为解决县委干部问题，决定抽调一批党员干部充实到抗日同盟军作为骨干力量。调朴凤南、李根淑等10余人到抗日同盟军第四军工作。朴凤南任四军党委书记。从此，朴凤南又走上了新的征途，投入了部队的战斗生活。

1936年秋，朴凤南带领6名游击队员，去依兰县土龙山附近的白家大院收缴地主武装时，不幸中弹，壮烈牺牲。时年29岁。

1950年秋，李延禄同志为他题词《朴凤南同志千古》：
当年英勇反抗日帝侵略，
光荣牺牲今日犹深。
中朝两国人民鲜血凝结，
友谊精神万年长青。

十三、密山县委宣传部长李成林烈士

李成林同志，原名金东植，化名金大伦、孙靖海，朝鲜族。1904年，生于朝鲜咸镜南道咸州郡东川面一个贫农家里。1915年，李成林10岁，随父母离开朝鲜，绕道苏联迁来中国黑龙江省宁安县磨刀石（现属穆棱县），后又迁到宁安街、黄旗屯等地。1919年于磨刀石小学校毕业，第二年考入宁安吉林省立第四中学读书，1922年毕业。因受五四运动的影响，常和一些进步同学在一起从事进步思想的宣传活动。1926年考入了广州的黄埔军校学习。1927年李成林离开广州回到故乡宁安县，在宁安县小学师范班任教。这时，李成林同志接近了当地地下革命组织，参加一些革命活动。1930年7月加入中国共产党。他按照党的要求，经常在朝鲜族人民群众中传播革命思想。1931年，"九一八"事变后，党组织派成林同志到王德林领导的抗日救国军总部工作（这时化名金大伦）。因为他曾在军校学习过，又熟知国内外政治形势，因而很得王德林的器重，任命他担任总部的宣传部长。1932年秋，李成林同志又被组织调到密山做地下党的工作。成立县委时，他担任县委宣传部长。1936年3月，中共中央驻满洲代表决定撤销中共满洲省委，成立中共松江省委，并提名李成林同志为松江省委书记。但松江省委（即1936年9月成立的中共北满省委）还没成立，李成林同志便被土匪暗害牺牲。李成林同志在地下党的领导下，不知疲倦地进行战斗，为中华民族的解放事业，做出了出色的成绩，直至为革命献出了宝贵的生命，人民将永远怀念他。

（于葆琳）

十四、密山游击队后任队长张奎烈士

张奎同志，别名老姜，1899年生于山东省掖县的一个贫苦家庭。童年时期曾上过几年学，后因家中生活困难，只好中途辍学。为寻求生活出路，张奎同志在青年时期就进工厂做工。他同广大工人一样，在资本家的剥削和压迫下过着牛马不如的生活。由于他较早地接触到共产党人，在党组织的教育和培养下，他认识到旧社会的黑暗，明白了劳苦大众受苦受难的原因，从而树立了革命的远大理想。在"九一八"事变以前，他就加入了中国共产党。不久，党为了培养干部，选派张奎同志到苏联学习军事和政治。后来，由于革命需要，张奎同志被调回国。党为了加强抗日斗争的领导力量，1933年6月，任命张奎同志为"抗日救国游击军"参谋长。张奎同志在艰苦的战争环境中，善于做思想政治工作。他经常找干部、战士谈心，关心他们的进步，帮助他们解决一些实际困难。行军时，他替患病和体弱的战士扛枪、背行装；宿营时，他给战士们打水、做饭，晚上自己睡在地上，而把热炕让给战士；发放物品时，他常常把分到的东西送给战士用，而自己的衣服却是补了又补，缝了又缝。张奎同志的这种革命精神和高尚品德，使全团同志深受感动，大家都说："张团长既是思想工作的能手，又是爱兵的模范。"1936年4月，为了保存革命的有生力量，部队连夜从依兰的莲花泡横渡牡丹江。张奎同志亲自在江东岸指挥。当全团战士安全渡过江后，张奎等3名同志最后上船，行至江心时小船倾翻，张奎等3名同志不幸坠江牺牲。中国共产党的好党员、东北抗日联军的优秀指挥员张奎同

志，人们将永远怀念你！

（刘云久）

十五、密山游击队参谋长金根烈士

金根同志，原名金光珍，别名金弦，朝鲜族，1903年1月生于朝鲜咸镜北道庆兴郡雄基邑的一个农民家庭里。家庭生活很贫困。为了寻求生活出路改变困难，1908年，金根6岁时随同全家移居到中国吉林省和龙县光照屯。1910年金根入光齐谷小学校读书，学习刻苦，成绩优异。1916年考入延吉中学，1918年考入吉林工业学校。在该校毕业后又考入南京大学，但因家庭生活困难，交不起学杂费，而失去了继续学习的机会。从失学的遭遇中，使金根开始意识到旧社会的黑暗，逐步接受了革命思想。1924年至1928年，金根先后担任了和龙县北獐洞、大扇洞等小学校校长。在此期间，他能广泛地接触学生，经常进行家庭访问，热情地向学生传播革命思想，深受学生的爱戴和欢迎。附近地区的学生都争先恐后到他任教的学校读书，不到一年时间，学生就由30人增加到150人。此外，他还利用工作之余和假期机会，广泛接触农民群众，同他们谈心、交朋友，调查了解农民的生活状况；揭露地主阶级的反动本质，深入浅出地讲解农民受压迫、受剥削的原因，启发农民的阶级觉悟。他还利用办夜校和识字班等形式，宣传革命道理，对农民进行革命思想教育。1937年12月3日晚，八军中的两个叛徒手持枪支，突然闯入了桦川七星砬子山金根同志的住地，对金根同志进行威胁、恐吓。金根同志坚贞不屈，惨遭杀害而壮烈牺牲，时年36岁。金根同志为民族解放而英勇奋斗的革命精神将

永远激励人们昂首前进。

（刘云久）

十六、密山县委妇运部长李根淑烈士

李根淑，女，朝鲜族。1913年生于朝鲜庆尚道礼川郡一个秀丽的山村。在朴凤南的教育和帮助下，进步很快，参加了反日会组织，并成为朴凤南的得力助手。受党的培养教育和实际斗争的锻炼，李根淑于1930年11月光荣地加入了中国共产主义青年团。此后，她更加积极地从事党的地下活动，在革命斗争的实践中，锻炼成为一名机智勇敢的战士。1932年7月被党组织批准，光荣地加入了中国共产党。中共绥宁中心县委任李根淑为青运部长。为了开辟密山县党的工作，1932年11月，绥宁中心县委派组织部长朴凤南去密山组建区委。朴凤南、李根淑、黄玉清、许贤淑、金百万、金镇浩、金根、李春根等10余名党员干部，他们以组成假家庭的形式到密山哈达河头段落户。为了筹建密山区委，他们一边劳动，一边从事秘密活动，建立哈达河、西大林子、白泡子3个党支部；并接收了饶河中心县委在密山建立的柞木台子、一撮毛、档壁镇3个支部，组建了中共密山区委。李根淑任区委委员兼区妇运会主任。李根淑长期从事党的地下工作，在极其困难的环境中，她性格活泼，不怕任何困难，具有坚强女性的特征，她摆脱了封建伦理的束缚，操一口流利的汉语，着普通汉族服装，来往于汉、朝两族之间，从事抗日救国的宣传工作。1940年夏天的一个下午，李根淑在木其活动时被东京城宪兵队逮捕了，1941年4月的一个深夜李根淑被杀害。一位优秀的朝鲜族

女共产党员，为了抗日救国和民族的解放事业献出了自己壮丽的青春和宝贵的生命。年仅27岁。

李延禄于1961年"九一八"事变30周年之际，为她作诗一首《李根淑同志千古》：

雏凤凌云破樊篱，振臂高挥反帝旗；
万马军中声浪起，士气轩昂歼劲敌；
囚门难锁英雄志，倭奴妄图诱军机；
宁为玉碎非全瓦，血染黄河志未移。

十七、密山游击队副队长金百万烈士

金百万，原名金亨国，化名崔成浩、崔万福，朝鲜族。1909年出生于黑龙江省穆棱县百草沟高丽屯一个贫苦的农民家庭。1927年参加革命，1931年加入中国共产党。参加革命后曾任八面通区委委员。1934年3月，任密山抗日游击队党支部书记、副队长。同年10月，任东北抗日同盟军第四军二团一连连长、三团政委等职。1932年11月，中共绥宁中心县委根据日军向吉东发动攻势的紧迫形势，决定派一批干部到密山开展工作。金百万在中共绥宁中心县委组织部长朴凤南的带领下，来到了密山。为了筹建密山抗日游击队，金百万做了大量的工作。

1934年3月20日，中共密山县委在哈达河沟里张老畜菜营召开成立"密山抗日游击队"（当时亦称"民众抗日军"）大会。游击队员34人。其中党员10名。金百万任党支部书记、副队长。1935年9月，金百万在执行任务时，被叛徒害于勃利县的通天沟，时年26岁。

第八节　中央公布的密山著名抗日英烈名单

国家公布的一、二批共900名抗日英烈的名单中，在密山战斗过或牺牲后安葬在密山的共有20人。

李延平（1903—1938）东北抗日联军第四军军长

王光宇（1911—1938）抗联四军副军长

刘曙华（1912—1938）中共密山县委书记

安顺福（1915—1938）抗联四军被服厂厂长

桂干生（1911—1945）八路军一二九师新编第九旅旅长

王学尧（1910—1936）中共密山县委书记

朱守一（1905—1934）密山游击队队长

杨泰和（1904—1935）东北抗日同盟军第4军1师师长

何忠国（1909—1935）东北抗日同盟军第4军政治部主任

李天柱（1898—1937）东北抗日联军第4军2师师长

郝贵林（1900—1937）东北抗日联军第3军4师师长

王毓峰（1897—1938）东北抗日联军第4军2师师长

何　畏（1922—1938）东北抗日联军第4军警卫员

张文偕（1907—1934）饶河反日游击大队大队长

傅显明（1900—1936）东北抗日联军第5军2师师长

张相武（1914—1938）东北抗日联军第4军1师师长

刘廷仲（1904—1939）东北抗日联军第7军3师政治部主任

冯丕让（1896—1941）东北抗日联军第5军副官长

李光林（1910—1935）东北反日联合军第5军2师政治部主任

黄玉清（1899—1940）东北抗日联军第2路军总部政务处主任

第三章 密山解放 剿灭残匪

1945年第二次世界大战进入末期,1945年8月8日,苏联政府正式向日本宣战。8月13日苏军进入东安市,8月15日苏军东安市卫戍司令部正式成立。密山人民近13年的抗战取得最终胜利。苏军撤回之后,谢文东的国民党地下军主力之一的郭清典匪部兴风作浪。1946年6月22日,三五九旅进驻东安市,彻底解放东安市(现密山市)。但剿匪斗争并未结束,继续进行追剿残匪,直至完全消灭。1949年以后,密山建立了巩固的革命根据地,为全国的解放做出了很大的贡献。

第一节 三五九旅解放密山

1945年8月8日,苏联政府正式对日宣战。8月9日凌晨,苏联红军第二路军一部越过中苏边界,向盘踞在密山边境前沿的日本关东军展开全面进攻。8月12日晨,苏联红军快速支队舍甫琴科大尉率七十五机枪营两个连与马什宁少校的第一六三〇反坦克歼击炮兵团的几个连进入密山县城(现知一镇),受到密山县城人民的热烈欢迎。8月13日,苏联红军越过穆棱河进入东安市(现密山镇)。这时,在苏联边防军工作多年的抗联老战士、中共党员李希才（李东光）随苏军回到国内。

15日苏军东安市卫戍司令部正式成立。按原定方案卫戍司令是苏联内务部军官科·苏达科夫中校，副司令是米·德科切夫大尉和苏联边防军少尉（原抗联三军战士）李希才。当天正值日本天皇宣布无条件投降，晚间司令部举行庆祝会，庆贺战胜日本帝国主义和卫戍司令部的成立。

1945年12月初，李希才返回苏联后，即向苏联正式提出申请回国，当时苏联同志劝阻李希才说：请你不要回去了，留在苏联。但李希才谢绝好意，携一家人，于1946年2月23日，从苏方土里罗格乘汽车起程，越过国境到达半截河子，要求维持会会长李某负责并保证安全无事，李希才便到东安去同苏军卫戍区官员商谈组织革命武装和接收东安问题。

接收东安的谈判进行得非常顺利，大约在4月10日，苏军卫戍区命令郭清典及其公安部队立即撤出东安，否则苏军将采取军事行动，解除其全部武装。郭清典等反动头目及其部下怕被解除武装，当即撤离东安向宝清移动。

按地委决定，对外以"东安工作委员会"的名义，主任是梁定商，几位主要成员有常永年、刘荣等。虎林独立团进驻东安市，同时决定成立市公安局，局长由常永年兼任，李希才任副局长，还决定成立东安工作委员会属下的公安大队，大队长由李希才担任，政治指导员由从延安来的干部刘荣担任。驻东安市的苏军在4月27日全部撤出东安市回国。

三五九旅解放部队进入东安城（现密山）

抗战胜利后，三五九旅为开辟东北根据地，奉命转战，于

1945年12月15日开赴东北北满。为打击多股顽匪的嚣张气焰,东北局、东北民主联军总司令部及时作了关于剿匪工作的"6月决定",必须争取在最短时期内,坚决彻底地肃清土匪,发动广大农民,建立巩固的后方,以支持长期斗争。

三五九旅根据这个决定,首先直捣匪巢,集中主要兵力合击东安。部队从1946年6月21日凌晨开始行动,分三路合围流窜于东安一带谢文东匪部之主力,以七一七团为左翼,插入东安东北的裴德,断敌向宝清逃窜的退路,以七一九团分两路由南面和西面进攻,夺取东安。22日13时向东安发起攻击。匪部一触即溃,随即向宝清方向逃窜。经我军连续地追击、拦截、围歼,毙、俘匪1 000余人,缴获山炮、野炮、迫击炮19门,长短枪700余支。1946年6月22日,解放了东安市(现密山市)。

第二节　密山剿匪斗争

剿匪斗争四个阶段:第一阶段,是东安市保卫战。土匪经过长时间准备,在苏联红军回国后,为配合国民党军队占领全东北,郭清典纠集大批土匪,扑向东安,爆发了"5·15"东安市保卫战。这是我军第一次与土匪大规模交战,我军击退土匪,胜利地保卫了东安市。第二阶段,是土匪猖狂期。我军调动之际,经过密山县城阻击战后,我地方武装被迫转移,土匪趁机占据东安市、密山县城(现知一镇),残酷屠杀当地军民,制造了骇人听闻的"5·26"惨案。第三阶段,是密山地区的解放。东北民主联军总部调集三五九旅主力部队,解放东安市、密山县。密山地区的解放,标志着我党东安根据地建设的开始。第四阶段,是建立巩固的根据地。大股土匪被打散上山,为解除群众后顾之忧,建立巩固的后方根据地，党和军民同心协力彻底清剿了残匪。

东安地区的土匪有以下几个特点：其一，有组织。东安地区保安总队序列：总队长高金声、参谋长郭清典、参谋处长郭清典、军需处长白旭东、副处长刘兰亭、军需处长王文涛、一大队长郭清典、副大队长王家良和刘志远，二大队长芦俊堂、副大队长姚铁城和岳长文、参谋长刘贯石，三大队长杨世范、副大队长刘治国和石宝贤，四大队长曹本初，五大队长王希武，六大队长赖明发、副大队长殷云恩和王有蔼、参谋长邵景华。除6个大队外，东海有一个部队，以陈士芳为首。宝清分队，队长俞殿昌。其二，数量多。不仅匪股和山头多，而且人数达到数千。流窜在东安的土匪约5 000人，谢文东、李华堂部1 000多人，张雨新、孟尚武部2 000多人，俞殿昌部450多人，还有城子河伪保安大队长武凤章、滴道伪保安大队长王奎武、平阳镇毕兴奎、梨树镇麻山一带郎亚斌。盘踞在东安地区的土匪就有7股：郭清典部500余人，祁少武部200余人，芦俊堂部700余人，杨世范部1 000多人，曹本初部700余人，王希武部150余人，赖明发部500余人。还有8股报山头的土匪。其三，骨干有一定素质。土匪骨干都出身于国民党军人，头目是国民党军官，有的还毕业于国民党军官学校，具有实战经验。其四，罪孽深重。这些土匪是一伙烧杀抢掠、无恶不作的人。其五，目的明确。在这些土匪中，要数谢文东的职位最高。谢文东先后被国民党委任为先遣军第三军军长、合江省保安军第二集团军中将司令、第十五集团军上将司令等要职。土匪大都接受了土匪头子谢文东的委任，以国民党先遣军的名义进行活动。土匪骨干都出身于国民党军，目的就是等待国民党大员前来接收。

总之，当时东安地区的土匪是有组织、数量多、骨干有一定素质、活动猖獗、目的明确的政治土匪，匪情复杂而歼灭任务艰巨。

一、剿匪时期我党政军组织机构

（一）三五九旅东安地区剿匪序列（1946年6月）

旅　　长：刘转连
政　　委：晏福生
副 旅 长：谭友林
副 政 委：李　信
主　　任：何宣太

七一七团：
团　　长：周俭廉
政　　委：何宣太

七一九团：
代 团 长：刘顺文
政　　委：彭清云

骑 兵 团：
团　　长：王政平
政　　委：李文华

（二）中共东安地委组织机构（1946年4月—1947年9月）

书　　记：吴亮平
副 书 记：陈伯村
委　　员：李尔重　霍　明　于　杰

（三）清剿残匪时期县委主要领导人

书　　记：梁定商（1946年3月—1946年5月）
　　　　　李文华（1946年6月—1946年8月）
　　　　　张　笃（1946年8月—1949年3月）
委　　员：柳知（1946年10月—1947年3月）
　　　　　牛何之（1946年8月—1949年3月）
　　　　　袁　青（1946年10月—1948年5月）

（四）清剿残匪时期县政府主要领导

县　　　长：傅文忱　柳知一
副 县 长：赵世民
总 务 科 长：刘诚然
民 教 科 长：张广大
财 粮 科 长：江　寒
公 安 局 长：牛何之

（王景坤）

二、清剿土匪

解放东安之时，消灭了部分土匪，但大部土匪溃散。我军抓住时机，不给土匪喘息的机会，乘胜追击。于1946年7月1日追至东安和宝清之间的龙头桥、头道河子，将谢文东残匪再度击溃。这时顽匪已成"惊弓之鸟"，闻风而逃。我军东剿西歼，接着解放了虎林、宝清等县。我七一七团的一支部队，紧紧盯住北窜之残匪，穷追不舍，穿越了几百里内无人烟的完达山山区，追匪日夜不得食宿，一直追至富锦、桦川境内，终于将其大部歼灭。

三、修建解放密山牺牲的烈士纪念碑

1946年8月，为纪念三五九旅从延安南泥湾出发到东安地区解放牺牲的革命烈士，东安地委提议，在东安市中心修建纪念碑。

碑文是：

敬爱的烈士们：

你们为了光复祖国的山河、为了人民的民主自由、为了东北三千万人民的解放、为了党的事业，你们在同蒲路上、在豫北、在四平、在南满和北满的各个祖国原野上，以你们革命的英雄主义的勇敢行动，打击了法西斯日寇蒋介石的凶焰，消灭了汉奸特务土匪，安定了民主。你们的血肉换来了祖国的光复，换得了人民的自由民主，在4.5亿人民的解放事业上写上了光荣的一页，你们的牺牲是无上光荣的。

三五九旅解放密山烈士纪念碑

现在，蒋介石，撕毁了政协协议，在帝国主义积极支持下疯狂继续扩大内战，屠杀中国人民，阻碍中国人民民主自由的实现解放。中国人民的伟大任务还摆在我们的前面，你们虽然已经英勇牺牲了，我们后面的同志决心继承你们的遗志，秉承你们的勇敢杀敌、为民主、为自由、为人民彻底解放流尽最后一滴血的牺牲精神，而坚决奋斗到底，直到中国实现独立民主。敬爱的烈士们，你们的血不是白流的，将在你们的鲜血上呈现着独立自由民主之花。烈士们你们安息吧。

旅　长：刘转连　副旅长　谭友林
政　委：晏福生　副政委　李　信
主　任：何宣太
全体指战员敬立!

时任三五九旅旅长刘转连、三五九旅政委晏福生、三五九旅副政委李信、中共东安地委书记吴亮平为纪念碑题词。

四、剿匪斗争回忆录

当年老战士今有几人在新生个百万告慰忠魂

三五九旅领导干部在密山东安合影
（前排右刘转连，后排左谭左林，左二何宣太，左三彭清云）

转战北国千里雪——对三五九旅北满剿匪的回顾

刘转连

浴血奋战了八年的中国人民，1945年8月终于取得了抗日战争的伟大胜利。之后，我们三五九旅奉命开赴东北，在北满地区曾经参加了一段剿匪斗争。大约在一年左右的时间里，我们配合其他兄弟部队，对盘踞在哈尔滨以东及牡丹江、合江、东安（今密山）地区的土匪，进行了大规模清剿，为深入发动群众，进行土地改革，建立巩固的东北根据地创造了有利条件。

第三章 密山解放 剿灭残匪

1.挺进东北。

参加过党的"七大"会议之后,我刚刚回到南泥湾,便接到了党中央的命令,要立即组成南下第二支队,挺进江南,与王震同志领导的第一支队(已于1944年冬天南下)会合,去开辟新的根据地,为最后打败日本侵略者,迎接大反攻作准备。这个支队由我旅留守在陕甘宁边区的七一七团、七一九团(缺一个营)、炮兵营、教导营、骑兵队,加上三五八旅一个教导营,大约3 000人组成,我任司令员,晏福生同志任政委,参谋长是贺庆积同志,副政委兼政治部主任是李信同志,副参谋长是刘子云同志。部队在临出发时,各单位主要领导已配齐,七一七团团长周俭廉、政委谭文帮,七一九团团长肖道生、政委彭清云。随同我们一起南下的,还有从延安党校和中央机关干部中抽调的准备去李先念同志领导的五师的五干队;准备去王震同志领导的九旅的九干队,这是由中央组织部和军委总政治部直接组织的,其中有陶铸、莫文骅、张启龙、雷经天、谭余保、袁任远、陈郁、邓洪等同志。五干队队长是程世才,九干队队长是廖刚绍。

南下支队的广大指战员在"七大"会议精神的鼓舞下,从干部到战士,上上下下精神振奋,大家充满了胜利的信心。特别是从南方来的一些老战士,听说要打回老家去,准备大反攻,更是摩拳擦掌,欢欣鼓舞,纷纷向领导表示,坚决响应党中央的号召,为最后打败日本侵略者、解放全中国立新功。

1945年6月11日,我们告别延安率部南下。一路上边打边走,横穿晋西北,翻越吕梁山,渡过汾河,经过两个月的转战与长途跋涉,一直打过黄河,进入河南境地。这时,传来了日本侵略者无条件投降的消息,整个部队一片欢腾,中国人民艰苦卓绝的斗争终于胜利了!

我们在无比的喜悦中继续向南挺进,当部队到达新安县,准备过洛河继续南下的时候，又接到了党中央的命令，要我们停止南下，立即北上。

于是，我们从新安县转回头来，在当地分区部队的配合下还打了一仗，解放了孟县，缴获一些武器粮食，并扩充了300多名新兵。部队经过补充，随即赶到林县，在这里，我们接到上级指示，要我们迅速挥师北上。于是，我们立即转入进军东北的准备工作。为了争取时间，我们一面对部队进行政治动员，一面轻装，把九二式步兵炮和轻重机枪等重武器，全部留在了林县。同时研究、布置了部队经冀中平原北进的路线，并把我们所有能乘骑的马匹全都集中起来，交给五干队、九干队和我们旅一批先行的干部，让他们骑着马先走，早日赶到东北，展开工作。部队在林县经两日的紧张准备后，便开始了挺进东北的千里征程。

当时，北平、天津、唐山等较大的城市，还是由日本人和伪军占据着，我们为了争取时间，避免纠缠，辗转穿行于敌伪的夹缝里。于9月间，到达河北省玉田县。这里是冀东军区司令部的所在地，詹才芳司令员热情地接待了我们，他向我们介绍了当时的斗争形势，并转达了中央的指示：要求我们迅速从玉田出发，经山海关向锦州前进，部队到达锦州后，直接和东北局取得联系。根据中央的指示精神，为了争取时间，部队在出发前又做了第二次轻装，每班只带一支步枪，以备宿营时站岗放哨之用，其余枪支弹药，全部留下。

东北的广大地区，战略地位非常重要，日本帝国主义血腥的殖民统治被推倒以后，是我党我军同蒋介石反动派激烈争夺之地。我党中央对东北十分重视，从日本侵入之日起，即领导人民组织抗日义勇军，联合各方面的进步力量，进行了长期的艰苦斗争；抗战胜利后，中共中央及时地作出了建立巩固的东北根据地的战略决策，先后派陈云、彭真、罗荣桓等20名中央委员和候补中央委员，率领两万名干部和10万部队挺进东北，会合东北抗日联军，消灭日伪残余势力，深入发动群众，建立地方各级政权，创造了广大的东北解放区。为争取时间，我们的步伐加快了，昼夜兼程，从玉田出发，人不卸甲，马不停蹄，直奔山海关。

号称"天下第一关"的山海关，这是出入东北的门户，古人留下了许多有关它的传说。当时，山海关已被苏军接管，我们部队到达后，便在周围的农村宿营。为了尽快了解情况，我让比较熟悉城市生活的司令部方管理员陪我们进了一次城，饱览了关山风光。天快黑时，肚子也饿了，我们走进了一家饭馆，这里客人寥寥，我与一位50多岁的堂倌聊了起来。他在谈到对我军的印象时，做了个生动对比，一直还留在我的记忆里。他说："美国军队的罐头、飞机、大炮多；苏联军队的面包、坦克、汽车多；只有你们这些八路军是小米加步枪，走路靠两腿，和我们老百姓差不多！"

这淳朴的话语，使我深受感动。他说明了这样一个事实：尽管由于客观条件的限制，新区人民并不熟悉和了解我军，但是，他们从初次的接触中，从不同军队的对比中，一眼便看出了谁是自己的军队！被人民视为自己的军队，这可是我军立于不败之地的根本条件啊！

从城里回来后，我们再次向部队重申了三大纪律八项注意，强调要搞好军民关系、军政关系和同兄弟部队的团结，并全面检查了一次执行群众纪律的情况。部队进入新的地区以来，干部战士更加注意发扬我党我军的光荣传统。他们自觉地做到秋毫无犯，主动帮助群众担水、扫地，临走时街净、缸满，给人民群众留下了深刻印象。

2. 开赴北满。

部队离开山海关，向塞外开进，途中曾经坐了一段闷罐车，加快了行军速度。我们终于抢在国民党军队从营口登陆之前，先期到达沈阳，这时已进入11月。开始，我们驻在铁西区，这时部队已恢复三五九旅番号。不久，便接到东北局的命令，调到辽阳、鞍山一线待命。初冬季节，天气渐冷。部队经过千里跋涉，两次轻装，枪支弹药十分缺乏，没有重武器，棉衣也无着落，人员和装备都急待补充。

在辽阳、鞍山待命期间，我们补充了一个新兵团（辽阳团），以三五九旅教导营为骨干，合并组成了七一八团，团长王光石，政委胡醒，副团长余致泉。尔后不久，又以三五九旅教导营为骨干，加上在抚顺周围招收的一部分新兵，组建了特务团（鞍山团），团长陈松岳，政委杨义。

当时驻守辽阳的部队，帮助苏军看守仓库。经调查，仓库里是武器，有山炮、重机关枪和歪把子轻机枪，还有大量的九九步枪及各种弹药。接到下面的报告，我们立即请示东北局，要求从仓库里取出一部分武器来，装备部队。罗荣桓政委从山东渡海，经大连来到沈阳。我们当即向他全面汇报了部队的思想、士气、战备和扩军等情况，同时也提出了急需补充装备的问题。罗政委在听取我们的汇报时，透彻地分析了当时的形势，指出国民党反动派的"和谈"是骗局，靠不住，要我们做好用战争解决问题的思想准备。他从部队的实际需要出发，与苏军交涉交涉，只用了一夜时间，就解决了全旅的武器装备问题。

武器装备问题解决了，部队的士气很高。不久，得知国民党军队不走营口海路，改由山海关陆路出关。根据形势的变化，我们部队又移防抚顺，我兼任了抚顺市的警备司令。当时，抚顺地区匪特猖獗，地痞流氓到处横行，社会秩序很乱。我们派出一批部队，在清源、新宾、凤城、铁岭、营盘一带，放手发动群众，担负起扩兵和剿匪的任务。

胜利后的重庆谈判，并没有给人们带来和平的希望。年末，东北的局势，日趋严重起来。国民党军队在美国的积极支援下，已从空中、海上、陆地进兵东北，占领了山海关至锦州一线，并继续集结兵力，准备进一步攻占沈阳、长春、哈尔滨三大城市及中长铁路干线。与此同时，东北各地的日伪残余势力、大股的政治土匪、反动地主武装也乘机蜂拥而起，与国民党反动派暗中勾结，遥相呼应。特别是北满地区，匪情更加严重，不坚决彻底地肃清土匪，不仅无法进行根据地的建设，还会使我们处于腹背受敌的不利地位，在东北很难站住脚。

因此，我们于抚顺以北的肥牛屯、碾盘沟、王兵屯一带，经过连续两次大规模的清剿，将刘相尧匪部约1 300人消灭之后，紧接着，又于12月15日奉命开赴北满，去执行发动群众，消灭土匪，建立巩固的根据地的任务。

3.打一仗进一步。

我们进入北满以后，参加剿匪的第一个战斗是打五常。五常位于哈尔滨的南面，距哈尔滨约90公里。当时，哈尔滨至佳木斯一带，除几个大城市由苏军驻守外，其他县城，如五常、尚志、方正、通河、依兰、木兰等，以及广大农村地区，几乎全被形形色色的武装政治土匪盘踞着。

五常的西侧是拉林河，东面是可以连通尚志的大森林，是拉宾线上的一个战略要点，也是土匪的重要巢穴之一。据了解，这里匪徒猖獗，群众又恨又怕。不剿灭土匪，群众就发动不起来；如果不发动群众，土匪也很难剿灭干净。因为土匪们对当地情况、环境很熟，一换上便衣化装成老百姓，就匪民难分了。开始时，对这些情况，我们摸不透，缺乏经验，本来城内只有土匪三五百人，用一个营的兵力，就可以把他们消灭掉，我们使用了两个营的兵力。土匪发现我们人多，攻势猛，采取不抵抗的办法，大部分都跑掉了，我们只消灭掉一小部分。

之后，部队继续向哈尔滨以东及以北地区发展，在五常留下了一个连。留下这个连，主要是掩护旅供给部，为后面跟进的七一九团和特务团补充冬装。

谁知，大部队走后不久，原先在五常被我们打散的土匪，又聚集起来，反过来袭击我们留在五常的那个连队。连长张炳珂很有战斗经验，发现土匪来攻城，高兴地说："好得很，找都找不到呢，现在送上门来了，再不能让他们跑掉！"那天的战斗，土匪的火力很强，不仅使用了轻重机枪，还使用了迫击炮。我们在张连长的指挥下，沉着应战，采取以守为攻的办法，尽量让敌人靠近了再打。当土匪大部分攻到城墙跟前、城楼的脚下时，发现我们兵力不多，枪也打得很少，胆子更大了，便一窝蜂似的拥了上来。这时，我们突然猛烈开火，手榴弹像雨点般地抛了出去。这一招十分奏效，这帮土匪，经不起我军的猛烈打击，被歼灭了。但是，张炳珂连长在这次战斗中却不幸身负重伤，英勇地牺牲了。他的名字，后来刻在为纪念剿匪战斗中光荣牺牲的同志们而修建的东安烈士纪念塔上。

我们打完五常之后，又打珠河（后改称尚志）。珠河靠近张广才岭的北段，是绥宾线上土匪盘踞的一个重要据点。当时，已是寒冬腊月，气温通常都是零下30~40摄氏度。我们吸取了打五常的经验教训，决定秘密地带领部队从深山密林中穿过去，悄悄地接近尚志，出其不意地将其包围起来，然后一举全歼。这一带全是深山大岭，原始森林，有一条南北走向的大山沟，可以直通珠河，我们便决定从它的南沟口进，到北沟口出。部队经过一天林海雪原的行军，晚上便在南沟里宿营。这里没有村庄，房子很少，只有几个窝棚，分配给了炊事员做饭用，部队只能挤在窝棚旁边露营。天黑以后，山里的气温骤降，大家冻得根本无法睡觉。上半夜大家轮换着进窝棚里暖暖手脚，下半夜，铺天盖地地

第三章 密山解放 剿灭残匪

下起了鹅毛大雪，战士们在露天地里更无法待下去了。于是，大家便拾柴、点火。一堆堆篝火燃烧起来了，山沟里一下变成了火的长龙。战士们十个一群五个一伙，围坐在火堆旁，度过了一个"火烤胸前暖，风吹背后寒"的不眠之夜。

天明后，积雪盈尺，大雪封山，连百年老树枝丫都被压得弯腰驼背。道路一点也看不见了。部队没有被大雪阻住，继续爬山越岭，向沟北口前进。战士们说："为了消灭土匪，为民除害，我们再苦也不怕。"

盘踞珠河的土匪，对我们的到来，有所准备。他们依城筑堡，在城墙周围修了许多工事，拉了铁丝网，挖了外壕。土匪的武器也很好，全是日式的，有九九式步枪、歪把子轻机枪、九二式重机枪，还有迫击炮。一些土匪的头目，在日本占领东北期间，还受过专门训练。

我们吸取了打五常的经验，把县城四面包围起来，力求全歼，以防逃窜。战斗打响后，我们发现土匪的火力强，枪法准，碉堡工事多，城内城外约有上千人，与五常那股土匪大不相同。于是，我们迅速调整了部署，进一步研究了攻城的办法，把县城围困起来之后，不是马上发起攻击，而是先让土匪在那里开火。当时，城墙外雪很厚，地形地物看不大清楚，但土匪在雪地上的各种活动，我们都看得见。当我们把敌人的工事及火力配置等情况基本搞清之后，便发起了总攻。

在攻城开始之前，我们先把火力组织好，用九二式步兵炮，对准城墙上的碉堡和机枪掩体，一炮敲掉一个，基本上炮炮命中！然后，轻重机枪一起开火，把城墙上的敌人的火力压制住，掩护部队迅速接近城墙，搭人梯登上去，很快就把城墙上的土匪打垮、冲散，一扫而光了。土匪死的死，伤的伤，城墙上到处丢的是枪支弹药。当我们部队冲进城内，连土匪的影也不见了，他们把枪一丢，摇身一变，化装成了老百姓。

部队打进县城以后，立即采取严密封锁，广泛发动群众，让他们揭发检举，把冒牌的"老百姓"清查出来。同时，展开政治攻势，宣传我军的政策，分化瓦解匪徒。这次战斗，除打散、潜逃一部分外，共打死、打伤、俘虏土匪近千人。

在攻打珠河的战斗中，跟随我多年的一个警卫员金锡昆同志牺牲了。同志们目睹一个个朝夕相处的战友在自己面前倒下去，无不对万恶的匪徒怒火满腔！大家咬紧牙关，冒着严寒，穷追猛打，又一鼓作气，连续打下了延寿、方正、通河、依兰诸县。

春节过后，我们旅的七一九团、特务团和旅部二梯队以及留在抚顺、新民、清源等地扩兵的人员，由刘子云副参谋长带领，又第二批到达北满。全旅部队在通河休整了一个星期，检查了前一段从南满到北满的工作，总结了剿匪，发动群众，扩兵，抽调干部下乡，帮助地方建党、建政、建立地方武装的经验。经过几天休整，部队又从通河出发，沿松花江北岸向西，清剿了木兰、巴彦、呼兰一带的土匪。

4.合击东安。

为打击北满地带顽匪的嚣张气焰，东北局、东北民主联军总司令部及时作了关于剿匪工作的"6月决定"，必须争取在最短时期内，坚决彻底地肃清土匪，发动广大农民，建立巩固的后方，以支持长期斗争。

根据这个决定，我奉命带领七一七团、七一九团等部队从驻地阿城开到勃利、林口、东安地区，在牡丹江分区及地方武装的配合下，负责清剿东安、鸡宁、勃利、林口一带的土匪。在此之前，七一八团已奉命调出，由特务团改为七一八团。我们决定首先直捣匪巢，集中主要兵力合击东安。

部队从6月23日开始行动，分三路合围流窜于东安一带谢文东匪部之主力，以七一七团为左翼，插入东安东北的裴德，断敌向宝清逃窜的退路，以七一九团分两路由南面和西面进攻，夺取东安。25日13时向东安发起攻击。匪部一触即溃，随即向宝清方向逃窜。经我连续地追击、拦截、围歼，数日内毙、俘匪1 000余人，缴获山炮、野炮、迫击炮19门，长短枪700余支。我军乘胜追击，于7月1日追至东安和宝清之间的龙头桥、头道河子，将谢文东残匪再度击溃。这时顽匪已成"惊弓之鸟"，闻风而逃。我军东剿西歼，接着解放了虎林、宝清等县。我七一七团的一支部队，紧紧盯住北窜之残匪，穷追不舍，穿越了几百里内无人烟的完达山区，追匪日夜不得食宿，一直追至富锦、桦川境内，终于将其大部歼灭。

5.擒贼擒王。

合江地区的四大惯匪谢文东、李华堂、张雨新、孙荣久部，经我军连续地"合击""追击"之后，受到严重打击，损失惨重。但土匪之主力未被彻底消灭，尤其是因匪首未被擒毙，他们溃而又聚，在其稍加休整之后，仍能主动出击，在我后方不断骚扰破坏。东北局、北满分局、合江军区做出指示，实行"猛打穷追，钉楔堵击，彻底消灭"的方针，继续清剿这些顽匪。

我军剿匪部队采取了"坚决消灭"的方针，依据情况，穷追猛打，紧跟不舍，连续打击，不断变换战术，反复清剿。顽匪在战术上也摸我们的规律，他们以放开城镇，避免对抗为对策，与我军兜圈子。当时，我们的口号是：活捉匪首，消灭匪首，捉到与打死匪首，即等于任务完成三分之二；若未消灭匪首，即将其匪部歼灭，也不算彻底完成任务。我七一八团配合合江军区直属部队和地方部队，集中优势兵力，在当地人民群众密切配合下，分别对谢文东等几股顽匪展开彻底清剿。广大指战员在茫茫林海雪原，冒着严寒，不顾疲劳，不惜伤亡，连续作战，咬住敌人不放，坚决追剿到底，几股残存之顽匪陆续被歼。匪首谢文东弹尽粮绝，狼狈逃窜到牡丹江边一个小山的土地庙里，正在烧香求佛时，被我生擒；李华堂、张雨新等匪首纷纷落网，合江地区之土匪被基本肃清。

北满的天空晴朗了，北满的大地出现了安定的局面，广大人民群众这才真正摆脱了匪害之苦，从水深火热之中被解救出来。他们纷纷组织起来，闹翻身，求解放，进行土地改革，组织人民政权，为以后支援伟大的解放战争做出了自己的贡献。

（本文引自解放军出版社出版的《后方的前线》一书）

战斗在北满的岁月（节选）

王景坤

1945年日军投降后，为解放东北，建立革命根据地，中共中央从各抗日根据地抽调大批干部，组成干部团，随大军奔赴东北。我们新四军四师师部和九旅、十一旅共组成两个干部团。九旅和师部组成的干部团，我任团长，政委刘野亮，副团长刘歧珊，政治处主任王希克。一营营长王敬之，教导员胡子美；二营营长戴涛，教导员邹林光；三营营长傅明贤。全团共130名干部。我们到哈尔滨北满分局时，由于各地都急需干部，我们就一分为三了。一部分去松花江地区，一部分去合江地区，一部分到牡丹江地区。我带50名干部于1945年11月上旬到佳木斯合江省工委去报到。三江人民自治军司令部编的鸡（西）密（山）虎（林）挺进支队，委任孙荣久为司令员。11月底，派我去任副司令。12月10日，孙荣久公开叛变，将我和魏骥同志逮捕。我军与叛匪展开激战。12月12日，我军用交换战俘的办法，将我们营救出来。我们又继续带队与土匪作战，转战林口一带。这时，牡丹江和佳木斯已经改编的土匪相继叛变，形势很紧张。沿铁路线的广大农村为土匪所控制，牡丹江到佳木斯的交通也被土匪切断。为了集结力量，我们就转移到牡丹江。从此，就在张闻天同志的直接领导下，又开始了新的战斗生活。

1. 转战东安。

东安市是伪满时的东安省省会，和佳木斯只有完达山之隔，南和苏联交界，牡丹江市、佳木斯市、东安市鼎足而立。这三个地区如果能很快巩固起来，哈尔滨以东地区，就成为背靠苏联的极好战略后方。该地区是日军溃退以后，苏军在8月中旬占领的。在我们没进入时，东安以高金声孙福臣、郭清典为首组成了"东安临时省政府，中央军东安地区保安总队"。该总队共6个大队，高为总队长，孙福臣为副队长，郭清典为参谋长兼一大队长。各大队实际各干各的，谁也指挥不了谁。全队共约2 800人，有轻重机枪和平射炮，活动在东安北五道岗和黑台一带。二大队芦俊堂700多人，活动在虎林县的杨岗、兴凯及密山县城。三大队杨世范约600人，活动在裴德一带，后在鸡西以东的东海、平阳镇一带。四大队曹本初500多人，活动在三梭通、知一一带。五大队王希武150多人，活动在二人班一带。六大队赖明发500多人，活动在半截河一带。还有东安市公安队长祁少武200多人。此外还有些惯匪、地主武装均活动在凤凰德、杨木岗、马家岗、白泡子一带。

苏军于1946年4月底从东安地区撤回国以后，东安、鸡西周围的土匪更加活跃猖狂，积极准备进攻城市和矿区。牡丹江军区三支队于4月初奉命从宁安地区进入鸡西。司令部和十七团4月6日到达鸡西。警卫团消灭朱家沟叛匪张德振后直接从朱家沟东进。经过梨树镇于4月8日到达鸡西。

行军到梨树镇时，偶遇匪徒郎亚彬约150人。警卫团的前卫营，正面以一个连逼近，另以一个连迂回敌后，敌见势不好，不战而向北逃跑，正面部队立即追击，迂回部队截击，结果俘敌30多人。这是东进初战。

1946年2月初，鸡西就有合江省工委派去的白如海同志和早去的陶宜民同志在开展工作并组建一支小的基本队伍，并有计划地解决了保安4个队，只用了两个月的时间就解决了市内的反动武装，建立了鸡西独立团，成立了政权，给三支队进入鸡西剿匪建立了立脚点。

2.奋战密山西部。

从平阳镇以东到东安的连珠山间都是保安总队匪徒所盘踞的地区。警卫团到达鸡西后马上奉命剿歼该区的土匪。为了加强警卫团的力量，决定把鸡西独立团4个连编入警卫团。由邵洪泽率领共500人补充到警卫团里，邵任警卫团副团长兼参谋长，吴美邦任警卫团政委、王鉴三、金镇浩为副政委，这样警卫团的领导力量和部队更加强了。

警卫团4月13日即开始执行清剿密山土匪的任务。从平阳镇出发第一仗就是攻袭盘踞在东海的杨世范匪徒100多人。由于初战，敌警觉性不高，并没想到我们会马上打他，所以中队长已于前两天回五道岗探亲去了，而在中队的匪徒们也毫无打仗的准备，因而在发生战斗时无人指挥。所以，战斗一开始，大部分人在被窝里就当了俘虏，不到一个小时就结束了战斗，所有匪徒全部就擒。

次日又以一个营乘胜进攻永安车站。守敌仍是杨世范的200多人。为防敌向黑台方向逃跑，在战斗一开始，首先以一个连从北山迂回到永安通黑台的路上伏截。战斗在下午2时开始，只进行一个小时，便俘敌60多人。其余全部向河南半截河逃跑了。

次日又以一个营，向哈达岗、八铺炕一带搜剿小股散匪，缴50多支步枪。

第三章 密山解放 剿灭残匪

在此期间，警卫团团部带两个营留驻永安车站时，突然在拂晓被黑台郭清典500多人偷袭。在天不亮时，我三营在通往黑台路上有一个连在小山上负责警戒任务。当时没有值班部队，只有哨兵，结果敌人偷摸到跟前，哨兵措手不及被打死，尹连长只带几个人出击当场牺牲，部队被敌人打垮，紧接着敌人直逼到永安车站。而两个营的驻地离团部稍远一些，敌人来得迅速逼近团部，幸好三连长陈文学同志带领一个排马上投入了战斗。为了应急和争取时间，我派李参谋驾驶一辆装甲汽车带一挺轻机枪，冲向敌左侧。李参谋见敌一群群向车站、团部进攻，马上从敌侧后用机枪猛扫，在敌完全暴露的侧翼，充分发挥了机枪的威力。这样敌人一见到刀枪不入的活动堡垒后，一下惊慌失措，狼狈逃窜。陈文学连长乘势直追到北山，活捉30人，缴步枪50多支。

16日拂晓，以两个营攻袭河南半截河敌人。由于河北连日来进行战斗，河南的敌人很警觉。结果战斗一打响，敌人就向二人班方向逃跑了，部队随即跟着追击，但无结果。当部队撤回时，敌人发觉我们的人不多，于是赖明发和祁少武匪徒就随后追来，警卫团一个营就退守在邢家大院等几个据点，利用邢家大院有利地形给进攻的敌人以大量杀伤，击毙敌人30多，我随即退回河北永安车站，敌人也随即重返回半截河。

河南敌人几天内没有受到打击，所以较河北敌人更敢于和我们对阵。因此，设法给敌以歼灭性的打击则是非常必要的。

为了便于次日拂晓全团出动，攻袭河南的敌人，我军采取上半夜袭扰和疲劳敌人的办法。韩星同志率领一个排执行此任务，同时还要摸清敌人现在大体驻地的位置。

穆棱河大桥南头有日伪时期留下的一个碉堡，敌人驻守一个排，这个桥头是我方攻袭敌人过河时最大的障碍，也是敌方警戒的最突出部分，故我方决定以该堡为袭击目标，但要尽可能同时扰乱半截河村。通桥的公路两旁有很深的枯草，且有路基作为掩蔽，天气又有风，有利于接近敌人。警卫排就是这样顺利地从碉堡的背面，偷偷过了河，碉堡里的敌人一点也没有发现。我军把所有的火力分两个方向（敌驻地和碉堡处）散开，机枪、步枪，手榴弹突然一齐开火，骤然枪声、爆炸声和喊杀声四起，夹杂着指挥部队的叫喊声："三营截击，二营四连跟着上"等，虚张声势。顿时，碉堡内的敌人还击枪声更密，驻地敌人以为我军已经向他们发起进攻了。敌人连忙把部队都拉了出来，到村东北山上，准备应战，而在村西的敌人也在不断地向外射击。这时警卫排对敌人大体驻地位置也摸清了，整个河南敌人都惊扰了，任务已经完成了，乘敌人还没有弄清我们究竟有多少部队的时候，警卫排已安全地返回河北了。

紧接着，我军展开部署，以两个连从桥头越到二人班方向堵截可能东逃的敌人，正面部队准备秘密摸掉碉堡的岗哨，如不得手，就以少数部队对付碉堡，其余进攻部队直接摸向敌村，在天亮前战斗开始了。敌人没有想到我们当夜会连续地出现在他们面前，碉堡的哨兵正打瞌睡，碉堡内的敌人也在熟睡，均在梦中就当了俘虏。这样攻袭村内的部队，就达到了偷袭的目的，给敌人一个措手不及，一点也没有招架之能力了，敌人蒙头转向，有的一枪没放就缴枪了。有的虽然就地进行抵抗，但是已经短兵相接，就近射击，就地投弹，终因大势已去，毙命而告终，一下歼灭200多人。

在密山和鸡西区间盘踞的匪徒中，没有受到警卫团的打击的、最为狡猾的，要算郭清典了。郭清典在该区诸匪中，在军事指挥上，有自己的长处，战术比较灵活。连日来在河南河北频繁的战斗，郭清典并没因离警卫团较远，而稍有疏忽，警惕性很高。所以袭击郭清典时，必须同时要防止他的反袭击，才能万无一失，因为他是有战术修养的人。

经过近20天和这一带匪徒们的接触较量，了解到匪徒的数量比警卫团多，而且他们多是地头蛇，地形民情都比我们熟，情报比我们快，导致我们往往几天弄不清敌人的行动。在捕捉或追击敌人时，一下就不知敌人去向了，每次战斗中，击溃战较多，也多是因情报不准而影响部署上的不周而致。

3.接收东安（密山）

鸡西市的苏军撤走后，三支队和地委已经接收了鸡西市，东安市的苏军也即将撤走。警卫团奉命接收，于22日进驻半截河，准备开赴东安。

1946年3月底东安地委派梁定商同志带几个干部先期去东安，依靠苏军进行工作，住在苏军司令部。

警卫团从半截河出发沿途没大的战斗，二人班、三梭通的敌人都被警卫团消灭，部队于4月25日进入东安市。

警卫团进入东安的当天，就和北大营苏军少校军官约定，第二天在北大营会谈。在会谈开始，我说明了这次进入东安的目的和任务后，要求苏方介绍一下东安地区的匪情、社会情况。卫戍司令详细地介绍完以后，对我们接收东安的力量表示满意。我向他提出三个要求，请他们给以支持和帮助。第一个要求是不要破坏北大营留下的设施，因我们部队来了还需要一个集中休整的地方，此地正是军队适合驻扎的地方。第二个要求是把高金声留给我们，不要放掉，免生后患。第三个要求是留给我们一些枪支弹药和汽油。第一个要求他们婉言谢绝了，并解释说，这是国内上级决定的，他做不了主，要求谅解。第二个问题他说已经决定了把高、孙二人带回国去，决不放掉，叫我们放心。第三个问题他原则同意，但需请求他们的上级再办理（此事后来给解决了）。

会谈之后，在北大营由他们宴请招待。自此后的第三天，苏军就撤走了。

苏军没撤走前和警卫团没进入东安时，东安反动势力很活跃，所谓的临时省政府还在，保安总队还在，虽有梁定商带几个干部依靠苏军在工作，但当时地方工作开展是很困难的。保安总队被苏军驱出去以后，工作好一点，但终因时间短，所以警卫团一进东安，就处在混乱的情况下。面对如此多的困难，特别感到无群众支持，对社会情况和匪情不了解，更感其苦。

虎林独立团的常永年，在我们住在永安一带剿匪时，他从鸡西司令部回来路过我团，我和他见过面。他当时要求警卫团去部分人接收虎林。这样他在虎林就可以减轻担子，因虎林苏军不久是要撤走的。他对虎林控制没有把握，很怕土匪去打虎林。我当时说，等警卫团接收东安时再说，目前去不了。当警卫团一进入东安后，常永年就带一个连去找我，要求警卫团去接收虎林，哪怕去一部分也好，要求很迫切。我说从地理位置上看，东安市重要而且影响大。从形势上说，东安紧张，土匪多集中在东安和鸡西附近，他们首先的企图是要攻占这两个城的。虎林苏军虽已走了，只要警卫团在东安，土匪就不敢去那个狭窄而又空旷的地区。目前土匪正在准备要攻打东安和鸡西。只要东安保住，虎林就安全，有独立团在那里维持就没有风险的，即使有事时，警卫团可以随时策应的，有你们在虎林，警卫团的后边还有个依托。我的意见是目前东安应该加强。如果独立团能够来东安一部分人配合警卫团行动，则是两利的。从此常永年就带一个连在东安，不久后增加到一个营的兵力，其他部队仍在虎林。

4.东安保卫战。

苏军撤走后，进攻各战略要城，这是匪徒们日夜念念不忘的打算。活动在勃利地区的谢文东匪徒认为时机已到，于5月上旬流窜到鸡西以东的半截河、平阳镇一带和东安保安总队郭清典等六七股土匪结合在一起。为了统一行动攻打东安，组成了一个联合指挥部，由谢文东任总指挥，郭清典任副总指挥。

宝清是保安队俞殿昌200多人，同时南进占据了东安以东通往虎林公路上的兴凯，这样就对东安构成了包围之势。匪势大振，战云密布，妄图进占东安、鸡西，以控制林口以东广大地区。而警卫团从此和鸡西司令部的联系也被切断。

在谢文东联合指挥部的指挥下，在5月15日就分别同时攻打鸡西和东安，使三支队首尾不能相顾，不能应援。

郭清典、芦俊堂、曹大架子、祁少武等1 700多人于5月15日拂晓开始向东安进攻，郭清典、芦俊堂两匪分别向东安正西和西南进攻。警卫团以两个营防守西面。虎林独立团在东北监视裴德、兴凯方向，郭清典的指挥所在东安西面的最高山上连珠山主峰（莫合山），警卫团的指挥所在北大营和日本神社之间的破房框内。炮兵阵地在北大营的西北角小石山后。

东安西冈上都是伪满时日军军营的破房框子，一直伸到密山西，地段很隐蔽，有利于敌人接近，不利于我们监视敌人，特别西山制高点是敌人的指挥所，能够俯瞰全东安市，因而我们部队的运动和部署多为敌人所掌握。

天刚亮时，敌人开始进攻，主要方向是西南，因那里离街里近。其次是日本神社，这里较隐蔽，易于接近。两个地方均遭敌人连续两次地冲击，枪声一阵紧似一阵。为了使我阵地内行动自由、隐蔽，必须消灭西山上的敌人指挥所。于是我军集中4门迫击炮一齐发射，连续十几发炮弹全部落到敌指挥所的人群里。特别是炮手李根深同志百发百中，炸得敌群一下开了花，四处逃散，立时山上渺无人踪。接着敌人又发起进攻高潮，二营五连面前的敌人已冲到阵前，该连从敌左侧来个反突击，敌人调头就跑，正面用火力追击，一下打垮了敌人的冲击。而日本神社方向枪声又紧张起来，正在交战中，突然有十几人利用破房框子，悄悄摸到团指挥所。当听到脚步声时，我伸头一望，一颗子弹从耳边掠过，警卫排随即出击，敌人已来不及跑了，当场全部被消灭。

此时战斗已进行到中午，盘踞在兴凯的宝清俞殿昌匪徒一直没有动，看来东北方向威胁不大。于是赵桂连营长带着一营从北边飞机场南迁回到西边进攻敌人的侧后，他在极为不利的开阔地地形下，直捣敌后，在敌后打响了信号枪。这是赵桂连向我正面防守部队发出全线出击的号令。于是正面部队全线出击，这样敌人受到前后夹击，一下全线动摇，终于向西狼狈溃退，侧击部队的一营变成了截击部队。在正面追击部队的配合下，直追到连珠山以西，于下午4时结束了战斗。共俘敌80多人，击毙50多人，缴轻机枪2挺，步枪103支。我伤亡战士30多人，胜利地保卫了东安。

与此同时，鸡西方面也传来捷报，匪徒们欲攻下东安、鸡西两个城市的幻想宣告破灭。两个要城已被三支队胜利地保卫住了。这个胜利对建立北满东部根据地的意义很大，如果两地失守为土匪所占据，建立这块根据地必然要推迟，而且也将大大影响牡丹江、佳木斯整个战略后方的建立。这次胜利的保卫战，不论在政治上，军事上，还是战略上都有一定的意义。

5.解放东安、宝清。

警卫团回到鸡西后，制定了剿匪的统一部署：第一个目标是解放东安，三五九旅（两个团）沿铁路向东进剿，警卫团在穆棱河南沿公路向东安进发。两路在东安会合。第二个目标是宝清，于6月21日上午出发，警卫团在南路，沿途的敌人已跑光了，一路畅通无阻。于22日南北合击部队均进入东安市，一枪没放就解放了东安。

第三章 密山解放 剿灭残匪

合击部队在东安休息了一天后，就按原计划继续向宝清进剿，三五九旅在前，警卫团在后，穿过茂密的森林，越过完达的无人区，直到宝清南的龙头桥时，突然遭到迎面山上敌人的阻击。三五九旅的先头部队派一个班摸上山去，一顿手榴弹打得敌人无影无踪，随即于月底解放了宝清城。

解放宝清城后，三五九旅就在宝清城驻扎了，而警卫团在城内休息一天后就去七星泡进剿。这次行动，东安以西的敌人，实际早已察觉我军的意图，所以在我们出击前，就向各地逃跑了。大部分从东安向五道岗，从黑台向金沙方向逃跑到七台河以东，小部分窜到滴道以北地区。宝清敌人经七星泡向西钻进山林，也溃散一部分回家了。从此东安地区的大股土匪，就算肃清了。三五九旅于9月撤离东安地区。

7月，东北局的工作团进驻东安，经过一段准备时间，首先在平阳镇、半截河、鸡宁开始了反奸清算发动群众的试点工作。

北满东部根据地的建设，对东北战争的全局关系很大，对我党我军在东北斗争的成败，是举足轻重的。我们团能始终参加这场建立革命根据地的艰苦斗争感到光荣。从而体会到：

第一，东北民主联军第三支队，先在宁安地区，后到东安地区，在北满分局和张闻天同志的直接领导下，配合兄弟部队协同作战，胜利地完成了剿匪任务。建立了牡丹江、合江（佳木斯）等根据地，贯彻了党中央"建立巩固的东北根据地"的决定。因而从被动局面，转为主动局面，支援了全国解放战争。正当蒋介石撕毁东北停战协定，大举进攻东北，向吉林长春推进时，东安地区土匪妄图控制牡丹江以东地区。而第三支队却保卫了东安和鸡西两个边境城市，保卫了东安地区这块阵地。在一年多时间内，警卫团就歼灭和打击了大股土匪势力，毙敌2 500多，俘敌3 500多人。缴炮4门，重机枪6挺，轻机枪

12挺，步枪4 900多支，战马80多匹，缴电台3个。我们用浴血的战斗，为发动群众，打击日伪封建残余势力，解决土地问题，建立人民政权扫清了障碍。

第二，战斗根据地的建成，最根本的是党中央和改组后的东北局，北满分局的战略方针和政策的正确。从1946年1月开始，贯彻了这一正确方针，才转变了这个地区1945年12月以前的险恶形势，变被动为主动，由处处挨打变为主动进攻。毛主席早有论述"在中国，离开了武装斗争，就没有无产阶级共产党的地位，就不能完成任何革命任务"。创建根据地，按发展规律，必须经过三个阶段：第一阶段是建立自己的军队，否则是空谈。第二阶段，解决土地问题，发动群众，组织群众。第三阶段，建立政权，组织生产，支援战争。1946年1月北满分局就是首先建立基本武装，并抽调部分主力剿匪，然后通过反奸清算，打击日伪残余势力，进一步解决土地问题，发动群众，建立了政权。

第三，在东安地区，剿匪指挥上犯了两个拳头打人的毛病。把警卫团和十七团自始至终都是分散使用，这是很大的失误。如果把两个团集中起来，一股一股地吃掉敌人，是完全可以办到的。结果只有警卫团对付鸡西、东安之间的大股土匪。后来，又把警卫团和十七团分别定在东安和鸡西两市内，东西行动互相不配合，各自为战。所以谢文东、郭清典两个大土匪头目就联合起来，一个打东安，一个打鸡西，使三支队首尾不相顾。这是自己束缚自己的结果，以致拖延了歼灭土匪的时间。

第四，警卫团剿匪能胜利完成任务，和部队政治素质好，有良好的作风分不开；和有顽强战斗，有勇于牺牲精神的指战员分不开的。如陈文学同志，原是东北抗日联军第四军一团的作战参谋，他于1941年日军扫荡时，在一面坡山沟被日军包围，为掩护部队突围,身负重伤。1945年以后,他参加警卫团任三连连长。他在剿匪的历次战斗中,英勇顽强,特别是在老庙和黑台战斗中,他带队像尖刀一样插入敌人心脏,决定了敌人被歼的命运,体现了智勇双全的基层指挥员的本色。

一营长赵桂连是1945年参加革命的新干部,是宁安人。开始他自己组织了一个小部队,编入了警卫团。他作战勇猛,再艰难的任务也敢于承担。他领导的一营是全团的主力,对于他的牺牲我至今深感痛心。由于当年战事频繁,未有档案,致使他成为无名英雄,无名烈士。为此,我感到内疚。我希望政府能有个补救的措施,以抚后人,以慰死者。

黄绍臣同志是我团侦通连骑兵排副排长。他勇敢、灵活、机警,经常单独去执行机要任务。一次到东安团部送信,在白泡子、杨木岗一带行进时,遇到5名敌骑兵,他躲到小村里,利用地形隐蔽起来,等敌人接近,立即射击,打死1人,又上马追击打死2人,缴步枪2支,手枪1支,马3匹。又一次,他在杨木岗以东单独执行任务时,又和几名敌人相遇,他毫不犹豫,立即下马战斗,凭他准确的射击技术,连续击毙3人,吓得敌人抱头鼠窜。

另外,如三营连长李广源、九连副连长王永亮、十一连连长蔡昌玉等,都是身先士卒的勇士。警卫团剿匪的胜利,与他们的付出是分不开的。

在剿匪中,指战员发扬了连续作战的优良作风。这是无产阶级革命者顽强战斗意志的表现。部队多次战斗,特别是突击行动,都能按计划进行,保证了剿匪战斗的胜利。

剿匪战斗中,困难重重,指战员都未被困难吓倒,而是创造条件,克服困难。日本侵略者占领东北14年,东北经济凋零,物资奇缺,供应困难。在地广人稀,天寒地冻的恶劣气候下,剿匪战斗频繁。战士们长年在深山老林里追剿匪徒,常常是衣不遮体，寒不御风，忍饥受饿。但是战士们没有退缩，依旧不分春夏秋冬，风雪无阻地和敌人拼杀。我们的部队没有被敌人拖垮，没有被困难压倒，而是越战越强，越打越多。

这支人民的军队，之所以这样顽强，不怕疲劳，不怕艰苦，不怕牺牲，是因为：

第一，有共产党的坚强领导，有细致的政治工作，有老干部的言传身教。虽然连续战斗，但是我们利用一切空闲时间进行政治思想教育，提高指战员的思想觉悟，培养优良作风。

第二，执行党的各项政策，特别是俘虏政策，群众纪律，少数民族政策。这些都在剿匪中显示了无穷的力量。

第三，机动灵活的战略战术。对敌人军事上打击，政治上瓦解，双管齐下。战术上积极防御，主动出击、伏击、偷袭、强攻、围剿，因地制宜，多种战术配合使用，最终取得剿匪斗争的彻底胜利。

郭清典的溃灭
——记九七部队东安剿匪之战
郑文翰

1. 战斗前。

6月20日，这是一个酷热的夏日！虽然是坐火车，但每个人仍然热得浑身流汗；车到永安站便停止了，因为下一站黑台已是郭清典"胡子"的前哨阵地。

战士们纷纷下了车，散在附近的大小树丛里，躲避那如火的炎阳！直等到副官分好了房子，才一批一批地进入宿营地。

刘旅长召开了营以上干部会议。会上听了当地驻军首长的报告。报告说以郭清典为首的匪徒，共约3 000人，盘踞在东安、密山两城及其附近一带农村。他们拥有山炮、野炮、平射炮等重武器共约20门，汽车10余辆，火车头2个，火车1列，其他轻重机枪及步马枪都是日造，配备相当齐全，炮弹子弹的储藏也极为丰富。最近又纠集了惯匪谢文东，带有骑兵600余，极为凶悍。

大家听了纷纷议论着："这一下可有些'洋财'（军队中把敌人的武器惯称为洋财）发了。"有的担心地说："别又跑了啊！别又扑了空。"

刘旅长最后宣布了他的作战计划。

"估计敌人在我军正面痛击下，一定溃退逃跑，所以这一次要以主力一部迂回到敌人退路上……×团即担任这个任务……迂回部队必须在明天晚上赶到裴德一线。"他按着地图说："敌人的撤退只有一个方向，就是到宝清去，占领了裴德就必定能把撤退的敌人全部消灭。"

"到裴德多远呢？"一个着急的同志发问了。"从正面顺铁路走大概120里，要是拉荒道，恐怕会有180里吧！"一个熟悉地形的当地驻军参谋说。

"怎么怕路远？"刘旅长转向发问的那个同志。

"不！"他急忙辩解道："路远倒不怕，只是天气太热，路上又没村子……加上战士们鞋子都破啦……"

"那怕什么？反正只一天的时间，再苦也熬得过……"

"今天回去轻轻装，准备好干粮，再鼓动一下能行……"

在大家的讨论中，一切困难都不怕，大家的心都为胜利的期望所鼓舞，而忘记了其他的一切。

傍晚的时候，天气变得凉快了些，战士们各自准备着自己的行装，又进行着各种会议，一个偏僻的山沟，呈现着非常活跃的气氛。这里南面距离国境只有30里，除铁路线外，很少有村庄，到处都是潮湿的草甸子，蚊子的嗡嗡声不绝于耳，炕上炕下又是跳蚤统治的世界……

但微风仍然送来了战士们愉快的歌声——

"为国为民，千辛万苦，南征北战……"

2.艰苦紧张的一天。

鸡还没有叫，部队就在黑暗中悄悄地起了床，马马虎虎吃了些饭，便集合出发了。

天上没有月亮，只是满天星星，清凉的夜的气息使人感到非常舒适。可是哪里来了这样多的蚊子呢？是这里的蚊子整夜不休息呢？还是战士们走动惊醒了它们？总之，它们到处向人攻击，脸上、耳朵上、手上、脚面上、脚趾上……在队列里到处响着手巾扑打蚊子的声音，没有手巾的只得用自己的手狠狠地打着自己的脸、自己的耳朵、自己的身子……

所谓"拉荒道"实际上就是没有道。前面尖兵跟着向导走，后面的部队必须一个接一个跟着走，否则掉了队便无法跟上去。黑暗中只能约略感到是在一条山沟中行走，等到天亮时，才发现战士们钻入了丛山环抱荒草弥漫的深谷中。

谷里没有溪流，也没有树林，只是一片深可没膝的青草，草底浸润着湿湿的黑泥。夏天的太阳升起了，热气蒸发着，人走着喘着。汗从脸上、背上流着，子弹带、手榴弹袋也都浸透了。

谁都想看一看激流的清水，但这些谷里竟连一片淤污的小池也没有。热和渴熬煎着人们，谷的尽处横着一个不大不小的山岭。

满山密布着大大小小的丛林，要想通过它，必须先用两手拨开那横阻在人们面前的杂乱枝干；然而当人刚放手挤身子时，它们却又横七竖八地挡住枪支或扎住皮带，甚至钻进穿破了的鞋子里，挣脱它又得费一番功夫。但这样斗争的结果，人们脸上、耳朵上或手上便出现了一条条殷红的血纹，在污浊的汗流浸润下，味道怪不好受的。

过了山林，却也解决了一个困难。战士们折了不少阔叶的树枝，有的插在领子里，有的用手举在头上，用来遮挡那愈来愈毒的太阳，有的还用一束小枝当扇子来扇动一下那热辣辣的气流，得到些许凉意。

走完了谷，就翻山，爬下了山又钻谷，等到将近中午时，战士们已通过了5条谷，翻了4座山。向导说："走了大概70公里，山的右边便是黑台！"大家精神不由得便是一振，因为已进入了匪区。

继续行进，又行约20里，天空慢慢布上了黑云，远处又传来了隐约的雷声，空气逐渐凉快了些。大家心里都在想：下场小雨好，凉快一下吧！

当爬到一座漫长的横岭上时，团部下了休息的命令。大家散坐在山坡草地上，吃着用纸包来的冷米饭。这时乌云一层一层愈来愈浓了，远山头上已挂起了白茫茫雨幕，那雨幕随着一阵冷风，漫山遍野而来，速度是那么快！霎时间在一阵狂风后，落下了一阵急骤的大雨，不到一分钟的光景，每个人从头至脚都给淋得湿透了。

狂风暴雨中，山头的哨兵来报告情况，山右边沟里发现了大队骑兵，大概进攻正面的×团，已经击溃了敌人，敌人在向东安方向撤退了。

收到出击的命令后，战士们飞快地奔下山坡，卷入狂风暴雨中，在机枪的猛烈火力掩护下冲下去！

骑兵的队形散乱了，接着把马匹也丢弃了。敌人仓皇地爬上一道山岭，躲在一些早已挖好的工事里射击我军战士。

我方以一个营的兵力进攻敌人。敌人的后援也赶到了，还用汽车运来了几门山炮。他们想以炮火的威力吓倒我军战士，炮弹轰隆轰隆地爆炸在山头，爆炸在谷底，而且接连不断地射击。

可是战士们听到了，却带着不屑的神情，笑道："美国炮弹都不怕，谁还怕你这两下？一定夺过大炮来！"

大家进攻的热情更高了。这时急雨已过，天气清凉，战士们用散开的队形，一路爬上敌人占着的山。敌人到底胆小，不等尝尝手榴弹的滋味，就溜之大吉了。

于是追呀！猛烈地追，一个山头一个山头地追！敌匪用汽车拉着大炮不断地轰，轻重机枪不断地扫……我军却以迅速的动作，勇猛地追！

另外的两个营，利用这个时间找了个小村子，喝了些水，吃了点饭。战士们急促地谈论着："再不迅速行动，土匪一定要跑了。"为了超越敌人，断敌后路，大家以急行军的速度出发了。

虽然仍是"拉荒道"，但可喜的是树林已不太密，雨后的清凉又安抚了人们的情绪，加上渴求追到敌人的心绪的鼓舞，谁都没有怨言，谁也不喊疲劳。50里地的荒道，只用4个钟头的时间就完成了，并且没有一个掉队的。

傍晚时分，战士们便走完了荒道，迂回到东安市的东北方，踏上了由东安到宝清的公路。

正面的进攻还在激烈地进行着。炮声隆隆不绝，好像在进行着一场大战！

大概是午后7时了，天空上已闪出了最初的几颗明星。首长决定留一个营在东安通宝清的公路上伏击敌人；另一个营必须继续行进，晚10时前绕道到达裴德，阻击可能逃出的一切土匪，最后消灭他们，因为那是最后一个卡子。

现在虽然是行走在这宽敞的公路上，但是天空已被乌云遮住，天暗得没有一点光明。疲倦的人们再也抖不起精神了，静静的、闷沉沉的，队列时不时发生因瞌睡而相互碰着的情形，两条腿像是拖上了千斤重的铁球，每抬一步就得费很大的力气，一些身体弱些的同志,便不得已而掉队了。走了将近一个钟头,问问向导,说才走了6里地,而到达裴德还有30多里呢!

"咳!看,汽车!"是谁首先发现了,小声地嘀咕着。可是不到一会,大家都看到了,在大家的右边,远远的黑暗中闪着一点、二点、三点……一串豆样大的灯光,像荒冢中的鬼火一样,迅速地向前跳动着,向大家同一方向行进!

大家马上就提起精神来了,像打了兴奋剂一样。疲劳的脚步变得有力了,几乎要零乱的队伍,立刻变得严整了。战士们小声的议论增多了。

"哼!今天咱们得跟汽车赛赛跑!"

一会,跳动着的灯光的行列,突然停止了,只有领头的两个灯光,仍然向前跳动,灯光一闪一闪地,像是在探索什么。战士们一下都猜着了:"这是两个侦察的!"

突然跳动着的灯光熄灭了。

接着一排手榴弹爆炸声清晰地传来。大家都不由得高叫着:"三连打上了,咱们赶快走啊!别叫汽车跑了!"

不知哪里来的力量,这时队伍好像刚刚出发时一样有劲儿。谁也不知道疲倦,腿上的沉重的铁球,眼皮里顽固的瞌睡虫,都给这排手榴弹的响声轰跑了。只听得脚踏碎沙石的公路发出沙沙的声来。这一支在黎明出发到如今已走了160里路的队伍,正以紧张振奋的精神在黔黑的夜色里,突击最后的20里行程!终于在夜晚10时到达了裴德。

当大家刚把队伍布置在公路两旁时,排长张国带领的前哨,便捉来了3个"胡子"。他们是从东安散乱跑出来的,那时我们的哨兵正潜伏在公路旁的水沟里。当他们在黑暗里悄悄前进时,突然被一句低微的可是非常严峻的声音所吓住了:"站住!举起手!"于是他们就这样无声息地被捕捉了。

张国把这3个人送到指挥所后，就又悄悄地带着哨兵再次伏在路旁的水沟里。黑暗里听到有自行车在公路上骑行的声音，哨兵突然从沟里跳出，急促地发着命令："站住！不要动！"骑在车上的人几乎是撞下来的，车子歪扔在路上，黑暗里隐约看得见高举着两个手影。

不到半点钟，我们的哨兵就这样一枪不响地捉到20多名。从俘虏的口里知道有一批400多人的匪队正向这个方向逃来。还有两辆汽车拉了1门野炮，牲畜驮着5门迫击炮……

根据这种情况，部队重新布置了一下：一连转到裴德村里埋伏；二连在另一个敌人可能逃走的路口埋伏；留在公路要冲的只有三连和机枪连的一部。

前面的哨兵不断地捉到敌人。时间一分一秒的滑过去。等了有一个多钟头了，还不见大股土匪的踪影，也看不到汽车的灯光，好多战士疲倦得早已横倒在沟里，呼呼地入睡了。

忽然从远处山角跳出了两点灯光，在黑暗的夜色里颤抖着，走走停停，停停走走，缓慢的速度真使人着急。排班长们小声叫着，用手拉着、用脚踢着……总算把沉睡中的战士们给唤醒了。当大家一知道有敌情时，立即振作了精神，驱逐了疲劳，摸摸枪，摸摸手榴弹，准备着这次将来到的厮杀。

"哪一个？"黑暗里传来了前面哨兵的喊声。"三大队的，你们是哪一部分？"对方的声音。"二大队的，过来吧！"踉踉跄跄地过来一小队，17个人，到了前面却看见了闪亮的利刀，一愣。"不要动！悄悄地跟着来！"17个人莫名其妙地被圈在一所破残的房垣里。

灯光越来越亮，而且听到了汽车马达的吼声。可是，灯突然关了，马达的响声也随之停止了。

"一定是下了汽车来侦察。"战士们想着，一面都将手榴弹的盖子揭去了。"轰——"哨兵那里响了手榴弹的爆炸声,红色的火焰在暗夜中闪了一闪。接着听到了劈劈啪啪的步枪声,人们杂乱的脚步声,马的嘶声,大车轮滚转声……副连长王林虎带着4个班,一阵风似的扑向敌群。机关枪响了,手榴弹爆炸了。

"别打了!交枪交枪!"土匪们惊慌地叫着,黑夜里一个个高举着两手,战战兢兢地走过来。

另一个地方被打散的"胡子"在集合队伍,高声叫着:"四大队的集合!"

"来这里集合!来这里集合!四大队在这里"我们的战士高声叫着。

果然来了,零乱的惊慌的人群3个5个地跑过来。互相询问着:"四大队在哪里?""在这里,来吧!"我们的战士回答着。黑暗里怎能分得清?等到来跟前才发觉周围都是端着的刺刀,没说的,干脆地缴了枪!

11个人,7支步枪,1支短枪,又悄悄地被缴了过来。

不知什么时候,东方的天空已经偷偷地泛出了鱼白色,只有几颗星在闪动,沸腾的夜已经过去了!

3.胜利的早晨。

这是一个胜利的早晨,初升的太阳明亮地普照着大地。裴德附近的青山、丛树、绿草,都闪着耀眼的光辉!

战士们三五成群地搜索着一丛丛的矮树,一幢幢的破房。这里搜到了一支枪,那里捉到了一个人,那里又牵来了一匹马……步枪、机枪、小炮、各种口径子弹,一堆堆地乱七八糟地堆在裴德车站秃破的站台上。

公路上停着两辆载重汽车,一辆载着大轮子的野炮,一辆载着稍微矮小些的日造山炮。炮弹填满了车板上的空隙,5门日造迫击炮也从大车上抬来了,250个俘虏被关在一个个小房里。

裴德村里的老百姓用稀奇的眼光打量着战士们,因为他们身边围绕着成堆的枪弹,围绕着成群的俘虏……

一会儿传来了消息:三营昨夜打了两辆汽车,打死敌匪20余,缴山炮2门。

一会儿传来了消息:进攻正面的×团歼敌一部后,已于昨夜解放东安、密山两城,敌匪抛弃全部武器及辎重狼狈溃退,我军正在猛追中。

这个承袭敌伪残余势力,联合惯匪土劣,以横暴统治着东安人民将近一年的郭清典就这样溃灭了!而战士们用的时间只是24小时!

(载《东北文艺》第二期1947年1月1日原件藏辽宁省图书馆)

五、主要人物介绍

(一)中共东安地委书记吴亮平

吴亮平(又名吴黎平、吴仁衡)同志,1908年出生于浙江奉化一个清贫的知识分子家庭。1922年先后就读于厦门大学、上海大厦大学经济系,"五卅"运动中,他参加了领导学生运动的工作,任上海市学联总务部长,恽代英同志亲自介绍他加入共青团组织。1925年,党组织派吴亮平同志到莫斯科中山大学学习。1927年由张闻天同志介绍加入中国共产党。在此期间,他和张闻天等人合译了《法兰西内战》《国家与革命》等马列著作,并独立翻译了《社会主义从空想到科学的发展》,在翻译和传播马克思主义著作方面做出了重要贡献。1929年回国后,吴亮平同志被分配在党中央宣传部主编《环球》周刊,编写了《社会主义史》《辩证唯物论和唯物史观》等介绍马克思主义哲学和科学社会主义原理的通俗读物,并作为中宣部的代表指导中央文化工作委员会的工作，和潘汉年等做了大量团结进步知识分子的工作，推动了"左翼作家联盟"和"社会科学家联盟"等进步团体的成立。1930年他被王明打击撤职后，在险恶的环境中翻译了《反杜林论》，首次把这部马克思主义的重要著作介绍给中国人民，吴亮平同志学识渊博，精通英、俄、德文，是我国最早的马列主义翻译工作者之一。毛泽东同志对他做出的杰出成绩曾给予"其功不下于大禹治水"的高度评价。

  1930年吴亮平同志被捕入狱，在狱中他坚贞不屈，团结难友同敌人进行了英勇的斗争。1932年他出狱后，来到中央革命根据地瑞金，先后任红军学校政治部宣传部长，中华苏维埃共和国中央政府国民经济部副部长、部长。1934年10月吴亮平同志随中央红军，先后任红一军团地方工作部部长，红三军团宣传部长和中央纵队秘书长。他积极宣传遵义会议精神，反对分裂主义。到延安后，任苏区中央局宣传部长、中央宣传部副部长等职。1936年7月，吴亮平同志负责接待美国进步记者斯诺访问陕北根据地，并担任了毛泽东同志同斯诺谈话的翻译。1937年11月，王明利用职权再次撤销了吴亮平同志的领导职务之后，吴亮平同志任《解放》周刊责任编辑，在此期间，他先后撰写了《论民族民主革命》一书及70余篇文章，宣传党的抗日民族统一战线的方针、策略。他与艾思奇同志合著的《唯物史观》，对于教育抗日青年树立无产阶级世界观起到了促进作用。他与艾思奇等人合写的《思想方法的革命》一书曾被选为整风学习的必读文件之一。他还在抗大、中央党校、马列学院和陕北公学讲授马列主义课程。1941年，任弼时同志代表党中央推翻了王明诬陷不实之词，对吴亮平同志与王明长期斗争做出正确结论，指出吴亮平同志的"革命立场是坚定的"，并通知他当选为党的"七大"代表。出席"七大"

以后，吴亮平同志奔赴东北解放区工作，毛泽东同志特地为他饯行，席间对他说："你对革命是忠诚的，工作是积极的。"给了他充分的肯定和鼓励。到东北后，曾任中共抚顺地委书记，中共东安地委书记、军分区政委，东安市卫戍司令部司令员兼政委，是我党创建东安根据地的主要领导人。全国解放后，吴亮平同志先后任华东局企业管理委员会副书记，中央财委组长，化工部副部长，国家经委委员等职。"文革"期间吴亮平同志与"四人帮"进行了坚决斗争。吴亮平同志恢复工作以后，先后担任中国科学院哲学社会科学部（后来的中国社会科学院）领导小组成员、中共中央党校顾问、当选为五届全国政协常务委员，中共中央顾问委员会委员、中央党史资料征集委员会顾问、全国历史唯物主义学会、中共党史人物研究会等学术组织的顾问。他接待了大量采访调查，并经常应邀作演讲报告。在他逝世的前几天还抱病参加党的十二届六中全会，并作了书面发言。

吴亮平同志在患病后，还相约原东安地区土改工作团团长陈伯村同志，待病好后一起来黑龙江省原东安地区做些调查，看看这里的变化。由于健康一直没有恢复，没能亲眼看看当年领导创建的根据地的巨大变化，就于1986年10月病逝。他曾经在一篇文章中谦虚地说："如果说我们在东安地区取得了一点小小成绩的话，那么这大部分是得益于闻天同志的教育领导。"他曲折坎坷而又光彩照人的一生和我们党的奋斗历程紧紧地连在一起，党中央给了他很高的评价。人民没有忘记他，也没有辜负这位老一辈革命家的期望，东安地区的人民将永远怀念他。

（二）三五九旅旅长刘转连

刘转连，1912年生，湖南省茶陵县人。1930年加入中国共产主义青年团，同年参加中国工农红军并转入中国共产党。土地革命战争时期,任湘东南独立师第三团班长、排长,红八军第二十三师三团连长,红六军团第十七师营长,第四十九团团长,第十七师参谋长、师长,红二方面军第六军模范师师长。参加了长征。抗日战争时期,任八路军一二〇师三五九旅七一七团团长、旅参谋长,南下第二支队司令员,三五九旅旅长,是我军解放密山地区的总指挥,后任东北民主联军第十纵队二十九师师长兼合江军区副司令员,第四野战军四十八军副军长。中华人民共和国成立后,任第十五兵团军长兼赣西南军区司令员、军长兼粤东军区司令员,旅大警备区司令员,沈阳军区副司令员、顾问。1955年被授予中将军衔。是中国人民政治协商会议第五届全国委员会委员,中国共产党第七次全国代表大会代表。在中共第十二次全国代表大会上被选为中央顾问委员会委员。1988年7月被中共中央军委授予一级红星功勋荣誉章。

(三)三五九旅政委晏福生

晏福生,中国共产党的优秀党员、中国人民解放军中将。1904年生,湖南醴陵人。1923年参加安源煤矿工人运动。1927年加入中国共产党。1928年参加中国工农红军。第二次国内革命战争时期,曾任团政委、红六军团第十八师政委等。参加了二万五千里长征。抗日战争时期,历任陕甘宁留守兵团警备第一旅兼关中军分区副政委,八路军南下第二支队政委等。参加了南泥湾大生产运动。解放战争时期,任东北人民解放军三五九旅政委,是解放密山的主要军事领导人之一,后任独立一师政委等。曾参与指挥辽沈战役的黑山阻击战。新中国成立后,领导湘西剿匪和民兵工作。是中共第七次、第八次和第十二次全国代表大会代表,中共中央纪律检查委员会委员,中国人民解放军广州军区顾问,中国人民政治协商会议第四至第五届全国委员会委员等。1984年4月7日在广州病逝。

（四）三五九旅副旅长谭友林

谭友林，湖北省江陵县人，1916年生，1930年加入中国共产主义青年团，同年参加中国工农红军。1930年由团转入中国共产党。土地革命战争时期，任红三军政治部青年干事，独立营政治委员，第六师十七团政治委员，红二军团第五师政治委员。参加了长征。抗日战争时期，任新四军第四支队竹沟留守处教导队队长兼政治委员，豫东游击支队政治部副主任，第二团政治委员，新四军第六支队三总队政治委员，第四师六旅旅长。解放战争时期，任松江军区哈北军分区司令员，东北人民自治军第三五九旅副旅长，率部在东安地区作战，是解放密山的主要军事指挥员之一，后任东北民主联军第十二纵队三十四师政治委员，第四野战军三十九军副军长。中华人民共和国成立后，任中国人民志愿军副军长，东北军区公安部队副司令员、工程兵副司令员，新疆军区副司令员、副政治委员，乌鲁木齐军区政治委员，兰州军区政治委员。1955年被授予少将军衔。是第五届全国人民代表大会代表，中国共产党第七、八次全国代表大会代表，第十二届中央委员，1985年在中国共产党全国代表大会上增选为中央顾问委员会委员。1988年7月被中共中央军委授予一级红星功勋荣誉章。

（五）东安军分区司令员谭文帮

谭文帮，湖南茶陵县人，1909年生，1929年12月加入共产主义青年团，1932年8月参加中国工农红军并加入中国共产党。土地革命战争时期，历任学员、干事、教导员、团副政委兼政治部主任、政委等职。参加了中央苏区第五次反"围剿"和举世闻名的二万五千里长征。抗日战争时期，先后担任河北省平山县游击支队司令员，八路军一二〇师三五九旅政治部组织科长，七一七团政治处主任、政委，雁北支队政委等职。参加了"百团大战"等战役，出色地完成了战斗任务。1945年4月，光荣出席了中国共产党第七次全国代表大会。

抗日战争胜利后,被党派往东北任牡丹江军区副政委,三支队政委,东安军分区司令员。1946年4月初率牡丹江军区三支队警卫团、十七团到达东安地区清剿土匪,1946年6月20日起参与指挥了解放密山地区作战,是解放密山的军事指挥员之一。密山地区解放后率部完成了清剿残匪的任务,为发展县、区人民武装、征集兵员支援前线、人民政权的巩固做出了重要贡献。后任四十二军一二五师政委等职,曾率部队参加辽沈战役和平津战役,战斗中作战勇敢,指挥果断。1950年冬参加抗美援朝战争,任四十二军一二五师政委、四十二军政治部副主任等职,参加和指挥了数次战役,曾荣获朝鲜民主主义人民共和国二级国旗勋章一枚,二级自由独立勋章一枚。1953年回国到中南军区高级干部文化速成学校、军事学院学习,后任广州军区炮兵政委、湖南省军区政委、中共湖南省委常委等职。1955年被授予少将军衔,荣获二级八一勋章、二级独立自由勋章、一级解放勋章。后任湖南省军区顾问(副兵团职待遇)。1987年8月30日在广州逝世,终年78岁。

(六)东安军区副司令员杜国平

杜国平,1904年生于湖北省广济县。1929年参加中国工农红军。1931年加入中国共产党。土地革命战争时期,任红四军第二十九团排长,第二十八团连指导员,第三十四团营政治委员,第三十六团参谋长。参加了长征。抗日战争时期,任新四军江北游击纵队参谋长,第四支队特务团团长,第四旅十二团团长,淮南军区津浦路西军分区参谋长。解放战争时期,任东满军区吉北军分区副司令员。东安军分区副司令员,率军分区部队在密山一带清剿残匪,后任牡丹江军区独立第八师参谋长,牡丹江军区参谋长,东北野战军铁道纵队第一支队政治委员。中华人民共和国成立后，任公安部队师长，黑龙江省军区副司令员兼参谋长、副司令员、顾问。1955年被授予少将军衔，是中国共产党第七次全国代表大会代表，1988年7月被中共中央军委授予一级红星功勋荣誉章。

（七）牡丹江军区三支队警卫团长王景坤

王景坤，1917年生于吉林省扶余县，1938年加入中国共产党、参加八路军，历任抗日军政大学军事教员，新四军三师九旅司令部作战科长、团参谋长，军分区司令部参谋处长。抗日战争胜利后被党派往东北，任牡丹江军区三支队警卫团团长。1946年4月率部到密山地区剿匪，先后在东安市、连珠山、黑台、永安等地指挥部队和土匪作战，该团是到达密山最早的我人民解放军部队。王景坤同志是1946年6月22日解放密山的军事指挥员，该团干部战士作战勇敢、纪律严明，曾深受密山人民的欢迎，密山人民习惯称呼为"王团"。密山解放后，王景坤任东安军分区司令部参谋长，率部在密山地区清剿残匪，为密山人民翻身解放、地方武装的发展、人民政权的巩固、征兵、支前等方面做出过重要贡献。后任铁道兵第一师副师长，铁道兵司令部参谋处长，后勤部政委兼部长。1955年受王震将军委派率铁道兵官兵重返密山军垦，任铁道兵农垦局局长，农垦部密山农垦局第一书记兼局长，又为开发密山做出了重要贡献。后任牡丹江地委书记处书记、虎饶县委第一书记、农垦部东北农垦总局副局长、农牧渔业部农业工程研究设计院副院长。

（八）三五九旅七一九团营政治教导员彭清云

彭清云，1918年生于江西省永新县。1930年加入中国共产主义青年团。1933年参加中国工农红军。1934年由团转入中国共产党。土地革命战争时期，任红六军团第十八师五十三团连政治指导员，第十六师四十七团营政治教导员，第十八师政治部组织科科长。参加了长征。抗日战争时期，任八路军一二〇师三五九旅七一九团营政治教导员，教导营政治处主任，团政治委员。曾率部队在密山作战，是解放密山的军事指挥员之一。后任东北民主联军第十纵队二十八师十四团政治委员，第四野战军四十七军一六〇师政治委员。中华人民共和国成立后，任中国人民志愿军师政治委员，军政治部主任，中国人民解放军副政治委员，政治学院政治部主任，总参谋部政治部主任，总参谋部三部政治委员，总参谋部通信部政治委员。中国共产党总参谋部纪律检查委员会副书记，中央军委纪律检查委员会委员。1955年被授予少将军衔。是第五届全国人民代表大会代表。1982年在中国共产党第十二次全国代表大会上被选为中央纪律检查委员会委员。七届全国政协常委。1988年7月被中共中央军委授予一级红星功勋荣誉章。

（九）三五九旅政治部主任兼七一七团政委何宣太

何宣太，1911年12月生于江西省吉安县，1931年参加革命，同年加入中国共产党，先后任江西吉安独立营宣传员，独立团三连文书、团司令部书记，湘赣苏区警卫师三团政治处组织干事，警卫团团参谋，红十八军国家保卫局秘书，红六军国家保卫局秘书、教导团政治连排长、政治教导员，一二〇师三五九旅七一七团政治处教育股长、副主任、主任、团政委，抗日战争胜利后奔赴东北曾参加过四平战役。1946年6月随三五九旅到密山地区剿匪，任旅政治部主任兼七一七团政委，是解放密山地区军事指挥员之一。后任东北军区政治部处长，辽东军区政治部副主任，东北空军组织部长。参加抗美援朝战争任空军联合指挥部副部长，北京军区空军政治部副主任。1955年被授予大校军衔，1988年7月被中央军委授予二级红星功勋荣誉章。

（十）三五九旅营教导员郑文翰

郑文翰，1920年11月24日生于河南洛阳。1938年入延安抗日军政大学，同年加入中国共产党。毕业后，历任抗大区队长、八路军第三五九旅营教导员，参加了密山地区剿匪作战，撰写了《郭清殿的溃灭》一文在《东北文艺》上发表，后历任人民解放军团政治部主任、团政治委员等职，参加了保卫四平、三下江南、黑山阻击战、平津战役等战役。新中国成立后，任人民解放军第四十七军的团政治委员、师政治部副主任等职，参加了进军西南和湘西剿匪等作战。1951年参加抗美援朝战争。后任朝鲜军事停战委员会中国人民志愿军代表团副秘书长兼政治部主任等职。1955年回国后，担任国防部长彭德怀办公室秘书。1959年任军委副秘书长办公室主任。1965年任战士出版社副社长。1975年起先后任解放军军事科学院办公室副主任、主任、副院长等职。1985年起任军事科学院院长。1988年10月被授予中国人民解放军中将军衔。

（十一）东安市（密山）公安局副局长兼公安大队大队长李东光

李东光（李希才），汉族，1922年生于黑龙江省通河县。1935年4月参加东北抗联部队后给李兆麟将军当警卫员。曾受党组织的派遣到苏联远东边防军担任情报员、翻译，多次潜入被日本侵略者占领的密山和牡丹江等地侦察日军情报。1945年8月9日苏联对日宣战，李东光同志担任苏联红军向导，使苏军迅速突破日军防线，解放密山县城（现知一镇）和东安市（现密山市）。回国后他担任苏联红军驻东安市卫戍司令部副司令兼翻译。这期间，他利用其合法身份与伪警宪特组成的东安省、密山县伪政权及土匪反动武装进行斗争。他秘密接待了我党前来接收的中共密山县委书记梁定商，协助其成立了密山人民最早的武装——公安大队，拨给大批新式装备。奉调回国后李东光同志担任东安市公安局副局长兼公安大队大队长，曾多次率部与密山土匪头子郭清典作战,是解放密山军事指挥员之一。

密山解放后他担任东安军分区(设在现密山镇)司令部作战参谋,在前线参与指挥东安地区清剿残匪斗争,并身负重伤。后任东北野战军十纵队司令部侦察科长,中国人民解放军南京高级军事学院学员、翻译室主任,刘伯承元帅的俄语口语翻译。到地方工作后任安徽大学外语系主任、副校长,哈工大党委书记,黑龙江省中苏友好协会副会长,黑龙江省人大常委会委员,科教文卫副主任,哈工大顾问。

(十二)中共密山县委书记兼虎林独立团政委梁定商

梁定商,湖南石门县人,1921年生,1935年参加中国工农红军。历任红二方面军六师十八团团部文书,红二方面军总司令部宣传队宣传员,参加了举世闻名的二万五千里长征,在贺龙创办的战斗剧社任班长、歌舞组长、党支部书记,全民抗战暴发以后任八路军一二〇师师部机要科指导员、电台大队总支书记,延安中央党校学员,抗日战争胜利后任东干三团教导员,1946年3月任中共密山县委书记兼虎林独立团政委,在担任县委书记期间创建了密山人民最早的武装——东安公安大队。领导指挥虎林独立团和东安公安大队在东安市、密山县城、连珠山一带与郭清典等土匪作战,是光复后我党派往到密山最早的领导干部之一。后任中共虎林县委书记,江西省修水县委书记,九江地委组织部长、地委副书记,中共中央组织部工业干部处科长、工业部一级巡视员,轻工业部机关党委副书记、轻工总公司党委副书记。

(十三)第一任中共密山县委书记李文华

李文华,1913年12月16日生于广东省南雄县一个贫苦的农民家庭,1929年,年仅15岁的他参加了红三十五军,1932年由团转为中共正式党员。历任战士、班长、红三军团模范连指导员、营教导员，1935年在红三军团十团任青年干事。长征前身负重伤仍以坚强的毅力爬雪山、过草地，因伤口恶化，经红三军团政治部总青年干事胡耀邦同志代表党组织，将他寄养在甘肃省武山县一个农民家养伤，1936年8月回到部队，任红四方面军总部教导团组织股长，师组织科长，延安八路军总政治部总务处长，延安中央高级党校学员。抗日战争胜利后奔赴东北，任哈北军分区副政委、兰西县委书记，组建了哈北骑兵团，该团并入三五九旅后，任三五九旅骑兵团政委。1946年6月20日随三五九旅主力部队到密山地区清剿土匪，是解放密山的军事指挥员之一。6月22日密山解放，随即被中共东安地委任命为解放后的第一任中共密山县委书记，组织领导了东安市、密山县城（现知一镇）的接收工作，为市场稳定、商贸营业、学校复学、维持社会秩序，做出了重要贡献。由于当时战事频繁，李文华不久就归队，率骑兵团随谭友林副旅长到勃利、林口追剿谢文东、李华堂等土匪。后参加了黑山阻击战、平津战役，他作战英勇，指挥果断，为人民的解放事业做出了贡献。新中国成立后，任广东省荣管局局长，韶关专署专员，广东省农业厅副厅长、代厅长、党组书记，阳春矿务局、坪石矿务局局长，广东省计委副主任、广东省储备物资管理局副局长、党组副书记，1982年8月按国家机关副部级待遇离职休养。1987年11月5日在广州逝世，终年74岁。

（十四）中共密山县委书记张笃

张笃，山西繁峙县人，1920年生，1938年2月参加我党领导下的山西新军，1940年10月入党后编入八路军一一五师任连指导员、团政治处民运干事。1943年在山东滨海军区革命根据地任武工队政委兼沂滨区和临东区区委书记。1945年任山东二师政治部民运科长。1946年8月任中共密山县委书记，是中共密山县委初建时期的主要领导人。他领导了密山县建党建政、土地改革、清剿残匪、创建根据地、大生产运动和征集兵员支援前线等重要工作，为密山人民的翻身解放，民主政权的建立与巩固，做出了重要贡献。1949年南下到江西曾任专员、地委书记、军分区政委、南昌市委副书记、省知青办副主任、省科协党组书记、江西省政协常委等职。他对密山怀有深厚的感情，极为关心密山的发展变化，1984年曾回访密山。

（十五）中共密山县委委员、县人民政府第一任公安局长牛何之

牛何之，1916年生于山西省兴县。1938年加入中国共产党，历任抗大一分校学员，该校民运干事、山西壶关县独立营指导员，新四军三师连指导员、营特派员，山东滨海军区二师副指导员、团特派员。抗日战争胜利后随部队渡海赴东北与国民党部队作战。1946年8月，随山东二师抵东安市休整，被中共东安地委任命为中共密山县委委员、县人民政府第一任公安局长。牛何之同志亲自率公安大队、县大队战士搜山清剿残匪，他指挥有方，机动灵活，为肃清残匪，镇压地主恶霸、伪警宪特，为建立密山人民的政法队伍，为保护人民的胜利果实，为密山县民主政权的建立和巩固，为密山人民的翻身解放做出了重要贡献，曾深受密山人民的敬重和爱戴。

1949年5月，牛何之同志奉命随南下干部团到江西省工作，历任江西省萍乡县县委委员、公安局长，浮梁地区公安处处长、公安大队政委。1955年7月，担任江西省公安厅副厅长、厅长、党组书记，1965年任江西省科委副主任、党组副书记和省体委领导小组副组长。1980年后，曾先后当选为江西省五届、六届人大常委会委员，省人大政法委员会副主任、省政法委员会委员。1987年7月30日于江西南昌逝世，享年71岁。

第四章 密山地区土地改革运动

　　日本投降后，1946年5月4日中央根据形势的需要下发了《关于清算减租及土地问题的指示》，主要内容是将抗日时期执行的"减租减息"政策改为"没收地主的土地分配给农民"的政策。密山地区作为重要的革命根据地，最早开展土改运动。密山土改运动从1946年6月开始到1948年4月结束。主要经过发动群众，反奸清算；砍挖斗争，划定成分；铲除封建势力，平分土地等阶段。土改运动并不一帆风顺，进行得非常艰难。当时残匪、地主恶霸残余势力、隐藏的枪支弹药依然存在，需要继续清剿深挖；各种矛盾错综复杂，敌人暗地里造谣惑众、群众顾虑重重，激发群众觉悟难度非常大；准确划定成分，公平分配土地工作也需要高度的智慧，等等。在这种情况下党派来土改工作团，他们依靠当地干部群众，克服种种困难，解决一道道难题，将土改任务出色地完成，从而巩固了密山根据地，极大地调动了根据地人民的革命生产积极性，有力地支援了全国解放战争。

第一节 密山土改综述

　　日军投降后，密山地区以郭清典为首的匪徒纷纷组织反革命武装队伍，抢占山头各霸一方，企图等待国民党前来接管。刚刚获得民族解放的密山人民，仍然遭受着国民党反动势力的残酷压迫和剥削。不消灭这些反动势力，人民是不会得到彻底翻身解放的。

1946年6月东北民主联军第三五九旅部队奉命来密山地区剿匪，我军长驱直入，所向披靡，在牡丹江军区三支队警卫团的密切配合下，一举消灭了盘踞在密山地区的大部土匪，少数残匪被击溃，有的上山潜伏，有的就地隐匿。自此，为开创根据地扫除了一大障碍。

灾难深重的密山人民，在日本帝国主义的铁蹄下惨遭14年蹂躏之苦，同时受到日伪特务、汉奸、土豪劣绅的压榨与欺凌，过着饥寒交迫的生活，广大农民盼望翻身解放，尤其渴望得到赖以生存的土地。

1946年5月4日，中共中央发出《关于清算减租及土地问题的指示》，即"五·四"指示。"五·四"指示的主要内容是将抗日时期执行的"减租减息"政策改为"没收地主的土地分配给农民"的政策。这一指示是解放区实行土地改革的动员令，它像一声春雷，使广大农民群众在苦难的囹圄中觉醒。为了贯彻落实中央的"五·四"指示，中共中央东北局召开了扩大会议，并通过了《关于形势与任务的决议》。会议决定，为建立巩固的东北根据地，派工作团深入农村发动农民，彻底解决土地问题。

密山是东安地区开展土改运动最早的县。密山的土改运动从1946年6月开始到1948年4月结束，大体经历了发动群众反奸清算、砍挖斗争划定成分、铲除封建势力平分土地等三个阶段。这三个阶段不是截然分开的，而是相互交叉、相互渗透进行的。

密山的土改运动是在当时任东安地委书记的吴亮平、副书记兼土改工作团团长陈伯村及县委书记张笃、县长柳知一等老一辈德高望重的革命家正确领导下进行的。运动的发展势如破竹、迅猛异常，土豪劣绅闻风丧胆，在短短的一年多时间里取得了辉煌的战果。密山的土改大致是这样进行的：

一、发动群众反奸清算

土改工作队在乡下

党派干部与工作团来密山。1946年3月吴亮平奉东北局派遣来东安地区后，按照省委提出的一个中心（土改）、三项任务（剿匪、支前、恢复生产）的工作方针，领导创建根据地工作。同年7月，东北局又派遣以陈伯村为团长，李尔重、于杰为副团长的土改工作团进驻东安市（现在的密山镇）。先期到达东安市的工作队员近180人，其中延安和东北局干部90多人，东北大学师生83人。他们采取先行试点，取得经验，以点带面，全面展开的方法进行土改工作。经过一段短期集中学习训练后，于7月中旬分别由陈伯村、于杰、许光庭带队奔赴密山的半截河、二人班、三梭通试点区（李尔重带部分队员去鸡西）开展土改工作。工作团到密山不几天，东北局副书记兼秘书长高岗也来密山视察工作，并亲自传达"七七"会议决议。9月上旬，侯凯率人民解放军山东二师20余名土改工作队员进驻城关区（现知一镇）。

发动群众开展斗争。工作团进村后，首先面临的困难是群众难发动。群众难发动的主要原因有二：一是群众对共产党不太了解。虽然共产党早期曾在密山地区开展抗日活动，但不是公开的。怎样才能把群众发动起来呢？善于做群众工作的公路军是有办法的。他们一进村，首先进行细心观察：一是看住宅，富人绝对不会住破旧草房的。二是观察人，手上有老茧，脸被晒得黝黑，肯定是穷人。三是看穿戴，穷人没有好衣穿，富人是不会穿得破破烂烂的。通过细心观察，哪位是穷人，基本上看得出来了。当"目标"确定之后就盯住不放，到穷人家里去谈心，家里谈不完就跟到地里谈，到地窝棚谈或随之上山谈。谈的内容主要是宣传共产党是为劳苦大众服务的，是领导穷人闹翻身的等。功夫不负有心人，群众终于被感动了，向工作团诉说起他们遭受的土豪劣绅欺凌之苦。就这样，首先交一个穷朋友，然后由这个穷朋友去宣传，联系和他一样穷苦的人。当联系的穷人队伍扩大后，再组织穷人座谈会。在穷人座谈会上，再宣传共产党土改的目的是要推翻地主阶级，分田地给穷人，让穷人耕者有其田，彻底闹翻身的道理。然后让穷苦人诉说遭到的不公平待遇，确定被清算对象。被清算对象确定后，再召开群众大会。在大会上，再一次宣传共产党领导穷人闹翻身的道理，同时，还要讲解穷人受穷的原因，指明：不是穷人命苦天生要受穷，也不是富人命好终生总是富，而是富人以霸占来的土地为资本，以最低的工资雇用劳动力大量剥削劳动人民的劳动剩余价值，才逐步富起来的，不是富人养活穷人而是穷人用血汗养活了富人。当群众了解了工作团的来意，又明白了剥削与被剥削、压迫与被压迫的道理后，阶级觉悟有了明显的提高。

半截河区在群众提高了觉悟，初步发动起来后，及时转入挖残匪、斗地主搞清算阶段。由工作团和穷人代表组成的清算委员会，组织领导群众对地主恶霸在政治上揭发斗争，在经济上清算没收他们的财产。明德屯群众斗争了大地主尚世强，清算了他霸占土地、剥削粮食、克扣工资、吞占配给物品等罪行，在大量的事实面前，尚世强只好认罪，开仓还粮。接着公审姓万的伪屯长和特务陈刚，群众还起出了地主的枪支弹药，武装了积极分子，居仁屯在群众发动起来后，斗争公审了伪维持会长、恶霸地主王忠，农民分得了青苗地、牲畜、农具、粮食及生活用品。半截河区斗争的胜利极大地鼓舞了附近区、村群众反奸清算的斗志，在很短时间内二人班、三棱通区也相继行动起来，发动群众诉苦申冤、斗争地主恶霸，使反奸清算运动在工作团进驻的试点区普遍开展起来。

由点及面政策指导。土改工作团自1946年7月中旬进驻半截河、二人班、三棱通3个先行试点区，经过近3个月艰苦细致的工作，群众基本发动起来后，县委决定除留少数工作队员和当地群众继续搞土改外，将大多数工作队员派到新区开展工作。10月上旬在铁路沿线自永安、黑台依次向东展开，然后到马家岗、白泡子、五道岗等地开展土改工作。山东二师的20余名土改工作队员，在队长侯凯的领导下单独在城关区进行土改工作。在地委、土改工作团及县委的正确领导下，密山的土改运动进展很快，仅半年多时间，轰轰烈烈的土地改革运动在全县12个区普遍展开。

在土改工作团深入全县村开展工作的同时，地委与县委领导深入基层调查，并多次召集各县与密山县各区领导联席会议，听取汇报，把握运动方向。针对当时部分村屯群众发动不彻底，不敢同地主面对面地斗争等现象，先后发出《关于群众工作的决定》《关于分配清算果实的补充决定》和《深入土地斗争应注意的事项》及地委给各县区与工作团《关于从诉苦到发动群众的一封信》等指示文件，对当时土改运动的深入开展起到了及时指导和推动作用。

建立自卫队。经过多次面对面的斗争，阶级斗争进入高潮。这时候最怕的是遭报复，因为过去大家富户都有武器并和土匪有勾结，所以急需弄到武器，组织自己的武装队伍，保卫胜利果实。为了搞到武器，工作团和农会组织群众掀起了起枪高潮。二人班区在短短的20几天时间里就起出216支枪、3 250发子弹，这些枪支弹药绝大多数是在恶霸地主家起出来的。有了武器，各村迅速组织了自卫队，到1947年春，全县成立了近3 000人的农民自卫队和700余人的民兵基干队。各村有了自卫队，穷人再也不用担惊受怕了。不但不怕报复，而且还能主动向敌人出击。自卫队昼夜在村屯站岗放哨，监视地主恶霸们的行动，同时主动上山搜捕清剿残匪。斗争的实践证明，被压迫的农民阶级一旦觉悟了，明白了穷人为什么总受穷，富人为什么总是富的道理后，就像睡狮突醒一般，一声怒吼，闹得天翻地覆，砸碎束缚他们的封建枷锁，推倒压在他们头上的大山，清算剥削者在政治上、经济上的欠账，自己当家做了主人。

组织农会。经过发动群众的工作，各村、屯都建立起积极分子队伍。为了使广大农民群众团结起来，同地主阶级开展斗争，在工作团的指导和帮助下，开始建立农民自己的组织——农会，代替前期清算委员会的工作。农会的成员由群众选举那些在斗争

丢豆选农会（中间数豆者为工作队员赵志萱）

中态度最坚决、行动最勇敢、办事最公道的穷人担任。农会的主要任务是发动和组织群众继续向地主恶霸、汉奸特务做斗争，清

算他们在政治上、经济上欠穷人的账，平分他们的土地和财产。农会委员会由正、副主任及土地委员、宣传委员、生产委员、武装委员等5~9人组成。各村农会成立后吸收广大贫苦农民加入农会，对罪恶较轻、经斗争教育后能悔过自新的伪警、宪、特也酌情吸收入会。各村农会组织成立后，组织带领群众战斗在土改斗争第一线，去推倒一座座压在人民头上的大山。

二、砍挖斗争，划定成分

砍挖斗争。为了彻底摧毁封建势力，在全县进入土改高潮、地主阶级基本被推翻、穷苦农民分得一些土地和胜利果实后，东安地委和密山县委指示各区工作队立即行动起来，开展砍挖斗争，把运动引向深入。

砍挖斗争的具体内容是"砍大树、挖浮财、扫堂子"。砍大树，即砍掉地主阶级的统治基础——土地和政治势力；挖浮财，即挖出地主隐藏的粮、财、物和武器等；扫堂子，即对作恶多端的恶霸地主实行净身出户，扫地出门的政策，对其中罪大恶极者处以死刑。

在中国曾经有着两千多年的封建统治阶级是不甘心退出历史舞台的，更不会轻易放弃其已有的果实，他们施展了各种反革命伎俩，负隅顽抗。马家岗区大地主马希保在土改中耍阴谋、施诡计、勾结土匪，想要继续欺压穷苦百姓作威作福。工作团通过发动群众，先后经过三次群众斗争才把他挖出斗倒，这个统治马家岗30多年，诡计多端的笑面虎终于被打倒，砍倒了这棵根深蒂固的大树，马家岗的穷人真正扬眉吐气了。随着全县土改运动的深入发展，各区的砍挖斗争取得了很大胜利。柳毛河区斗争了欺压百姓的伪屯长王林儒；白泡子区公审了恶霸地主赵甲三；三梭通区公审了霸占万顷良田、横行乡里的恶霸地主刘九田；二人班区清算了大地主、伪县长张德一的家……

就这样，一棵棵大树被砍倒，一件件浮财被挖出，一个个坏蛋被惩罚。截至1947年秋，全县12个区121个村共斗争地主525户，富农793户，伪警宪特953户，公审罪大恶极分子。在起浮财中起出长短枪近千支，子弹5万发，单、棉、毛衣等2万余件，被褥、毯子2 300余床，布4万余尺，棉花4千斤，各种鞋2千双，金银首饰1 380付，银圆80多万元，牛马1 000余头（匹），猪1 000余头，大小农具近4 000件，车辆300台，粮食50多万斤，豆油3千余斤，食盐6 000余斤……这些东西除枪支弹药给自卫队外，其余全部分给了穷人。通过砍挖斗争，极大地打击了地主阶级，使穷苦农民得到了实惠。

划定成分。在砍挖斗争的同时，全县进行了阶级成分的划定。各区工作队组织群众认真学习中央"五·四"指示和毛泽东同志的《湖南农民运动考察报告》，根据中央关于农村中划阶级、定成分的有关规定，严格区分哪些属于正常的等价交换和互助，哪些属于剥削。明确指出，凡雇工或租地收入不超总收入25%者，均按中农对待，不得定为地主或富农。在人们掌握了划定成分的政策标准后，采取自报公议的办法，让每一户农民算自己的经济账，并提出申报意见，经村屯农会讨论通过后，报区农会审查批准。据统计，全县22 808户农户中被划为地主595户，富户1 076户，中农4 496户，贫农9 855户，雇农5 396户，手工业及无业贫民1 390户。成分划定后，农村的阶级阵线更加分明了。

关于消灭"夹生饭"与纠偏工作。1946年末，东北局根据一些地方搞土改不彻底的问题，发出了关于解决"夹生饭"的指示。何谓"夹生饭"？就是在已经进行过土改的地方，群众没有真正发动起来，地主阶级没有被打倒被清算，政权没有掌握在可靠的贫雇农手中，或者对地主富农进行了假斗争，工作团一撤走地主又反把倒算，贫苦农民没得到翻身解放。

东安地委根据东北局的指示，制定了"熟饭"的标准：一是群众靠近共产党，有了初步的觉悟。二是村屯中有正派的骨干开展工作，封建势力已打倒。密山县委根据地委这个标准，对先行开展土改的半截河、二人班、三梭通及铁路沿线各区进行全面复查，经复查98%以上的村屯是符合"熟饭"标准的，基本上不存在"夹生饭"问题。只发现个别地方（平阳镇一个屯）由于农会中混进了坏分子，群众没真正发动起来，致使工作队走后出现地主反把现象。检查团便对此地重新发动群众，清除农会中的坏分子，把权力交给可靠的贫雇农，对反把的地主重新斗争，彻底摧垮封建势力，从而清除了运动的死角。

关于纠偏工作。经过一年多的土改运动，全县农村发生了空前的变化，广大穷苦农民在党的领导下，阶级觉悟迅速提高，并以暴风雨般的革命行动，彻底摧毁了封建势力，由奴隶变成了主人，在政治上、经济上都翻了身。但是，在运动发展过程中也出现了一些偏差，在执行政策上曾出现"左"的错误倾向。如在挖浮财扫堂子斗争中，有的村屯搞过了火，侵犯了中农的利益。针对这些偏差问题，合江省委于1948年春派赵志萱同志来密山，配合密山县委对存在的错误倾向逐一进行纠正。

三、铲除封建势力，土地还家

掌握政策平分土地。1947年冬全县各区先后由反奸清算、砍挖斗争进入了平分土地阶段。县委根据东北局及省委的指示，深入学习了《中国土地法大纲》，在掌握政策的基础上，结合密山的实际情况，确定了"抽肥补瘦""中间不动两头动"的平分土地原则，即中农土地基本不动，将富裕中农多余部分拿出平分，将地主富农和贫雇农的土地完全打乱平分。

平分土地的原则确定后，还要做好两个等级的评定：一是对要平分的土地经过重新丈量，按土地质量评出等级。二是按照政治条件和经济条件对农户评出应该分地的等级。两个等级评出后，再对号入座。平分土地的指导思想是：无地和少地的贫苦农民多分地，优先照顾军烈属；地主富农和其他坏分子视其罪恶及家庭人口分给一定数量的土地，让其自食其力。按照这个指导思想，全县各区都因地制宜制定了具体的分地标准和方法。如三梭通宁安村，将农户分为5个等级，劳动力也分5个等级并随农户的等级走；房子顶土地，一间正房顶8亩地，一间厢房顶6亩地。城关区归仁村多给单身户2亩安家地，其余按每个劳动力8亩地平分；对劳动力少或无劳动力户按人口、年龄档次分地；被斗争对象少分地，分远地，使那些过去不劳而获的地主，不参加劳动就没有饭吃。就这样，平分土地很快结束。

土地还家耕者有其田。通过平分土地，广大贫苦农民实现了土地还家，耕者有其田的夙愿，从而彻底根除了地主阶级根深蒂固的封建统治，砸碎了套在人民头上的枷锁，穷苦农民分田到户，真正获得了解放。据统计，

丈量土地，分田到户

全县5 396户雇户15 219口人，户均分地1.7垧，人均分地0.6垧；9 855户贫农41 231口人，户均分地2.2垧，人均分地0.52垧；4 496户中农65 172口人，户均分地2.9垧，人均分地0.51垧；1 076户富农7 874口人，户均地4垧，人均分地0.53垧；595户地主4 331口人，户均分地4.4垧，人均分地0.5垧；1 390户手工业及其他贫民5 031口人，户均分地1.25垧，人均分地0.34垧。

翻身的广大农民分得了土地、牲畜及财物，他们像久旱的秧

苗得到雨露，精神焕发，欣喜若狂，把迸发出来的革命热情投入到大生产的热潮之中。

四、土改后出现了新景象

经过近两年的土改斗争，密山地区发生了翻天覆地的变化：地主阶级彻底被推翻，人民当家做了主人；建立了无产阶级政权，发展了党的组织；巩固了农村根据地，到处呈现新景象。

层层建立了政权。在土改过程中，东安地委、土改工作团和密山县委都很重视政权的建设。截至1948年10月，全县13个区、140个村分别建立了区政府、区农会和村政府、村农会。县、区、村各级政权都掌握在无产阶级手中。

发展了党的组织。密山县各级党组织由原来秘密发展到1948年3月公开建党，党的队伍迅速扩大，党支部由57个发展到128个，党员由521人发展到2 305人。党组织在密山已形成了坚强的战斗堡垒和领导核心。

培养了大批人才。伟大的土改运动培养和造就了大批人才。在土改过程中，全县先后选拔了县、区干部400余人，村级干部1 031人，不仅解决了密山建政的需要，而且还抽调了以张笃为首的112名干部组成工作团随军南下，赴江西等地开展新区建设工作。

掀起了大生产的高潮。倍受压迫和剥削的广大农民，经过土改分得土地和牲畜，在经济上满足了要求，他们把对共产党和毛主席的感激之情化为冲天干劲，劳作在自己的土地上，生产积极性空前高涨，在种好熟地的同时，又广开荒原，仅1948年1年全县开荒面积达2 000垧。多种地多打粮，人们过上了丰衣足食的幸福生活。

支援了前线。共产党对密山人民恩重如山，密山人民对共产党拥护爱戴。在解放战争时期，为了彻底打败蒋介石解放全中国，密山县掀起了参军热潮，1946年至1948年全县共送走5 438人参军参战。对全国解放战争不仅在人力上给予大力支援，而且在粮、钱、物诸方面同样如此。仅1948年一年全县向前线送交公粮2 945吨，饲草500吨，捐款10万元。

发展了工商业。在土改运动中，由于县委认真贯彻保护工商业者的利益的政策，调动了广大工商业者的积极性，工商业迅速发展，各业的户数均比土改前有所增加：制造业由30家发展到84家；杂货业由50家发展到185家；饮食业由36家发展到76家；承揽业由80家发展到97家；医药业由19家发展到44家；杂业由45家发展到51家。

密山是我党开辟最早的根据地之一，它以老解放区的优势一展雄姿，为全国解放战争做出了极大的贡献，这是密山人民的骄傲，已载入密山的光荣史册。

（周淑琴）

第二节　密山地区土改大事记（1946年至1949年2月）

一、1946年土改大事记

6月22日，东北民主联军三五九旅主力部队与牡丹江军区三支队警卫团相配合，击溃盘踞在密山一带的大股土匪，解放密山。

同日，中共东安地委书记吴亮平、东安行署专员颜志等领导同志抵达东安市（现在的密山市），全面领导密山地区清剿残匪、土地改革等巩固根据地的工作。

6月末，中共东安地委任命三五九旅骑兵团政委、红军老干部李文华同志为中共密山县委书记；任命原吉东特委国际交通员傅文忱同志为密山县人民政府县长兼密山土改工作团主任职务。

7月8日，以陈伯村为团长，李尔重、于杰为副团长的东北局土改工作团抵达东安市。

7月11日，中共中央政治局委员、东北局副书记兼秘书长高岗和秘书乘装甲火车到东安市视察工作，听取了中共东安地委书记吴亮平、副书记兼土改工作团团长陈伯村以及驻军部队领导的汇报；向在东安市的党政军领导干部和土改工作团全体干部传达了具有历史意义的中共中央东北局"七七"决议，号召广大干部深入农村，发动农民，开展土地改革运动。

7月12日，为了贯彻省委提出的一个中心（土改）、三项任务（剿匪、支援前线、恢复生产）的方针，根据密山一带的具体情况，地委书记吴亮平起草了《关于群众工作的决定》。决定指出：目前国内政治形势紧张，我党与国民党在东北的战争规模在扩大，为我党在东北坚持长期艰苦斗争、把东北地区建成战略根据地，要求东安地区一切党的、非党的干部，用最大的力量来展开发动群众的工作和反奸清算运动，使贫困农民从封建地主统治下翻身，建立农会、改造政权；建立群众武装，对顽固的伪警宪特恶霸地主施以镇压，保护群众利益；奖励模范群众工作者。

7月13日至15日，东安地区第一批土改工作队奔赴半截河、二人班、三梭通及鸡西一带开展东安地区的土地改革运动。

7月14日，东北大学抽调干部和师生组成的83人"民运工作队"抵达东安市，参加东安地区的土地改革运动，帮助农民彻底翻身。

7月25日，东安地委发布《关于分配清算果实的补充决定》，指出凡属敌伪财产物质，在清算运动中三分之一归公，三分之二给群众；应分的粮、钱、物而没有分给群众的，要向群众说明公家目前的困难，取得群众的谅解，并尽可能地把能够分给群众的东西补分给群众。

8月20日，地委召集各工作队队长会议。会议要求各土改工作试点区总结前期土改工作情况，并对农会的建立与巩固、斗争方向的领导、斗争果实的分配、积极分子队伍、群众武装自卫队、改造政权、发展党员等问题进行了初步讨论研究，明确土改工作任务及方法步骤，掌握斗争的方向。

8月，山东二师进驻东安市。应东安地委书记吴亮平的请求，二师向密山输送30名干部。东安地委任命二师政治部民运科长张笃接任中共密山县委书记；任命二师政治部秘书侯凯为城关区土改工作队队长；任命二师政治部特派员牛何之为密山县人民政府公安局局长。大批军事干部的调入，加强了密山土地改革、清剿残匪的组织领导工作。

9月6日，县委、县政府领导分头到各区了解秋粮征购情况。根据东北局的指示，检查土改进程中出现的过"左"偏向。

9月10日中秋节，地委书记吴亮平主持召开各工作团负责人会议，研究检查掌握政策等方面的问题。上午地委和县委部分领导参加半截河等区庆翻身、检阅人民武装大会，群众载歌载舞，欢庆胜利。

9月中旬，侯凯带领20余名二师部队连排级干部、政工、宣传人员等组成的土改工作队进驻密山城关区。

9月28日，吴亮平代表中共东安地委起草了《深入土地斗争应注意的事项》的指示。指出土改运动取得不小的成绩，但还存在一些缺点和偏向，出现对斗争对象的家属留的土地少，对中小地主斗争过重及侵犯中农利益等现象，提出了纠偏和制定补救措施。

10月5日，密山县第一批3个区（半截河、二人班、三梭通）土改工作结束，建立了村、区政权和区中队、自卫队，秘密发展了党的组织。

10月6日　第二批土改工作队进驻永安、黑台、连珠山、杨岗、白泡子、马家岗、杨木岗等地进行工作。

10月8日，县委、县政府领导人参加地委召开的驻军供给会议。会议对驻军的粮草、住房、取暖煤等供给问题做出安排，决定驻军给养全部由东安地区承担。

10月9日，东安地委任命柳知一同志为中共密山县委委员、人民政府县长。

10月10日，东安地委召开县长联席会议，为期两天。会议对发动群众、培养基层骨干分子、以区为单位举办干部训练班等问题进行了研究讨论，并听取了虎林县关于土改工作的总结汇报。

10月15日，县委、县政府召开全县第一次区干部见面会。会上县委书记张笃做了《关于当前形势与今后的任务》的报告，指出：必须极大地重视粮食生产和征兵工作，保障前线供给。县长柳知一做了政府工作报告，县委、县政府其他领导人袁青、牛何之就组织工作与公安工作先后讲话。

11月末，县区干部基本配齐，县委、县政府正式开始工作。

12月11日，各县县长、县委书记及三支队各团团长、政委集会，针对国民党派大量特务、匪帮来我市破坏军用物资，骚扰政局等问题决定成立东安市卫戍指挥部，吴亮平负责总指挥工作。会议还详细研讨了组织、人员、部队警戒和建立基层清查等方面的问题，并进行了适当部署安排。

12月20日，县委召开巩固土改工作会议。工作团副团长于杰检查总结了政策方针、干部路线等方面的工作，并对会后如何巩固土改工作做了具体安排。对干部问题要采取教育与提高的方法进行整顿,其步骤是:先搞党后搞武装,然后整理农会,最后整理政权。各级组织应加强敌情观念,提高阶级觉悟,目前农会的工作与斗争中心任务是挖反革命的根并给予坚决打击。同时对工作团力量的配备进行了重新安排,并指出在工作团工作过的地区,一定要建立起党的组织,至少要发展3名党员。

12月21日,吴亮平主持召开东安地区总结土改工作会议。会议总结了产生"夹生饭"的原因,并把"熟饭"的标准归纳为两条:一是群众有了初步觉悟,二是有了正派的好的积极分子,群众真正发动起来,真正将那些村屯的封建统治势力打倒,创建巩固的革命根据地。会议指出这是一个长期的、艰苦的、深入的斗争过程。为了便于党的主要领导干部联系群众,会议决定区指导员一律不准带警卫员到村屯开展工作。地委这一做法引起了合江省委的重视,并被推广到其他地区。

二、1947年土改大事记

1月13日,东安地委决定抽调密山部分土改工作团的同志带领一批积极分子与县大队部分队员离开东安市,赴宝清、虎林、饶河、林口等县进行土改工作。临行时,工作团总团长陈伯村及赵志萱同志前去火车站送行。

2月1日,县委、县政府召开区干部联席会议,检查总结一个月以来各区的春耕准备工作,讨论参军支前及发动群众劳武结合等问题。会议确定了全县区中队统一编制,决定边建军边生产。

2月5日,东安地委向各县、区及工作团致信,对各县、区的发动群众运动提出了五方面具体要求。

同日《东安日报》以"工作中的群众路线"为题发表社论,对怎样组织斗争,怎样分配果实,群众工作中心教育问题、工作团本身领导中的群众路线及过去工作中在路线上的缺点进行了全面的总结，并提出了相应的具体措施和新的要求，号召广大干部贯彻从群众中来到群众中去的群众路线，做好群众工作。

2月9日，县委、县政府领导及机关干部参加了东安地委召开的整顿后方、发展生产的千人大会。地委书记吴亮平号召全区人民为建设巩固的根据地节衣缩食、发展生产、支援前线，为解放全国多做贡献。

2月24日，东安地委发出关于《开展群众大生产运动的指示》号召各级领导深入动员，提高翻身群众的生产热忱，改良耕作方法，组织劳动互助组，帮助群众克服生产中的困难，并要挖出穷根，扎下富根，搞好支前工作。

3月9日，县委、县政府为在春耕前完成土地改革工作，决定抽调由大批翻身后的新干部组成的临时工作队下乡，去尚未进行土改的区、村开展土改工作。

3月15日，东安地委召开会议，地委副书记兼土改工作团团长陈伯村指出当前工作的重点是创建根据地与生产粮食，并指出全国性的革命高潮一两年内即将到来。

3月16日，县委、县政府召开度春荒工作会议，决定选择城关区归仁村为典型推动全县。县长柳知一深入归仁村，帮助翻身农民订生产计划，宣传劳动发财光荣，多劳多得受奖励等方针政策。提出"动员妇女、节约粮食"的口号，即：妇女一样要挖穷根，一样要翻身，一样要春耕；好粮留到种地吃，按人下米留一把，剩饭不抛撒，粮食带糠吃，串换粮食以备耕；不养狗，少养上年猪。

3月25日，在深入土地斗争基础上，东安全区掀起生产热潮，扩大耕地面积4万垧，恢复种植稻田1万垧。

3月末，全县动员参军赴前线2 087人。

4月26日，县委书记张笃、县长柳知一参加地委召开的工作会议，并在会上汇报了密山县土改、生产等方面的工作，具体介绍了城关、三梭通动员群众不荒地，量地发照的做法与杨木岗、半截河以物换粮、借粮，解决麦种和种粮困难及马家岗区改造大二流子徐和等经验。会议对农会领导、变工等问题进行了讨论，认为在生产中一定要强调农会小组领导生产小组，保持农会的领导权。地委书记吴亮平明确了土改与生产的关系，强调指出：生产运动也很重要，它能使土地改革运动得到巩固，是土改运动的深入与发展。

4月29日，县委、县政府领导参加地委召开的纪念"五一"大会。地委书记吴亮平做了形势报告，号召大家学习时事政治、检查思想，深入开展土地改革运动，开展生产活动。集中人力、物力支援前线作战，迎接新形势的到来。

5月18日，县委召集各区指导员（区委书记）会议，听取了各区防匪除奸、斗恶霸与建党等工作的汇报。

6月2日，县委、县政府召开劳模大会预备会议。县委书记张笃、县长柳知一针对国内战争形势及全县的土地改革情况进行讲话。各区委书记对土改斗争的对象及群众生产方面的问题进行了讨论。城关区区委书记侯凯、三梭通区区委书记张树先对本区的土改斗争、群众生产进行了介绍发言。地委书记吴亮平参加了会议并做了重要讲话，他指出：当前的任务是抓生产与消灭"夹生饭"同时进行。

会议制定并通过劳模和劳动英雄、劳模干部、劳模换工小组、生产模范村的评选条件。

6月8日，县委、县政府召开军民庆祝会。书记张笃、县长柳知一在讲话中告诫大家闻胜不骄，努力生产、支援前方。会上掀起献金劳军热潮，全县捐资308 870元，慰问信76封。

6月15至17日，密山县第一次生产代表大会开幕，会议就土改后的"变工互助""劳武结合""夏锄生产"三大问题进行了讨论。大会进行了典型经验介绍，城关、三梭通、二人班、杨木岗、杨岗区的代表争先登台发言，之后全体代表对照典型发言进行检查和补充完善，制定出自己村、组的工作计划。大会专门为代表们演出新编剧《反把》以教育和鼓励代表回去后深挖坏根、彻底斗倒不死心的坏蛋，巩固农会。与会180名代表提出"前方在不断地取得军事胜利，我们后方也要在生产中立功"的口号，争取秋后当上劳动英雄。

6月21日，土地还家后，广大农民生产积极性高涨，全县完成耕地面积90%，已转入夏锄生产。

7月5日，东安地委发出通知，提出各县与军分区实行双重奖励表扬扩军模范干部和模范县、区、村，以便更好地发动竞赛、推动扩军工作，保证在数量上、质量上完成任务。

7月7日，密山县城街道居民和学校教师、学生捐资8万余元，鲜鱼数千斤和其他慰问品，慰问东安市第九陆军医院全体伤病员。

7月中上旬，密山县政府分别通令嘉奖了白泡子区和杨岗区，对白泡子区干部在动员参军中起带头作用、工作积极和杨岗区干部与农会会员武装自卫抓土匪的工作给予了表扬，号召全县各区向他们学习。

7月中旬，翻身后的青年农民踊跃参军。全县仅用半个月的时间参军人数达500名，超额完成地委下达的全年征兵任务的75%。

7月21日，县委、县政府召开工作会议、地委书记吴亮平参加会议并做了报告。报告中对密山地区发动群众、开展大生产、扩军、建立地方武装等项工作进行了估计，并给予肯定。会议对支前、照顾军属和党组织的发展问题做了安排。会议决定，地、县委机关和部队要精减1 500人，县大队抽200人，二人班、三棱通、白泡子各区各抽出25人，杨木岗、五道岗、马家岗、杨岗等地各抽出40人参加支前工作。县委书记张笃在会议总结时指出：干部要清楚土改斗争的目的和斗争的长期性，强调斗争的主要方向是土地，浮产是次要的，不要侵犯中农的利益。号召各区将生产与斗争结合起来搞，用斗争来保卫生产。

7月22日，县委召开了区委书记联席会议，讨论落实战勤支前动员工作。书记张笃指出：战勤工作不是负担问题，是我们后方群众支援前线的伟大义务。号召大家全力以赴支援前线。

12月16日至19日，县委召开区级贫雇农出身的新老干部代表240余人的会议，学习讨论《土地法大纲》。

12月27日，县委召开会议传达东北局及牡丹江省委土地会议、编制会议、群众工作会议精神。这次会议提出了"干部交权结职审查，一切权力交给贫雇农"的口号，对全体干部进行三查：查阶级成分，查历史，查立场和思想作风。

三、1948年土改大事记

3月22日，县委召开区委书记会议，决定全县土改工作重点要由平分土地、挖浮产、扫堂子、纠偏转移到大生产中去，落实发展生产、支援前线、补充兵员任务，讨论了建党工作。

春季，密山县组织了431人的地方武装队伍。动员1 800人，选马300匹支援前线。

7月，夏锄中，已有百分之八十的劳力组成了互助组。其好处是干活快，不荒地，互助互济，取长补短。

8月，据统计，在土改运动中对全县22 808户农户划定了阶级成分：地主595户、富农1 076户、中农4 496户、贫农9 855户，雇农5 396户，手工业者553户，其他837户。

12月末，据统计，1948年全县对支援前线做出了极大贡献：交纳公粮2 945吨，饲草500吨；动员参军1 426人。另据统计：1946年至1948年，密山共送走5 438人参军参战；全县建立区政府13个，村政府140个，街道9个，县、区参政226人。

全县党员由1947年的521人发展到2 305人，公开党的基层支部57个，新建支部71个。全县计有村级支部115个。

四、1949年土改大事记

2月15日，原中共密山县委书记张笃率112名（其中密山籍干部50余名）干部南下赴江西支援新区。

（周淑琴）

第三节　参加土改主要人物介绍

一、东安地区土改工作团团长陈伯村

陈伯村（1909—1992），原名石柱国，1909年出生于四川省岳池县。早年就读于岳池中学、成都联中、成都大学，1929年6月考入上海中国公学社会科学院，同年10月加入中国共产主义青年团，1932年转为中国共产党党员。土地革命时期，曾任上海共青团区委书记、江苏团省委巡视员。1933年7月，因在上海从事革命活动被捕，被国民党判处15年徒刑，关押在南京国民党中央军人监狱。全国抗战爆发后，1937年9月由党营救出狱，11月赴延安中共中央党校学习。抗日战争时期，任延安陕北公学党总支组织委员、政治部组织科长，中共中央党务委员会秘书，中共中央组织部干部科干事，中共中央西北局组织部干部科副科长。抗日战争胜利后，被党派往东北，任中央北满分局干部科科长，

中共中央东北局干部科科长，东北局东安地区土改工作团团长兼中共东安地委副书记（1946年7月至1947年2月），合江省勃利地委书记兼勃利军分区政委，中共合江省委组织部部长、省委副书记。新中国成立后，任中共中央东北局组织部副部长、人事部部长、纪律检查委员会副书记，中共旅大市委第二书记。1955年，调任哈尔滨水泥厂副厂长，后又任哈尔滨热电厂厂长，1979年任电力部副部长，1983年任第六届全国政协常委。

陈伯村同志是我党创建东安根据地的主要领导人之一，在东安地区工作期间，组织领导东安地区（包括密山县、鸡宁县、虎林县、宝清县、东安市）人民进行土地改革，开展大生产运动和征兵征粮支援前线等各项工作，为东安地区的建党建政做出了重要贡献。离开东安区后，他不忘老区人民，关心老区的经济建设。1986年在任水利电力部顾问期间，曾重访密山，亲自到当年搞土改时到过的村屯看望老党员、老民兵、老贫雇农，并勉励各级领导干部要努力发展生产，提高人民生活水平；要重视教育工作，努力培养人才，不断提高劳动者的素质；同时指出，密山要发展乡办工业，发展边境贸易。他已届80高龄，在病中还关切密山各项事业的发展，为指导密山的工作，亲自选购有关书籍、复印有关资料赠予密山市领导同志。他对我们密山所取得的成就感到欣慰，对密山人民寄予极大的期望。

二、东安地区土改工作团副团长李尔重

李尔重（1914—2009），河北省丰润县人，1914年出生，1932年加入中国共产党。抗日战争时期任八路军晋南干部学校政治部宣传部长、组织部长和冀南地委书记兼政委，此期间曾在我党北方局党校和中央党校学习。全国解放战争时期任东北局东安地区土改工作团副团长兼任鸡宁县委书记，后期任牡丹江省委宣

传部长。新中国成立后,历任武汉市委常委、宣传部长、市委第二书记,湖北省委常委,中南局常委、宣传部长,广东省海南区党委书记,陕西省委常务书记,河北省委书记、省长,湖北省顾问委员会副主任。

三、东安地区土改工作团副团长于杰

于杰(1917—1971),原名窦长祥,1917年9月生于山东省临朐县。早年就读于济南乡村师范学校,在读书期间先后参加"学联""民先队"等进步组织,积极参加抗日救亡运动。1936年3月,在师范学校秘密加入中国共产党,"七七"事变后随学校流亡到鲁西。1938年春,根据党的指示在家乡临朐县组织领导抗日游击战争,历任中共临朐县委书记兼独立团政委,山东分局党校学员、党支部书记、民运科长、组织科长,东鲁中区党委蒙山工委书记,山东太宁县委书记,鲁中区党委组织部组织科长。抗日战争胜利后,从山东赴东北,1946年7月初被任命为东北局东安地区土改工作团副团长,参与组织领导密山县土地改革和建党建政等工作,为密山人民的翻身解放做出了重要贡献。1947年2月后历任合江省勃利地委副书记,吉林省吉南地委副书记,中共中央东北局组织部组织科长、组织处长,中共松江省委常委、秘书长,松江政府副主席,黑龙江省人民政府副省长、省委常委兼农工部长,嫩江地委第二书记兼专员,中共黑龙江省委书记处候补书记、书记等职。1971年因病去世。

四、东安地区行政公署专员甘重斗

甘重斗(1915—1992),1915年生于辽宁省建昌县。1935年在北大读书期间参加著名的"一二·九"学生爱国运动,后任民先队北京东城区区队长。1936年5月加入中国共产党,任北平中山中学党支部书记。全面抗战爆发后，在忻口任战地宣传队长，之后又任晋西北静乐县区委书记、县委统战部部长，因受到阎锡山的通缉，被党调到一二〇师三五八旅政治部任锄奸科执行股长。晋西北抗日新政权建立后调回地方，任行署民运科科长，岢岚县县长。抗战胜利后被党派往东北，任热河省政府秘书长，承德铁路局局长。1946年国共和谈，担任军调处执行部（枣庄）第二十二执行小组中共代表，因在敌占区谈判返回途中遭敌袭击身负重伤休养。1947年春，任中共东安地委委员、东安行政公署专员，为东安地区的政权建设、发展教育事业、征兵支前等工作做出了重要贡献。后任牡丹江省政府秘书长，松江省政府秘书长，沈阳市民政局局长。新中国成立后，历任国务院内务部办公厅主任，国务院内务办公室秘书长、副主任，中国共产党政法小组成员，中共政法机关党委书记。粉碎"四人帮"后，任中国科学院副秘书长，全国人大常委会法制委员会委员，民事诉讼法起草工作负责人，中国法学会副会长。

五、中共密山中心县委书记霍明

霍明，曾用名霍绍文、霍励民，1910年12月生于山西临汾。1936年10月参加革命，同年12月加入中国共产党。曾任山西平顺县牺盟会特派员，长治县县长，延安中央党校学员，辽源保三旅政委，中共东安地委组织部长，中共密山中心县委书记，阜新矿区工会主席，北京煤炭学院副书记，北京矿业学院副院长、顾问。

六、中共密山县委书记张笃

张笃（1920—1991），山西繁峙县人，1920年出生。1938年2月参加我党领导下的山西新军，1940年10月加入中国共产党。

抗日战争时期，任八路军一一五师连指导员、团政治处民运干事，山东滨海军区革命根据地武工队政委兼沂滨区和临东区区委书记。全国解放战争时期，任中国人民解放军山东二师政治部民运科长，中共密山县委书记（1946年8月至1949年2月）。1949年南下到江西，曾历任萍乡县委书记，南昌地委副书记、专员，吉安地委书记兼军分区政委，上饶地区革委会副主任，南昌市委副书记，江西省知青办副主任、江西省科协党组书记，江西省政协常委等职。

张笃同志是中共密山县委初建时期的主要领导人。他领导了密山县土地改革、建党建政、清剿残匪、创建根据地、开展大生产运动和征兵支前等重要工作，为密山人民的翻身解放、民主政权的建立与巩固，做出了重要贡献。他对密山怀有深厚的感情，极为关心密山的变化发展。1984年后，曾两次回访密山。

七、东安地区土改工作团土改工作队组长谭云鹤

谭云鹤（1922—2014），1922年5月生于四川省万县。1928年入学读书，1938年秋初中毕业，1939年4月考入万县国华中学高中部，在高中读书期间秘密加入中国共产党，后考入重庆国立工业职业学校读书。1940年5月受党组织派遣赴延安陕北公学学习，担任学生队党支部书记，1941年2月在陕甘宁边区陇东分区任县委、地委干事。抗日战争胜利后被党派往东北，在密山县参加土改工作，为密山人民翻身解放做出了重大贡献。1946年末任中共永安县委书记（辖现在密山市太平乡、黑台镇、连珠山乡、连珠山镇等地区）、中共鸡宁县委书记，中共中央东北局民运部巡视员。新中国成立后，任中共中央东北局组织部办公室主任兼组织指导处处长，松江省委常委兼秘书长，黑龙江省委副秘书长、常务秘书长、书记处候补书记。1973年后任黑龙江省人大办

主任，中共牡丹江地委第二书记，中央卫生部副部长，中国红十字会总会副会长、党组书记。

八、东安地区土改工作团土改工作队队员邵宇

邵宇（1919—1992），1919年8月出生于辽宁省丹东市，1936年参加革命，同年加入中国共产党。曾任第三届全国人民代表大会代表，全国美协常务理事、书记处书记，中央美术学院校外教授，浙江树人大学教授。原任第七届全国政协委员、文化部艺术委员会委员，中国国际出版公司副董事长、中国美术全集编辑出版委员会主任，人民美术出版社编审委员会主任。

邵宇同志在密山工作期间，任东安地委党校校长职务，在提高广大农民阶级觉悟，加强党员干部思想建设方面做出了贡献。他的美术活动始终扎根于生活，和人民群众联系在一起。反映密山土地改革的长篇连环画《土地》就是1946年7月随东北土改工作团来密山地区进行土改运动时，根据亲眼所见和亲身经历而精心构思创作的，真实地再现了旧中国农民的苦难生活和土改给农民带来的幸福。

1949年后，邵宇同志根据自己的亲身经历在报刊上发表了一系列速写歌颂首都新生活，后来汇编成《首都速写》问世。他的速写对于新中国成立初期的经济建设及保卫世界和平运动都做出了敏锐的反映。他还善于运用中国画反映人民的生活风俗，富有地方特色，色彩强烈，并且还作了许多富意隽永的山水花卉，常能以小见大，给人以新鲜的感受。多年来，他的足迹遍及祖国各地，并到过欧洲、北美洲、拉丁美洲、东南亚的许多国家，画下了数量丰富的作品，为增进我国人民与世界各国人民的友谊做出了巨大的贡献。近几年来，他在国画创作方面不断进行新的探索取得了很大成效。历年出版的画集有：《首都速写》（1952

年)、《万水千山》(1953年)、《在我们的首都》(1958年)、《在祖国的边疆》(1959年)、《创业年代——大庆速写》(1977年)、《在日本的日记》(1980年)、《新疆行》(1985年)。此外,还出版了他与其他画家的画集多册。

邵宇同志长期担负文艺界、美术界的领导工作,从1951年起就担任人民美术出版社总编辑。他理论水平高,知识广博,编辑经验丰富,是一位编辑专家。经他编审出版了许多重要的画册、画辑、画论等,为我国的美术出版事业做出了卓著的贡献。

第四节　密山县政府早期领导人介绍

一、第一任县长傅文忱

傅文忱(1904—1972),1904年12月3日出生于吉林省双城县。由于家庭生活贫困,从小就养成了热爱劳动、勤俭持家的好习惯。1913年全家逃荒至密山二人班柞木台子安家落户,傅文忱在姚家大院上了3年私塾,12岁就辍学随父亲种地了。辛劳的岁月使他亲身体验到了农民生活的困苦,富人压迫穷人的不平等。在劳动的间歇,他阅读了很多小说,如《三国演义》

密山县人民民主政府第一任县长

《水浒传》《精忠传》《南北宋演义》,政治清明的皇帝刘备与宋太祖、精忠报国的民族英雄岳飞、替天行道杀富济贫的宋江等人都成了他崇拜的偶像,他开始强烈地不满当时社会的黑暗统治,这些书籍在他幼小的心灵上播下了反抗的火种。1917年俄国爆发了"十月革命",建立了社会主义国家。密山二人班有许多乡民和苏联有联系，常聚在一起议论苏联革命胜利后的巨大变化，傅文忱听后倍受鼓舞。他平时也去苏联边防站，耳闻目睹了很多新鲜事儿。1927年通过阅读《怎样打倒日本帝国主义》这本书，他知道了中华民族到了生死存亡的关头，认识到农民如果不起来革命进行反抗，不仅不能摆脱富人的压迫，而且还要遭到外国人的驱使和奴役，因此，进行革命反抗压迫，拯救农民于水火的愿望从此更加强烈了。

1931年9月18日，日本悍然发动蓄谋已久的侵略中国东北的战争，由于蒋介石的不抵抗政策，东北三省很快沦陷了。中共满州省委发表宣言，号召工农兵劳苦大众们团结起来共同抗日。傅文忱积极响应这一号召。1932年初，抗击日军侵略的李杜将军率部到达密山，傅文忱为救国救民毅然弃农参军。1933年1月8日，日军占领密山县城，他所在部队被日军击散，亡国奴的耻辱使他痛心疾首，他回到家里进行苦苦地思索。

1933年，傅文忱的弟弟傅文秀和一个叫李发的人同遭土匪绑架。李发同志是受中共吉东局直接领导的负责国际交通工作的联络员，正随身携带着上级党组织的秘密信件。由于他不能脱身，傅文秀释放后就帮助他设法把信送了出去。后来傅文忱在弟弟的引见下结识了李发同志，傅文忱当即向他表白了自己要参加革命的决心，但是李发同志当时没有答应他的要求。不久，傅文忱参加了党领导的抗日会，他在二人班积极地宣传抗日，为抗日进行募捐，冒着生命危险散发传单，张贴反日标语，逐步地取得了党的信任。党组织负责人李发同志让他担任了密山至苏联海参崴的国际交通联络员。

这条国际交通线是1927年由满州省委交通员苏子元在王栖真的协助下建立起来的，是架在中苏边境上的红色桥梁。我党的文件、共产国际的指示及中央派往苏联学习的干部大都经过这条交通线。傅文忱深知这项工作的艰巨性、危险性、秘密性,因此,无论是刮风下雨、天寒地冻,还是翻越崇山峻岭、跋涉大河湍流,他都出色地完成了任务。他护送学生、送取来往信件多在夜间行走,半夜到达居住在中苏边界附近的表弟家里,歇歇脚,打探打探风声,鸡叫时才越过黑土堆到达苏联,天黑以后再返回来。他虽然经常到表弟家,有时还领着党派往苏联的同志,却从不向亲属讲任何事情,只说为给日本人上缴猎物,带人来打猎。

李发同志作为傅文忱的领导,给予了他无微不至的关怀和帮助。他教傅文忱如何搞群众宣传工作,怎样秘密携带文件以及牢记暗号的方法等,傅文忱虚心学习,在工作的各个方面进步很快。李发同志不怕艰苦、不怕牺牲的精神,使傅文忱受到了极大地教育和启发,树立了为民族的解放事业而献身的崇高理想。1933年杨松同志被中共驻共产国际代表团派到吉东地区领导抗日斗争。杨松同志去苏联接受共产国际和中共代表团指示或向他们汇报工作,多次都是由傅文忱护送。在护送途中,杨松常向他讲解马列主义理论和建立反帝统一战线,宣传"一·二六"指示信和我党的路线、方针、政策,使他思想认识逐步提高。

1934年7~8月,日军雇佣民间大车拉石料修筑密山至梨树镇的公路,规定每车5元伪币。由于工头和监工打骂车主降低车脚钱,引起众怒。当修到二人班境内时,傅文忱见时机已成熟便和本乡木工宁惠卿组织领导拉石料大车户进行停工斗争,要求补发拖欠的运费。被激怒的车主纷纷参加停工斗争,上千人停工五六天。在这场停工斗争中,工头和监工克扣打骂车主的罪行得到了清算,并要回了车脚钱。傅文忱在里面表现出了高度的政治觉悟和坚定的革命立场。中共吉东局鉴于傅文忱这段时间的表现,经本人申请和杨松、李发同志介绍,1934年10月吸收他为中国共产党党员。

1935年5~6月，吉东特委接到共产国际中共代表团派学员到莫斯科学习的通知。共产国际巡视员杨松过界时给傅文忱留下了去苏联学习的组织关系并化名李文贵。年末，吉东特委组织遭到破坏，许多同志被捕牺牲。在这最艰难的时刻，傅文忱没有丝毫的畏缩退却，冒着生命危险机智地把张松（李范伍）等最后一批吉东特委领导安全地送过国界，自己这才回家做去苏联的准备。临行前，他抚摸着自己6岁的爱女，告诉妻子说："如果6年内我没回来，也没有音讯，你就别等我啦，我可能就不在人世了。"从此，他为了人民的解放事业踏入了异国他乡。

1936年3月，傅文忱拄着拐杖，迈着艰难的脚步到达海参崴。经过非常严格地审查谈话，5月被送到莫斯科东方共产主义劳动大学初级班学习文化课，主要有历史（联共党史、中共党史、西方革命运动史）、数学、语文、外文。9月又学习开汽车、坦克，骑兵战术，防空、防机械化部队战术以及反坦克炮的射击法，业余时间还上武术课。学校还发给学员们西装、风衣、大衣及零用钱，规定不得与外界通信联系，每周组织两次生活会等。傅文忱置身于来自殖民地、半殖民地国家的不同民族、不同肤色、不同语言的人中间，了解了亚非拉民族解放斗争的进展情况，大开了眼界。他非常珍惜这次学习机会，努力克服自己在语言文字方面的种种困难，集中精力刻苦学习文化和军事技术，使各科都取得了优异的成绩。

在莫斯科，傅文忱最难忘的一天是1936年11月7日——俄国十月革命19周年纪念日。东方共产主义劳动大学的全体学员同苏联劳动人民一样穿着节日的盛装，打着红旗，抬着标语牌，高呼着庆祝口号，威武雄壮地经过红场列宁墓，接受斯大林同志和苏联党政军领导人的检阅。傅文忱目睹了他仰慕已久的斯大林、莫洛托夫、加里宁、伏罗希洛夫，以及共产国际总书记季米特洛夫等人的风采。

1937年7月7日，日本发动了全面的侵华战争，东方大学的学员们纷纷向党组织要求回国参战。1938年2月，中共中央组织部决定傅文忱同志回国。傅文忱取道新疆迪化回到延安，党组织决定让他改名宋志远。

巍峨的宝塔山高高地耸立着，清澈的延河水静静地流淌着，同前线相比，这里处处充满着民主、自由、平等的气氛。傅文忱兴奋得几夜难眠。延安解放区军民团结，共同抗战的情形深深地感染着他，他迫切要求党组织分派工作。1938年2月，他被分配到延安摩托车学校任副大队长，负责教授驾驶摩托车技术培训学员。他理论联系实际的教学方法，受到学员的欢迎。

不久，党组织根据傅文忱的工作经历，分配他参加瓦窑堡抗日大学第四期学习。抗日大学第四期是我党根据当时的抗日形势临时举办的。1938年，以国民党军抗战为主的华北战场已告失败，日军渡过黄河进攻抗战的后方——陕甘宁边区。中国共产党针对敌人武器、装备占优势的特点，在华北、江南领导八路军、新四军广泛地开展游击战争，开辟农村抗日根据地，所以急需大量熟悉农村工作的干部。为培养这方面的人才，1938年4月16日抗日大学第四期正式开学。毛泽东同志挥笔题词"学好本领，好上前线去"，教导学员们勤奋学习，掌握革命本领。傅文忱被分在驻瓦窑堡的第一大队第一中队学习。开设的课程有政治课、马列主义概论、中国问题与共产党和国际的问题、政治经济学民众运动等，还有军事课程。

傅文忱学习成绩好，政治思想水平高，担任了中队的党支部书记。他在大队长苏振华同志、政治委员胡耀邦同志的领导下，积极工作，努力学习。他利用业余时间把党小组活动搞得形式多样，生动活泼。1938年4月，胡耀邦提倡发起了斯大汉诺夫运动,傅文忱在"向学习突出、向工作突出、向生活突出"三个方面做出了突出的贡献,被授予"斯大汉诺夫学生"的光荣称号,胡耀邦亲自给他颁发了奖品。1938年8月1日,傅文忱以良好的成绩获得了印有毛泽东题词"努力奋斗、再接再厉、光明就在前面"的毕业证书,后转入延安枣园专门训练党内交通干部的训练班接受培训。培训结束后,他被中组部派往西安八路军办事处,任机要科科长,负责延安、党中央与外界的联系,保证我军急需物资供给渠道的畅通。他经常往返于西安于延安之间,取送重要文件情报、押运武器弹药等,每一次都非常出色地完成任务。由于他有丰富的对敌斗争经验,1942年被调到中央农委(中央秘密交通部门)做秘密交通工作。他胆大心细,机智勇敢,在取送文件和情报时,把密件卷到烟卷里,缝进衣服夹层里或放到鞋里层,屡次巧妙地过了敌人的关卡,出色地完成了党交给他的各项任务,被所在的党组织评为"甲等秘密工作者模范"。

1945年8月15日,全国抗战胜利。9月,他随中央农委机关的邹大鹏、吴诚、陶斯咏、黄朴等人从延安出发前往东北,1946年3月到达东北局。根据中央精神,东北局把他派到了合江省。在佳木斯,他组织了发电厂工人同特务分子于生的斗争,成立了工会,组建了党的组织。

1946年4月,傅文忱被合江省派往东安地委所在地鸡宁县。当时密山被郭清典、杨世范、卢俊堂匪帮所控制,他们在密山县成立了临时伪政府,筹集粮饷,武装抵抗我人民军队,等待国民党接收。6月22日,在三五九旅旅长刘转连统一指挥下,我军解放了密山。6月25日,密山县人民政府正式宣告成立,傅义忱任密山县人民政府第一任县长兼土改工作团主任。

7月,傅文忱由警卫员护送回到了阔别10年的家乡二人班,站在父母、妻子、女儿面前,他悲喜交加。他母亲抱着他头说:

"你这些年跑哪去了？怎么不给家里来个信，妈把眼泪都哭干了。"傅文忱这才知道妻子一直没有把他去苏联的事告诉家里，他感激地对他妻子说："这些年你受苦了！"他的结发妻子带着两个女儿，等了7个年头，也没有音讯，于是在傅文忱父母的主持下改嫁了。而当傅文忱回到阔别已久故乡二人班时，他们两夫妻也都各自组成了新家庭。这种革命斗争的传奇经历，被罗国士、沈默君取材创作了《革命自有后来人》，后改为《红灯记》。他的国际秘密交通革命工作的经历就是

从延安返回家乡密山担任首任县长时全家合影，左二傅文忱。

《红灯记》故事原型，而密山就是《红灯记》故事的发源地。

解放后的密山百废待兴，同时要防御山上残余土匪的袭击，傅文忱夜以继日地工作着，终因劳累过度住进了医院。经过4个月的精心治疗，傅文忱病情有了好转。12月，东安地委派他去当壁镇办理对苏贸易，用东安地区的大豆、豆油、猪肉、白酒换来了急需的食盐、棉布、火柴等生活用品，解决了当时东安地区的困难，支援了合江省。

1947年11月，他任东安市市长。在这期间，他组织了东安市的清算斗争，东安市撤销后他调天津工作。他经常给密山县的父母寄钱，不让他们打扰政府、不让他们接受政府给予的任何特殊照顾。

傅文忱在党的机要战线上默默无闻地工作，表现了一个共产党员献身革命的火热衷肠和自我牺牲精神，家乡的人民永远怀念他。

（李忠伟）

二、第二任县长柳知一

柳知一（1912—1947），原名靖涛，参加革命后改名知一。1912年生于湖北省黄梅县翟港区一个较富裕的农民家庭。父亲柳隆顺年幼时家境贫寒，成年后勤劳耕作、节俭持家，家境逐渐殷实。母亲是位贤惠勤巧，善于纺织的农家妇女；兄长柳映堂自1924年家父病故后，独自操持家庭生计，他开明进步，全力支持柳知一读书深造。后期柳知一在外从事革命活动，其妻徐菊香及儿子柳长生（后更名柳志烈）的生活重担一直由柳映堂承担，支持弟弟参加革命活动。

密山县人民民主政府第二任县长

柳知一，自1921年起在柳埂村私塾读书10年，后考入黄梅县立中学，1935年他以优异的成绩考入武昌乡村师范学校。他读书的17年，也是他不断地探索、寻求救国救民真理的17年。

柳知一自小聪明、勤奋、善动脑，渴求新知识。他非常崇敬中国革命的伟大先驱者孙中山，课余之时读了大量的孙中山著作，使他对封建的旧礼教、旧道德产生怀疑。他推崇康有为、梁启超、谭嗣同，把康有为写的《大同书》背诵了下来，向往"天下为公、一切平等"的"大同世界"，"公车上书"越格犯上的康有为、梁启超成了他幼小心灵中的英雄，为了祖国昌盛而殉身变法的谭嗣同也是他少年时代崇拜的人物。

柳知一在武昌乡村师范学校读书时，曾写了《论兴邦》的论文，指出：大厦将倾，不可缮治；王气已尽，不可强持；必须重整乾坤，方可谈兴。在师范学校里，他接触了学校中的进步知识分子，开始阅读马列著作和各种进步书刊，追求思想进步，关心国家兴亡，向往中国共产党，立志重整乾坤，投身中国革命。他在自己的书房里手书"今世有心捣虎穴，此生无梦入凌烟"的条幅来激励自己。

在武昌乡村师范学校学习期间，柳知一与老师黎丹池、同学黄道平组织进步学生学习马列书籍、讨论时政、探索真理，这段经历使他锻炼成了品学兼优、有威信的学生组织领导人。"一二·九"学生运动期间，他与黄道平一道组织全班同学率先参加武昌高校师生大游行，他领队高呼："打倒日本帝国主义！"他不顾校方的阻挠，组织同学与反动军警进行斗争，连续3日吃睡街头，撒传单、街头演讲，宣传中国共产党的抗日主张。

柳知一聪明好学、成绩出众，知识广博，黄梅县的知识界都称其为俊才。寒暑假，豪门绅士纷纷领子登门求师，愿以高酬聘请传教，柳知一却推而不纳。而他对本村和邻屯因家贫而无力入学的青少年却极为同情，他利用假期自任教师，为乡民们办起义校，教他们识字、算术、宣传进步思想，共摆脱文盲人数近百名，其中的一些青少年成了村里能写会算的能手。与知一年龄相仿的青年周尚颐，在他的影响下后来走上了革命道路，壮烈牺牲在抗日斗争的战场上。由于柳知一支持正义、不畏强暴，青年们都很尊敬他。1934年，黄梅县赤日炎炎，禾苗枯焦，农民心急如焚。他家村西有个又深又大的水塘被地主霸占，农民不得灌溉。柳知一把穷苦的农民组织起来进行斗争，他率领愤怒的农民涌上水塘坝，痛斥霸占水塘的地主说："水塘下的每块地，都是用以济民生，纳国税，为什么不能同样取水救苗？不论哪块田的契约上，都未写明水塘是哪一家的祖先开挖的，也未写明穷人只能有种无收的理由，这些压迫穷人的老规矩是无理的，必须废除。"面对怒火燃烧的农民，地主不得不妥协让步了。柳知一带头废除了本村这个不平等的规矩，使得100多亩民田得到了灌溉，此事至今被人们传为美谈。柳知一在读书期间，不惧权势，为民出气，见义勇为、联系贫穷百姓，深得当地群众的赞佩。

1938年春，日军进逼苏皖，柳知一所在年级提前毕业。毕业后他到湖北荆门南乔八角小学担任教员，并由他的同学黄道平介绍加入了中国共产党。以后受党的派遣担任往返重庆、荆门之间传递党内重要文件任务。1940年调任新四军十五旅任连指导员。1941年调至湖北当阳、荆门、潜江等地开展革命运动，曾先后担任过襄北地区执委会主任、县委书记。1943年被国民党逮捕入狱。面对生死的考验，他坚贞不屈，保守党的秘密。经敌人酷刑和非人的狱中待遇，柳知一患上了肺结核病，强壮魁梧的身躯被敌人折磨得瘦骨嶙峋，他身陷囹圄做好了牺牲的准备。1944年冬，他在狱中给家兄柳映堂写了绝命信，全文如下：

敬爱的哥哥：

在执笔之前，我几经思量，才决意把真情告诉家中。此信，乃从狱中托人寄去，阅后，请勿悲伤，请勿流泪。离家后，我并非经商，强说经商，是为避免抄瓜伤根之祸，并非弟弟所为，不可立天地见日月。几年来，弟弟所为，古无先例；弟弟所为，人间正道。正因如此，现时执政者，诬我为大逆不道，以致身陷牢狱。既来之则安之，已入此境，再无生还之梦，我既愿行险道，早非贪生之辈，今日之事，毫无怨言。弟弟此心此意，并非毫无骨肉之情，谁无父母妻儿，谁无兄弟姐妹，正值国多难、国倒悬之际，救民伐纣，我不敢为谁愿为，我不愿死谁当死。我深知哥哥爱我之情，胜似爱岚儿（柳知一的侄儿）之心，哥哥弃学弟入学，哥哥草鞋弟革履，历历往事，无不叫人动心弦，滚热泪。我岂肯妄自轻生，而是深感忍辱贪生不如死，背道苟存不如死，故而宁肯玉碎。哥哥能察此心，则是形虽离而神合。菊香年仅30，我离家时，年仅二十有三，已深受生离之苦，再勿使之永抱死别之恨，望哥哥劝其另嫁，我儿则请哥哥代为抚养。老老幼幼，将全赖哥哥，望自保重。愿诸儿都能入学，育好幼苗待春风，自有新枝绿更浓。我身上衣服，已破旧不堪，不能遮身，望速寄棉、夹、单衣各1套，西蜀东吴，路隔数千，途中荆棘遍地，无法通行，望哥哥切勿远寻，我虽不能革还，亦应视为等闲，如能骨化清风，自当飞回故里。言不尽，弟再拜。

这位忠诚的共产主义战士后经党组织营救，越狱成功才幸免于难。中原突围以后被党派遣到东北。1946年中秋节刚过，他与新四军五师的李钧、李民二位同志一起到中共东安地委报到，东安地委书记吴亮平同志代表党组织找他谈话，任命他为密山县人民政府县长。

柳知一同志接任县长时，正值密山土地改革运动的初级阶段，群众尚未真正发动起来，残余土匪与地主相互勾结进行骚扰，面临的困难很多。所以，稳定局面，建立人民民主政权，发展经济，支援前线是土改进程中亟待解决的重大问题。他在抓好人民武装工作的同时，侧重抓了各级政权的组建工作。县政府组建了总务、财粮、农业、教育四个科，这个共有30余名机关干部的领导机构，领导全县2万余户、10万口人，投入到轰轰烈烈的土地改革运动中。

为了把土改运动深入扎实地开展起来，柳知一同志经常深入试点区、村开展工作。他每到一处，首先深入到基层调查研究，与穷苦农民同吃同住同劳动。在白泡子区，他住进了村边低矮、又脏又冷的刘老头家，他为这位70多岁、孤身一人的老人挑水、劈柴、扫院子、理发，给老人带来了党的温暖。老人感动不已，逢人便说："新旧社会两重天哪！旧社会我受了大半辈子苦，哪能见着县长的面，新社会县长住进我的家，还帮我干活，我老头子可托共产党的福啦！"群众见县长和穷人一条心，纷纷向县长反映情况，很快地就打开了群众工作的局面。

　　柳知一同志在工作中处处以身作则，坚持原则，不搞特殊化。在基层开展工作时，他始终坚持与群众同吃住，从不吃招待饭，受到各区干部、群众的一致好评。1946年冬，他随县征粮工作队去白泡子区下乡，当时他的肺病正发作，同志们劝他乘坐爬犁。他却执意不肯，他说："请大家不要担心我，我能坚持。"并鼓励大家说："二万五千里长征是靠两条腿走出来的。"他硬是与工作队同志一起徒步近百里抵达区里，并告诫大家："现在群众生产、生活还有很多困难，要尽量减轻群众的负担。"

　　由于多年的地下工作和狱中生活，柳知一的身体状况很差。他忍受着病魔的折磨，但他依然忘我地工作，处处从严于己，事事走在群众的前头。1947年6月，修复战争中损坏的县政府的房屋与围墙，为节约每一个铜板支援前线，柳知一同志带领机关干部自己动手搞维修。他早晨3点天未亮就起床，和泥、搬运砖石。在他的感召带动下，大家争先恐后挑重担，很快就完成了修复任务，为国家节约了资金。由于长时间过度操劳，柳知一的身体每况愈下，有时几天吃不下一口饭。每见此情，同志们都非常心疼。一次，大家商量为他做点病号饭，恳切希望他吃下增加点营养，柳知一百般不肯，并劝阻说："我是人民的县长，应和群众同甘共苦，不能有半点特殊。"大家对此除了泪水与心中阵阵酸痛外，余下的则是深切的敬佩之情。柳知一同志从严于己，生活俭朴，有时对自己甚至有些苛刻，可群众的疾苦却时时挂在心上，随时随地帮助部下解决工作、生活中的困难，以解除他们的后顾之忧，全身心地投入到工作之中。

　　为缓解密山人民资金短缺、生活困难的局面，柳知一同志与东安地委有关领导商量决定，利用密山与苏联接壤的有利地理条件，开展边境口岸小额贸易。为使贸易成交尽快实现，他夜以继日地带领群众铺路、架桥、设涵，抢修通商道路，以最短的时间打开了当壁镇小额贸易的南大门。用当地的农副产品与苏联兑换火柴、食盐、布匹、汽油与航空用油等物质，解决了人民生活急需的物品，为恢复生产、发展经济，奠定了物质基础。

柳知一同志重视人才的发现和培养。他常说："人才就是党的财富。"在他任职期间，多次到基层调查摸底，发现人才便做耐心细致地动员教育工作，启发他们参加革命。在三梭通区祥升村，柳知一同志曾以"三顾茅庐"的精神使4名有知识才能的青年打消顾虑，走上革命道路。在工作中，他注重对青年们的培养教育工作，并亲自组织他们学文化、学理论，提高他们的政策水平，为党和国家后来的革命与建设培养了很多有用人才。

1947年8月，柳知一同志病重，组织上强迫他住院治疗。他在病中住院治疗期间仍不忘县里的工作，向前来看望他的同志了解县里全面工作情况，并对当时的土改、生产、支前等项工作提出自己的看法与要求，将自己全身心投入于党的事业之中。柳知一同志病危，县委领导霍明、张笃征求他对家属的安排意见时，他不想让组织为个人的事操心，便说："有党和地方政府，不会有什么困难。"他这种生为民奉献、死不为己获取的高风亮节深深地感动了大家，在场的同志们都流下了眼泪。这位坚强的、富有才华的共产主义战士，为了密山人民的翻身解放事业日夜操劳，终因积劳成疾，于1947年9月3日下午在东北民主联军第九陆军医院的特护病房里，永远地离开了密山人民，享年只有35岁。

密山人民为失去这位好县长而悲痛万分，中共东安地委为知一同志举行了隆重的追悼会，并在车站广场西南方立碑纪念，碑上刻有密山中心县委书记霍明同志写的"知一同志为革命奋斗以致积劳成疾寿终仍念念不忘工作，真是模范共产党员"、县委书记张笃同志写的"为民死英名千古"、公安局长牛何之写的"关内关外艰苦奋斗称模范可钦可敬为党为人民积劳成疾而牺牲永垂青史"的题词。1947年10月，中共密山县委决定将原密山县城（城关区）改名为知一区，以志永远怀念。

（此文周淑琴根据黄梅县烈士陵园与密山县档案局《柳知一情况简介》及柳知一侄子柳瑞岚回忆录整理）

第五节 部分老革命土改回忆录

回顾密山土改

张笃

一

1946年，国民党反动派为了攫取抗战的胜利果实，在美帝国主义的支持与怂恿下，悍然对我解放区发动进攻，妄想把刚刚获得民族解放的中国人民重新推入战争与动乱的苦难深渊。为了保卫抗战的胜利果实，建立巩固的东北根据地，我们山东二师从鲁西南日夜兼程，水陆并进，挥师北上，挺进满洲。

山东二师（未进关时称八路军一一五师）是一支具有光荣革命传统的部队。这支部队作战勇猛顽强，令敌人闻风丧胆。抗战初期曾取得过震惊中外的"平型关大捷"。在创建山东抗日根据地过程中，这支部队似一把尖刀，插在敌人的心脏，使日伪军如坐针毡，疲于奔命，沉重地打击了侵略者的嚣张气焰。为开辟鲁中根据地，全体指战员发扬前赴后继、浴血奋战的牺牲精神，为人民立下了不朽的功勋。

山东二师进入东北后，继续发扬不怕牺牲、连续作战的战斗精神，先后在辽宁省北镇和吉林省四平街、新站、拉法等地同国民党反动派展开激战，仅新站、拉法一战就围歼敌军一个团，俘获2 000多名敌军，给一向以装备精良、不可一世的国民党部队以沉重的打击。使敌人不得不承认这次战斗损失惨重，急请东北军调停处调停。

1947年7月，根据中共中央东北局关于建立巩固的根据地的指示精神，部队调动主力到敌后根据地清剿残匪，我们师也调至牡丹江，不久又进驻东安地区，接替了三五九旅的剿匪任务。

二

东安市（现密山镇）坐落在完达山脉蜂蜜山脚下，穆棱河在其境内流过，两岸土地肥沃，盛产粮豆。这里土地辽阔，物产丰富。其中兴凯湖（现已开发为旅游胜地）大白鱼历代都视为珍品。由于这里远离国民党反动派统治的"国统区"，又背靠苏联，具有特殊的战略地位。遵照党中央的指示精神，东北局决定在东安（当时所辖5县1市）建成巩固的革命根据地及解放战争的大后方。因此东北局副书记高岗同志曾亲临东安地区视察，部署根据地等方面的工作。

当时东安刚解放不久，要想把整个东安地区的广大人民从封建统治阶级的压迫下解放出来，开展轰轰烈烈的土改运动，亟须大批党政干部。为此，应当时地委书记吴亮平同志的请求，我们二师抽调20多名干部充实到东安地区，以加强土改工作的领导力量。

这时土改运动已在东安地区轰轰烈烈地展开了，我被派到密山县任县委书记。从此结束了我的军旅生涯。

我是怀着恋恋不舍的心情离开部队的。我舍不得那南征北战的部队，戎马生涯，驰骋于疆场上消灭土匪更觉得过瘾。我更舍不得那些与我朝夕相处的战友。当时师领导罗华生、刘兴元找我谈话时就告诫我，没有巩固的根据地，我们就不能在东北生根，更不能战胜比我们强大几倍的国民党反动派，建立巩固的根据地与前线作战同等重要。

当时我很年轻，只有29岁，没有一点工作经验。东安地委书记吴亮平同志非常关心我们这些年轻干部，他亲自带我和牛何之到正在开展土改工作的密山半截河、二人班、三梭通3个区熟悉情况，并向我们介绍了土改工作的一些方针、政策和东安地区群众工作的一些基本情况。在半截河经介绍我认识了东安土改工作团团长陈伯村同志。据了解，东安地区土改工作团是东北局配备人数最多、干部素质最好、阵容最大的工作团。

密山县是东安地区最大的县，人口13万，其中朝鲜族3万。下属半截河（后称向阳区，后划归鸡东县）、二人班区、三梭通区、永安区（后划归为鸡东县）黑台区、连珠山区、城关区（现知一镇）、白泡子区（现白鱼湾）、马家岗区（现兴凯湖乡）、杨木岗区（现杨木乡）、杨岗区（后划归虎林县）和五道岗区（现富源乡）。密山县城就是现在的知一镇。

由于这一地区地大物博、人口稀少，土地改革运动不同于中央苏区。因此地委书记吴亮平同志与工作团团长陈伯村同志制定了一系列土改工作的具体方针与政策。具体做法为：以点带面，点面结合，全面开展，层层深入。在政策上实行了"斗地主、保中农、减富农、优贫农，不伤害中小工商业者"的原则。

工作团的同志首先兵分三路，一路是陈伯村团长坐镇半截河，一路是于杰坐镇二人班，一路是许光庭坐镇三梭通，以便取得经验，然后推广扩大。具体做法：

发动群众阶段。这一阶段也是打基础阶段，实践证明，哪个村屯的群众工作开展得好，哪里工作也就进展顺利，土改运动也能深入扎实。

在这一阶段中，工作团的同志克服了身体素质差，地理、气候不适应，语言障碍等多方面困难，坚持深入村屯访贫问苦、扎根串连，并组织贫雇农积极分子进行忆苦教育、算剥削账、挖穷根，以贫雇农为中心筹备农会组织。

例如当时的组织部长袁青同志（原名杜宁远），她是河南人，学生出身。她体弱多病，还带着一个不满周岁的孩子。但为了党的事业，为了广大穷苦大众早日翻身获得解放，她以惊人的毅力克服了重重困难，做出了巨大牺牲。记得袁部长冬季下乡一住就是数日，在路上穿着皮袄坐在马爬犁上还得围棉被。那时密山人烟稀少，到处白雪皑皑，常有人冻死在路上。她既能吃苦，工作上又大胆泼辣，原则性强。像她这样的同志又何止一个，密山人民的翻身解放哪一点不凝聚着他们的辛勤汗水，有的同志甚至为之献出了宝贵的生命。这些同志的先锋模范作用和脚踏实地的工作作风，赢得了刚刚获得翻身解放的密山人民的衷心爱戴。

斗争地主，分浮财阶段。斗地主、分田地，减租增资，发展生产，这是土改最为激烈、最为壮观的一幕。当贫苦农民斗倒了地主，分得了土地，那喜悦的心情，是难以用语言来形容的。

由于这一阶段政策性比较强，我们在工作上既积极大胆，又稳妥慎重。斗争地主的方针主要斗争政治地主，因为这些人过去依靠日本人，欺压群众，民愤极大。划分富农的标准是看其剥削超没超过25%。对一般的地主，富农我们主要分他们的浮财，原则是打乱平分，抽肥补瘦。而对中农、中小工商业者则予以保护。这段时间较长。

建党建政阶段。为了保卫土改斗争的胜利果实，让贫苦农民真正当家做主，在斗倒地主、分到田地之后，随着农会的建立，相继成立了农民自卫队，建立起农民自己的武装。当时党的组织还未公开，但农会的筹建与发展都是在党的领导下进行的。到

1947年3月，全县秘密发展党员500余名，他们经过土改斗争的锻炼和组织教育，思想进步很快，后来有的参军参战，有的被提拔为机关干部，为党为人民做出了重大贡献。

1948年3月至4月份，根据省委指示分批分期开始公开建党。发展形式采取"自报——公议——党批准"，即由发展对象报名申请，再由贫雇农大会审议（一般通过表决形式），经过支部小组讨论，指定党员个别谈话，填写志愿书。经过这次公开建党，到1948年全县党员人数由1947年的500余名发展到2 000多名，许多共产党员积极参军参战，踊跃带头向政府交纳公粮支援解放战争，为夺取全国的胜利，做出了积极的贡献。

三

土改运动开始时，密山刚解放，为了彻底消灭残匪、保证土改运动的顺利进行、建立巩固的革命根据地，三五九旅、山东二师等相继进驻东安，部队人数最多时达5万人。再加之东北第九陆军医院、航空兵学校等单位搬入密山，部队及驻地单位的粮草供给十分困难，部队的情况尤为严重。因为部队进关后连续作战，经常是上顿不接下顿，许多战士饿倒了，有的甚至献出了宝贵的生命。我和吴政委都心急如焚。

当时密山流传着"棒打狍子瓢舀鱼"的说法。为了解决军需供给及驻地单位的粮食供应问题，我和牛何之、赵永昌等带上警卫员试着到东安市南部的沼泽地下水抓鱼。果然不假，工夫不大，我们就抓了一大盆鲇鱼、鲤鱼。吴政委知道后非常高兴，他让我们赶紧找当地群众打听有关情况。老乡说，这里的沼泽地有水就有鱼，可以用手摸，也可以用"鱼亮子"截，这样一天可弄几十斤甚至上百斤鱼。我记得当时有的部队用"鱼亮子"截鱼，由于晚上截鱼的同志睡着了，没来得及拣，"鱼亮子"都给压塌了。从老乡的口中我们还得知，日军撤走后，群众拣"洋落"，手中有些在日伪粮仓拣到的粮食。吴政委在军需会议上，号召部队到附近的沼泽地、穆棱河及大小兴凯湖里捕鱼，或到群众手里去借粮。县政府也决定在兴凯湖成立渔业公司，原县长傅文忱（我上任时他已病休）也带病组织捕鱼队打鱼。当时打的鱼很多，县里就决定调汽车往东安运。我还是头一次看到几十斤重的兴凯湖大白鱼、大鲤鱼。地委的同志还给它拍了照片，至今仍保留在我手中。每每看到这张照片，我就好像又回到了昔日的北大荒——密山老根据地，又回到了使人神往的兴凯湖边、穆棱河畔，好像又闻到那历代被视为美味佳肴的兴凯湖大白鱼特有的香味……

然而，尽管兴凯湖大白鱼堪称美味佳肴，可它却解决不了几万驻地军民的饥饿问题，更不能把它顿顿当饭吃。根据群众提供的线索，我们县政府又组织人力到焚烧过的日伪粮仓中挖出了不少烧得冒油的、发了霉的苞米碴子、小米、黄豆等粮食。当时吃这些粮食，就像吃中药丸子一样难吃。为了把好粮留给医院的伤员，地委食堂也用这些粮食做饭。在饭桌上，吴政委还诙谐地说，这要比长征时吃皮带、杂草强几倍。地委警卫连连长罗衡是吴政委从延安带来的警卫员，他告诉我，他拿我们吃的饭做一次试验，喂给猪，猪都不愿吃。

记得一次吴亮平同志领我们到东安市北郊的航空兵学校（这是我军第一所培养飞行员的学校）看望在那的领导和飞行员。看到航校领导与飞行员也吃发霉的粮食时，我们心里都非常难过。当即吴亮平同志指示我在密山城内调剂些粮食给航校。他还对我说："这批学员将要担负起人民赋予的重任，必须保证学员有强健的体魄。"

就是这所航校培养出了许多像王海（空军上将）、林虎、张积慧、刘玉堤等优秀的飞行员及将领,他们在抗美援朝、保卫我国的领土领空方面做出了卓越的贡献。后来,吴亮平还通过当壁镇对苏贸易局给航校换来大批航空用油,缓解了军需矛盾。

四

在创建东安革命根据地时期,吴亮平同志所做的贡献是多方面的。他在开展生产自救,渡过东安革命根据地最艰难时期,以及在东安地区迅速恢复经济,发展对外贸易等方面是做出了巨大贡献的。例如在土改工作团进驻半截河时,对倪德珍不久前领头集股在半截河街办的面粉加工厂是否斗争问题上,工作团内部争议很大。吴亮平在听取了面粉厂的全面情况后指出,这个面粉厂刚建立起来不久,群众也是不同意斗争倪德珍的,如果真的把倪德珍斗了,把面粉厂分了,不仅对群众生活没有好处,对我们东安地区支援前线部队的粮食供应也不利。他风趣地说:"我们总不能把半截河的小麦整粒送走,给前线的战士吃吧!"在他的正确领导下,东安地区对工商业者斗争界线掌握适当、合理,极大地保障了根据地创建时期的经济发展,在解放战争,支前拥军等方面曾发挥了重大作用。

在密山土改运动极其艰苦恶劣的环境中,涌现出一大批优秀的共产党员。他们为密山土改甘愿奉献,不讲索取,为了党的事业和密山人民的翻身解放鞠躬尽瘁、死而后已,县长柳知一就是这样一名同志。

虽然我和柳知一并肩战斗仅半年多,但战友情情同手足,同志谊携手并肩。他逝世时,他的家乡黄梅县还没解放,因此我无法把消息通知给他家。柳知一同志结婚后就参加了革命,一次家都没有回过,他的儿子也没有见过他爸爸的面,后来我南下江西才按他原址写了信,告诉了柳知一参加革命的一些详情。当时他母亲与他妻子和独生子柳志烈在一起。柳志烈中学毕业时,上饶电厂招工,我即通过组织把他安排到该厂当了工人,他母亲与妻子也得到了政府的妥善安排。

虽然几十年过去了,但他的音容笑貌,举止言谈仍历历在目,我非常怀念他。上次我回密山时,我还亲自到他的纪念碑前,向他致哀。

忆往昔,峥嵘岁月稠,追旧记,悠悠密山情。离开密山至今一晃已42个春秋了,但在密山工作的日日夜夜却深深地印在我的脑海中。在领导密山人民进行"斗地主、分田地、反奸清算"这场惊天动地的土改斗争中,我党的一批优秀儿女为之奋斗的精神,一直激励着我在离开密山以后的各个岗位上努力为党、为人民多做贡献。同时,我在这段土改运动中也受到了锻炼,为我以后的工作打下了坚实的基础。我殷切希望密山人民在党的正确领导下,继承和发扬革命先烈的遗志,为把密山早日建成富庶、民主、文明的新城市,为祖国、为四化多做贡献。

(刁学义)

暴风骤雨话东安

邵宇

沦亡了14年的东三省,终于在1945年8月15日,日本投降后解放了。党中央迅速决定由延安及八路军、新四军派出大批干部和一部分部队进入东北,在东北建立起巩固的根据地。当时国民党部队及所谓"接收"人员也进入了东北。我方一部分到南满地区,处境与斗争非常艰苦。大部分则经过海龙、梅河口、本溪湖、长春,最后到哈尔滨,随后又有一部分人到佳木斯。当时国民党部队全部是美式装备,步步进逼,出现了一段暂时的敌强我弱的形势。在这样形势下,地处东北边陲、背靠苏联的东安就成为我们最后的一道防线，也是当时的战略后方，地位变得非常重要。为此，在1946年冬，中共中央东北局动员12 000名干部下乡，发动群众搞土地改革的时候，派到东安的这支武装工作队，是一支最强最大的武装工作队。今天所以把这土改工作队叫武装工作队，是因为当时土匪没有消灭，敌伪残余势力比比皆是，因而土改工作队员的骨干都有枪，并取得主力部队的互相配合。中共中央东北局陈云同志动员时指出，要把东安地区建成巩固的根据地，作为同国民党进行长期斗争的军工、物资生产供应的战略后方。这就不难看出，在解放战争时期东安地区在整个东北地区所处的战略地位。

东安工区当时的基本情况和东安土改工作团的工作。

东安是1946年6月解放的，苏军撤出后，由我三五九旅谭文帮同志率部接防。最初的东安地委由吴亮平同志任书记，甘重斗同志任东安行署专员，谭文帮同志任东安军分区司令员。共辖虎林、宝清、鸡西、密山、饶河5个县。当时大股的土匪被打掉、打散了，不少小股土匪还是四处骚扰。先来的同志虽然已程度不同地搞过反奸清算斗争，群众也把共产党视为亲人，但是当时治安情况不好，谣言很多，加之那些土匪大都是以所谓"国民党忠义救国军"的面目出现的，因而人心观望不定。东北是国民党和我们必争之地，东安地区又是处在这样一个战略的重要地位，因此，要在这里建立起巩固的根据地和战略后方，只有和东北各地区一样进行土地改革，充分发动群众，以革命的武装战胜反革命的武装，把国民党反动派消灭在东北或从东北赶出去！

由东北局组成的赴东安地区土改工作团，于1946年6月27日正式成立，陈伯村同志任团长，李尔重同志、于杰同志任副团长。6月29日离开哈尔滨，7月9日到达东安。工作团的200人，其中延安来的同志约80人，由东北局机关抽调10余人，东北大学的学生约100人。到东安后，陈伯村同志任东安地委副书记，主抓土改工作团的工作及干部组织工作。东安地委书记吴亮平同志向大家介绍了东安地区的情况，传达了洛甫（张闻天）同志的指示，他介绍了过去一段工作的经验教训之后，说："这里是中国和世界闻名的北大荒。14年来，它被日伪、特务及土匪所压榨，贫困、苦难的人民生活在水深火热之中，我们要依靠群众，发动群众。这是一片广阔肥沃的土壤，我们要在这里开荒、锄草、落脚扎根，为民除害……并做到国泰民安，耕者有其田。"

用一个星期时间，工作团学习了中央"五四"指示和1933年关于如何划阶级的文件以及东北局的"七七"决议，明确了下乡后紧紧地依靠贫农、雇农、下中农，团结中农，孤立富农，坚决打击消灭地主阶级的阶级路线；制定了突破一点，以点带面的工作方法；宣布了工作团的"三大纪律、八项注意"等等，然后工作团兵分三路下去。李尔重带一部分人到鸡西，以平阳镇为中心展开工作；于杰带一部分人到三梭通、二人班；陈伯村同志带领工作团总部和一部分人，以半截河为中心，统筹全局并领导这个点的试点工作（吴亮平同志在工作团来到前办的训练班有10余人，也参加到这个点里工作）。

不管在哪个地区，群众（主要是贫下中农）对共产党能否站住脚还是怀疑的，害怕地主报复。在我们一开始进行访贫问苦时，大都敬而远之，相当沉默。我们讲八路军、新四军的抗日史；讲党的方针政策；讲汉奸特务的卖国罪行，讲当亡国奴的苦难史；讲共产党的救国史；讲地主阶级的剥削本质，等等。经过调查研究，摆事实讲道理，进行爱国主义和阶级教育，一些人勇敢地站了出来，于是我们把积极分子先组织起来，同我们一道工作。我们也根据情况的了解几经迁移，住到真正苦大仇深的贫雇农家中，同吃、同住、同劳动、同工作。我们特别注意走群众路线，群众与敌人面对面地斗争，不要包办代替，同时对群众和积极分子进行政策教育。这自始至终都是重要的，尤其是在群众发动起来后进行面对面斗争、进行处理的时候，群众自己解放自己，反对思想包办。进行面对面地斗争，这是活生生的阶级教育，是在斗争中选拔、培养、锻炼当地干部的"训练班"，也是对地方干部坚定性的一种考验，同时也是对工作团干部的考验。

斗争是非常复杂的。在半截河以及半截河南的居仁屯，如果不把逃跑的恶霸地主捉回来，不把大地主和地主土匪武装头目捉回来，群众是顾虑重重的，谁去捉呢？他们在哪里呢？全然不知道。我们于是依靠群众、发动群众，开"诸葛亮"会，很快同群众一起把逃到百里之外藏在大脑袋山的恶霸地主抓回来了，而且缴到了枪，并在半截河搜山中活捉了土匪头目赖明发。经过公审和受难群众的血泪控诉之后被处决了。贫下中农受到了阶级教育，威风大振，感到建立组织自己的武装自卫队的重要性，于是掀起了起枪运动。在半截河一个伪屯长家里，一次就起出8条枪。这个狡猾的伪屯长自愿去降匪，而实际上是去通匪，我们尾随的自卫队员探到了土匪的情况，这股土匪被我剿匪主力部队一举歼灭了。后来整个合江地区活捉了土匪头目谢文东、张黑子等等。捷报传来，东安地区群众同样是群情振奋、信心倍增，群众武装风起云涌地组织起来。几个地区经过一些曲折复杂的斗争，把那东、西、南、北霸天都斗倒了。在鸡西等有矿工的地方，根据吴亮平同志的指示都开展了工作。

各地的做法和情况大体是：一是先访贫问苦。二是组成贫雇农小组开展反奸、反霸清算斗争。三是在斗争中组成农会。开始是贫下中农参加，后来也吸收表现好的中农、特别是佃、中农参加农会。四是分浮产、分房子，把地主搬出来把房子分给穷人住，同时教育农会干部要大公无私，不要抢分好房子，不要多吃、多占。五是渐渐通过起枪斗争建立起群众自卫武装，保卫胜利果实。六是为分配土地、建立区乡政权与建党准备条件。

轰轰烈烈的土地改革运动。

土改准备工作的第一步就是划阶级。划阶级是按照中央苏区划阶级的规定来做的，这当中最重要的是要区别小地主与富农的界线、富农与富裕中农的界线、佃下中农与佃贫农的界线，中心还是查清队伍，贯彻依靠贫雇农、团结中农、孤立富农、打击地主阶级的政策。这个地区一般的贫雇农约占户数的70%~80%，中农占10%左右，富农占5%左右，地主占3%左右。

划阶级，是一个非常细致、政策性很强的工作，也是一场特殊形式的斗争。它的特点就是分配土地，涉及家家户户的实际利益。在这期间，也查出了虚报和隐瞒成分的人和户头，甚至有个别投机蒙混的坏人。经过群众多次调查、核实、讨论，把成分定了下来，然后就开始分地。分地主要是按人口，贫雇农分好地，富农要拿出来多余的土地。也给地主分地，但分的是坏地和远处的地，也要给他劳动生活之路，但仍是地主的身份，由群众监督劳动。同时规定干部不能多分好地近地，强调提高干部觉悟，克服"当干部吃亏"的思想。此外农村伪满时吸毒盛行，还有不干活的懒汉、"二流子"，干部帮助他们戒烟（鸦片烟）、戒毒（打吗啡），让他们参加劳动，自食其力。

农民分到了土地，喜气洋洋，敲锣打鼓，《东方红》这首歌可以说老人、小孩都会唱，群众说："过去叫天不应，叫地不灵，今天来了共产党，它是我们的大救星……"

就在这个时候，我们开始了个别发展党员的工作，上党课、讲党章，并做了成立村政权、区政权的准备。因为当时农村文盲多，选举都是用选民投豆的形式进行的。先成立村政权，然后再成立区政权、刻大印。人民终于自己掌握了印把子，当家做了主人。

每当工作团在一个村里做完了这一段落的工作而要离开的时候，群众扶老携幼、自觉地送别工作队。有的随送数里，挥泪而别。对此我们感到万分激动，就是这样千千万万平凡的人，他们给我们上了最好的革命教育课。土地！人民！我们的母亲！

有的地方，我们也留下一个同志进行巩固工作，同时我们也用滚雪球的办法，带着一批土生土长的地方积极分子参加工作队，去开展一个又一个新区的工作，直到整个东安地区土改工作的最后结束。

第六节　根据地密山人民支援前线

获得解放的根据地密山人民，以崭新的精神面貌投入巩固根据地和开展大生产运动，同时积极参军参战，英勇杀敌，捐款捐物，以实际行动支援解放战争，做出了重大的贡献。

一、组织青年，参军参战

获得解放的密山地区广大人民群众，把参军参战、支援前线看成是自己的光荣职责，掀起了"保家卫国"参军支前的热潮，出现了父母送子、妻子送郎、哥嫂姐妹送兄弟、父子兄弟争相参军以及干部带头参军的动人场面。

1947年2月，密山城关区（今知一镇）掀起参军热潮，65位青年自愿参军，涌现出许多动员参军英雄和参军英雄。武装委员马香玉亲自动员自己的两个兄弟参军。崇实村张希珍有5个儿

妻子送郎参军上战场

子，先去了1个，后来又送了1个，一次送1个，都送去参了军。姚振海没有儿子，他动员自己的侄子去参军。向化村除动员了本屯7个人参军外，还到外屯动员了10个人参军。

永兴村自愿参军的壮士吴海臣，当年才17岁，与他哥哥吴清臣争着去参军，哥哥说他年龄小不让他去，他便哭了起来，于是他哥哥说："今天你先去，后几天我再去。"他听到后立刻高兴地背起行李就走了。

杨木岗区伊通村农会主任韩桂山带头参军，领着22名青年上前线杀敌立功。在他的模范作用带动下，杨木岗区仅6天时间超额完成征兵任务4倍多（任务20名，实际完成113名），受到了县政府通令嘉奖，并把这个区的先进经验介绍到《东安日报》向全东安地区推广。朝阳村张树林、邱福禄是两个参军模范，两人带出4个人一同参军。太平村李广海、伊通村王忠林因身材太小，村长不让他们去，到区上，区长也说让他们再待一年去参军。他们说："俺们都无父母、无家，毛主席和共产党就是我们的父母、我们的家。"

二人班区妇联韩主任，亲自把新婚丈夫送上前线，她说："现在我们翻了身，得到了土地，我们不保住胜利果实，地主坏蛋还会欺压我们的，不打垮他们，我们就过不上好日子，好丈夫应保家卫国，志在四方。"

马家岗洪家父子齐上阵杀敌。父亲领着两个儿子参军，把家里的小女儿交给别人看管。老洪说："打虎应是亲兄弟，上阵还得父子兵。"马家岗区24名青年集体入伍。4个月，已有220名壮士参军，父送子、妻送夫、兄弟相争参军，一家3个儿子都参军。

连珠山区高水村姜作春叔侄4人参军参战。六弟姜作才参军立功喜报邮回来好几张，人们称赞他们叔侄几个为"姜家军"。

1947年4月28日，东安地区召开欢送参军战士上前线大会，

800壮士走上战场，再度掀起参军热潮，各县翻身优秀青年纷纷自愿报名。

在领导干部的带动下，广大青年群众参军热情不断高涨。到1947年7月，密山县仅用半年时间就一次完成东安地委下达的一年两次375名征兵任务，并超额完成125名（实际完成500名）。全东安地区共参军2 125名，亦一次完成半年的两次征兵任务，《合江日报》于1947年7月17日向全省各市、县介绍并推广了东安地区的征兵工作经验。

从1946年密山土地改革开始，参军参战工作拉开了帷幕，到1948年辽沈战役胜利，东北全境解放，全东安地区共送走2.6万余人参军参战，其中密山人民参军参战的优秀儿女共达5 438名。当然有相当多的战士牺牲在战场上，但这充分地说明了密山人民的伟大与奉献。

二、动员各界，捐款捐物

为了彻底消灭国民党反动派，打倒蒋介石，解放全中国，密山县委组织领导和带领密山人民群众积极响应党中央"一切为了前线，一切为了战争的胜利"的号召，参加战勤、捐款捐物、支援前线。

作为深远后方的战略根据地，密山乃至东安地区，自1946年大批军工、后勤留防设施的迁驻以来，十几个部队、医院等单位的供给工作成了当时刚解放又遇荒年的密山地区的一大负担，建立巩固的东安根据地，保障有生力量及伤病员的生活供需是一亟待解决的大问题。根据当时具体情况，东安地委决定将东安地区

群众支前队伍

驻军给养全部由东安地区承担，其中密山承担一大部分，这保证了驻军等单位的粮食、公草、住房取暖烤火煤及时供给。县委号召全县人民，支援前线，为解放全中国多做贡献。

私营、国营企业职工坚守工作岗位，力争增产节约，增收节支。农村发展生产，积极筹集粮草，宁肯自己少吃，也要多交公粮，支援部队。

广大翻身农民精耕细作，开垦荒原，将生产的粮食，晒干扬净，选择上等粮食缴纳公粮，支援前线。在"送好粮、打好仗、保卫果实"的口号下，掀起了广泛的群众性的送粮热潮。各乡村从鸡鸣到夜半，翻身农民送粮大车的漫长行列，均不绝于途。密山县仅1948年共交公粮2 945吨，饲草500吨，捐款合人民币10万元，另外还有大量的其他物资。

1947年5月30日，东安市掀起劳军热潮，一日收到14.3万余元。前方捷报频传，后方人民尽一切人力物力财力支援前线，慰问英勇善战的前方指战员。20日，东安市政府特召开祝捷筹备会，会上当即掀起劳军热潮，各单位及个人纷纷以机关生产、筹金、津贴及一切可能捐助的钱物慷慨解囊，由本市派代表赴省转至前方慰问。29日晨，市政府财政已收到现款143 150元及其他物资慰问品。

1947年6月7日，东安市人民为了支援前线，庆祝前方大捷，各界掀起劳军热潮，仅3天时间共捐助现金计1 732 090元及日用品，派代表赴省转给前方的将士们。

劳军声浪掀起高潮。据4日晚政府统计慰问金又有56.0 195万元，手巾41条，袜子11双，牙刷35把，牙粉147包，牙膏3盒，笔记本3本，鞋4双，肥皂109块，香皂7块，慰问信10封。东北印刷厂（第二次）61 060元；二街市民55 400元；军工部123 650元，另捐牙粉、牙刷、肥皂、牙膏、鞋、等物资；东安贸易公司（物资处)26 700元，内有青立屯支公司黄主任、焦连春等计8 000元，修房工人秦登章等18 700元；工商管理局供给同志一致将5月份津贴作为第二次慰劳金计1 600元；东北航校291 785元，另捐牙刷、牙粉、鞋、手巾、肥皂、香皂、袜子、笔记本、慰问信等物资。

1947年6月8日，仁和屯劳军热潮遍及全屯。群众把一头大肥猪，还有粉条58斤，鸡蛋195个以及其他物资，用小车运到县里，由20多人的红枪队保护着，车上、猪身上都贴着红色绿色标语。当天，密山县委召开军民庆祝大会，会上再掀献金劳军热潮。全县捐资308 870元，慰问信76封。

1947年6月13日，密山县政府为了慰问光荣的伤病员，特发动密山完小的师生，组成慰问团，来到第九后方医院慰问，并携带鲜鱼800余斤，小学生课余拾柴卖的钱6 000余元、慰问信多封。晚间在第九医院院部运动场上，演出话剧"五卅惨案"，秧歌剧"两个胡子""农家乐"及舞蹈、歌曲等节目。观剧的伤病员兴奋异常，精神焕发，对县政府表示感谢并愿安心养病，待伤愈再上战场。

1947年7月7日，密山县市民也掀起空前的慰问伤病员活动。首先由县政府送慰问鱼数千斤，市民送慰问金8万余元，以及其他慰问品。

在那种艰苦条件下，密山县组织广大人民群众捐款捐物，积极支援解放战争，做出如此之奉献，是党的土改政策的成果，是党中央建立巩固的东北根据地的伟大胜利。

三、不惜牺牲 英勇杀敌

密山根据地优秀儿女为全国的解放，积极参战，英勇杀敌，伤亡数百，做出了极大地牺牲，仅在册的密山籍英烈就有106人，伤残军人144人。

第五章 密山被誉为"四大摇篮"

在解放战争时期,密山(东安)被中共中央东北局和东北民主联军总部划为东北根据地的后方战略基地。密山是人民空军和中国人民航空事业成长的摇篮,是人民装甲兵的诞生地。中国共产党和人民解放军还在密山(东安)创建了第一座发射药厂和东安电器修造厂。这四方面的事业在密山诞生、成长和发展,密山人民自豪地说:密山是"人民空军、装甲兵、发射药、电器业"的"四大摇篮"。在解放战争时期,这四大摇篮确实为祖国解放事业做出了不可磨灭的贡献。

第一节 人民装甲兵的摇篮

东北民主联军战车团遗址,密山市第三中学现址(董长寿摄影)

第五章 密山被誉为"四大摇篮"

一、东北民主联军战车团在东安成立

1945年12月，东北民主联军在炮兵学校组建了战车大队，孙三任大队长，当时在只有5辆坦克的情况下，战车大队首战长春，取得首战业绩后，又参加了靠山屯战斗和一下江南战斗。

1946年7月，我党我军第一个战车大队进驻东安市（密山）。1947年10月，随着战车大队人员装备的增加，战车大队扩编为战车团，孙三任东安（现密山市）战车团团长。隶属东北民主联军司令部直接领导。

这是我党我军第一个坦克部队。他们将战利品，用拆东补西的办法修造出30辆坦克，100余辆汽车，有人员1 200人。先后参加了攻打吉林哈达湾、四平街和辽沈战役。现存军事博物馆中的"功臣号"坦克，就是东安战车团的"老头号"坦克。1949年10月1日，开国大典阅兵式，东安战车团学员董来扶驾驶的"功臣号"坦克和战车团的指战员驾驶99辆坦克与装甲车通过天安门接受检阅。因此，密山又被誉为中国人民解放军坦克装甲兵的摇篮。

拼装坦克　　　　　　维修"老头号"坦克

攻打锦州城

东安战车团"老头号"坦克在攻打锦州时，战功卓著被授予"功臣号"坦克。

攻打天津

1918年12月14日东北战车团奉命入关

| 第五章　密山被誉为"四大摇篮" |

战车团政委毛鹏运（左）副团长丁铁石（右）驾坦克通过天安门

一、东北民主联军战车团组织机构

大　队　长：孙　三

政　　　委：毛鹏云

副大队长：丁铁石

副大队长：高　克

三、人民装甲兵先驱孙三传略

孙三，1915年生，1934年参加东北抗日联军，同年受党组织派遣去苏联的莫斯科东方大学学习。1935年，党组织从列宁学院和东方大学抽调30多人，到位于莫斯科近郊的军事技术专科学校，学习坦克和炮兵技术，由于他的思想素质和军事能力较强等优点也被选在其中，1937年，学习结束。孙三等回到革命圣地延安，第二天毛泽东就接见了他们。1938年孙三光荣地加入了中国共产党，一同在苏联毕业的同学大部分分配到摩托学校，而孙三则分配到抗大学校当教员，在抗大期间他担任特种研究室主任。

解放战争时期，孙三来到东北，中央命令他搜集一批坦克、牵引车、器材和油料，为日后组建中国自己的坦克作战部队作准备。

1945年12月，东北民主联军在炮兵学校组建了战车大队，孙三任大队长，当时在只有5辆坦克的情况下，战车大队首战长春，取得首战大捷后，又参加了靠山屯战斗和一下江南战斗。1947年10月，随着战车大队人员装备的增加，战车大队扩编为战车团，孙三任东安（现密山市）战车团团长，战车团参加了辽沈战役和平津战役。

1948年2月，我军历史上第一个坦克师——四野坦克师成立，孙三任参谋长。

1950年8月，四野坦克师和华北战车团合编为坦克1旅，后称坦克师。

1950年11月，组建坦克二师和坦克三师。坦克二师前身是三野特种纵队战车师坦克四团为基础合编，坦克3师是以西北军区独立第一师为基础，另由坦克一师、坦克二师及各大军区调来的部分人员合编组成，孙三任师长。

抗美援朝战争爆发后，1952年，孙三率坦克三师赴朝作战，任志愿军装甲兵第一师指挥所副主任，志愿军坦克兵指挥所副主任，他指挥的坦克作战部队屡立奇功，获得朝鲜二级国旗勋章。

回国后，孙三任装甲兵技术部部长，装甲兵后勤部副部长，是我军坦克部队的开创者，是我军装甲兵部队的先驱者。他率部参加了三下江南和辽沈、平津战役等重大战斗行动。并渡过长江直打到海南岛，参加了解放四川的战役。

从战车大队成立，到扩大为战车团，再到坦克师，抗美援朝战争，孙三为这支铁甲部队的发展壮大倾注了大量的心血。他把毕生的精力，倾注到这支部队的成长上，为人民装甲兵的建设做出了杰出的贡献。先后获三级八一勋章、二级独立自由勋章、二级解放勋章，1955年被授予少将军衔。

孙三，自1935年到苏联莫斯科大学学习坦克、炮兵技术起，在近七十年的军旅生涯中，与坦克有着不解的情怀，坦克是他生命的重要组成部分，他在生命的弥留之时，仍然关注着坦克部队的训练，坦克部队的现代化装备进程如何。1999年这位视坦克为自己生命的将军，因病医治无效，在京逝世。

四、关于《坦克进行曲》的创作过程

延安炮校从吉林通化搬迁至牡丹江后改名为东北炮校。校长朱瑞，政委邱创成，李伟担任宣传科长。学校主要有两个专业，一个炮兵专业，一个战车专业。战车专业由大队长孙三，政委毛鹏云，参谋长李自群带队于1946

李伟创作的坦克进行曲镌刻在遗址碑背面（董长寿摄影）

年7月迁往密山县东安市（今密山市）。这样炮校就一分为二，校部和炮兵专业在牡丹江，战车专业在东安，李伟同志两边兼顾，常常往返于牡丹江东安之间。

东安市是日伪时期东安省省会，在密山县境内。东安地区辖密山县、鸡宁县、宝清县、饶河县、虎林县和东安市。炮校炮兵专业学员牡丹江地区人多，战车专业学员东安地区人多。没去过的人不清楚，许多人把战车大队所在地东安当作牡丹江附近的小镇子，其实还很远相距270公里。这里被称为北大荒，有水就有鱼，兴凯湖被称为"鱼海"，驻军都有打鱼队。

中共东安地委书记是我党著名理论家，延安时期的中宣部长吴亮平，他对文化宣传非常重视，要求驻军单位配合土改支前，都要成立宣传队，宣传延安的革命文化。各单位轮流在市里进行文艺演出，次日在《东安日报》上报道点评。李伟在牡丹江校部带来几位骨干，成立了战车大队文艺宣传队。当时这里到处都能听到延安的歌声。在周末的集市上，都能碰上延安的熟人，东安市堪称是北大荒上的小延安。当年在东安市集会上，文艺宣传队常常拉歌，通信兵学校和无线电厂唱《通讯兵之歌》，航校唱的是《抗大校歌》和《八路军进行曲》，东安联中也唱《抗大校歌》，战车大队叫炮校，就唱《炮兵歌》。现在我军有了坦克，还有了建制单位，要能写出坦克兵的歌来传唱，既能鼓舞指战员的斗志，又能突出军兵种的自身特点。李伟把谱写坦克兵进行曲的想法向炮校首长进行了汇报，朱瑞、邱创成二位首长都非常支持，特批他随战车大队上前线体验坦克作战的实战生活。

1946年11月中旬，李伟和战车大队长孙三、参谋长李自群一起从东安火车站出发，载着三辆坦克，六辆牵引汽车开赴前线。经过牡丹江火车站时，朱瑞校长、邱创成政委挂了一节包厢车，大家一起一边走，一边研究作战方案。

专列到哈尔滨附近停下来，卸下了辎重。刘亚楼参谋长接见了参战的全体指战员，听取了朱瑞校长的汇报，观看了大队长孙三指挥的坦克部队的战术演习。指示坦克大队必须多参加实战，在战场上不断锤炼提高。要学习苏军合成作战经验，不断总结战术水平。

1946年11月23日18时，战车大队在吉林德惠外的靠山屯打响了我军历史上首次坦克与步兵的协同作战。参战的是战车大队维修保养最好的三辆日式坦克。第一辆坦克开战不久就陷进冰河里不能动。第二辆坦克冲了上去，准备冲开围墙为主攻部队开路，在过河沟时履带断了，这辆也"爬了窝"。这紧要关头，大队长

第五章 密山被誉为"四大摇篮"

孙三驾着第三辆坦克冲上去撞开围墙，带着部队冲了进去，又打炮，又开枪扫射，向敌人阵地横冲直撞。机枪摆动，爬坡越垒冲障碍，轧地堡，铁网鹿砦一扫平。部队没费多大劲就把敌人消灭了。李伟和通讯员就伏在最后一辆坦克炮塔后面，目睹了坦克隆隆，履带滚滚，冒着敌人枪林弹雨，消灭敌人，胜利完成战斗任务的经过。

这次实战经历，拓展了他的视野，充实了他的思路，丰富了他对坦克作战的生活体验，他暗暗发誓一定写好战歌，告慰牺牲的战友。

1947年2月在东安演习

在回到东安后，为了更进一步体验坦克部队的生活，李伟随中日技术人员拿着锤子、扳子，在废旧坦克零件中敲敲打打，卸下来有用的零部件拼装坦克。还随李自群参谋长到城西北山坡上，观看坦克和航校飞机联合演练。地下坦克轰鸣，灰尘滚滚；天上飞机隆隆，机关炮震耳欲聋。东安特种兵教育基地，为他提供了创作生活上的源泉。他一鼓作气写完了歌词：

摩托隆隆，机枪摆动，驾驶员和射击手们勇敢又坚定。

炮声吼鸣，铁的堡垒横冲直闯开路打先锋。

突然地出现，勇猛地前进，爬坡越垒快如风，冲破了障碍，轧垮了地堡，铁网鹿砦一扫平。

人民的坦克兵，要为人民立战功。

革命意志钢铁炼成，人人当英雄。

他又用明朗的大调试谱了曲子，突出坦克勇往直前，所向披靡的音乐形象。

战车团宣传队1947年2月于东安　战车团宣传队1947年2月于东安

　　1947年1月下旬，朱瑞校长、邱创成政委来到东安市，组织战车大队训练，迎接刘亚楼参谋长来检查工作。一天晚上吃饭，食堂炖了一大锅兴凯湖各种鱼，邱政委开玩笑说："东安伙食好，天天有鱼吃，比牡丹江校部伙食好多了，李伟都不想回去啦！歌曲成型没有？今晚上能给我们演唱听听吗？"李伟说："已准备好了，没有问题。"

　　当晚，在战车大队礼堂给全体官兵进行了首演，朱校长说："李伟，你再指挥大家唱一遍。"他又指挥大家唱一遍，然后又来一遍器乐合奏。朱瑞校长发表了讲话，说："这首歌曲有我们坦克兵压倒敌人一往无前的气势，一听就是战车轰鸣，坦克隆隆。"政委接着说："好听，大家喜欢，等刘亚楼参谋长来定稿。"

　　正月初四，刘亚楼参谋长观看了在东安西山坡上的坦克、飞机、通讯兵、通讯器材、火药筒打坦克演习。东安军分区司令员谭文邦、炮校校长朱瑞、航校校长常乾坤担任现场指挥。吴亮平书记陪同刘参谋长观摩演习结束后，东安市的党政军主要领导干部集中在航校礼堂召开大会，吴亮平书记主持，刘亚楼参谋长作重要讲话。会议结束，宣传队和航校、联中、军工厂四家各演15分钟的节目。战车大队宣传队最后演出，最后节目就是合唱《坦克进行曲》。刘亚楼、吴亮平、常乾坤、航校政委王弼用俄语边看边讲，待大家演出结束后，吴亮平书记站起来说："再给刘参谋长演奏一遍，刘参谋长没听够！"演完后全场热烈鼓掌，吴亮平书记让刘参谋长讲话，刘参谋长非常高兴，上台拿着麦克风说："我为你们谱写出坦克兵的歌而高兴！这是我们第一支坦克部队的歌，我拿回去要唱给毛主席、朱总司令听！"全场又响起了热烈的掌声。他又说："曲子好，有军种的特点，要尽快在全东北普及。"就这样定稿通过了。刘参谋长最后说："战车部队有了自己的歌曲，航校也要尽快写出自己的歌！"台下学员大声高喊："好！"

1954年，《坦克进行曲》由中国人民解放军军乐团作曲家王建中等改编为吹奏乐曲，改名为《战车进行曲》，被总政列为国庆和盛典阅兵的曲目之一。

坦克进行曲 李伟词曲

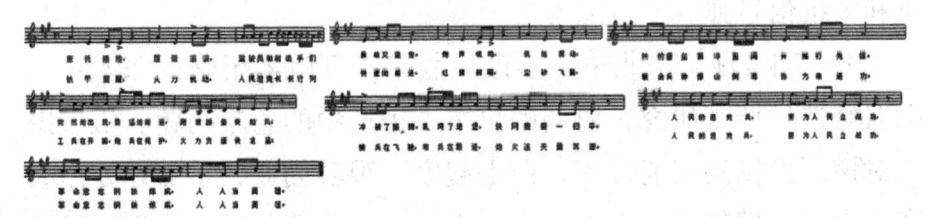

第二节 电器修造业的摇篮

一、东安电器修造厂（中国人民解放军东北军区军工部直属二厂）的成立

我国电工制造工业是在东安电器制造厂的基础上发展起来的。东安电器制造厂原址在密山市北大营境内。该厂是东北军区军工部在东北组建的规模最大、技术实力最强的军工厂。第一任厂长程明升（读书时加入中国共产党，抗战时曾任八路军总部第一兵工厂厂长、电器修造厂厂长、通讯学校校长）。该厂主要生

产发报机、收报机、有线电话机、干电池、超短波机和信号弹等。因此密山被誉为我国电工制造业的摇篮。

1946年8月10日，东北军区总部任命程明升为东北军区军工部副部长兼东安电器修造厂厂长。他到东安创业伊始，面对日伪残留的废墟，在一无资料、二无设备、三无资金的困难条件

电器工业的摇篮——东安电器修造厂旧址

下，开始了艰苦的创业历程。在东安的3年时间里，据不完全统计，共生产手摇发电机911部，发报机316部，收报机36部，有线电话单机836部，总机233部，干电池10万余只，还有32部超短波机和大批信号弹。

1947年4月，东北军区参谋长兼军工部政委伍修权深入东安电器修造厂调查研究，协调解决军工生产中的急难问题。伍参谋长对该厂发扬延安老传统，白手起家，艰苦创业，干部处处作表率，党员事事带头，军工生产、生活、文化等各项工作都取得了不错的成绩，代表东北军区给予了很高的评价。伍参谋长回东北军区后，向总部首长全面汇报了东安根据地的建设与发展等情况。根据他的建议，密山发射药厂定名为东北军区军工部直属一厂，厂长钱志道兼任东北军区军工部总工程师。东安电器修造厂更名为东北军工部直属二厂，任命周建南为厂长兼总工程师，程明升调回总部任东北电业管理总局局长。

1949年5月，根据伍修权参谋长的指示，东北军区军工部直属二厂正式撤销，转交地方。至此，军工部直属二厂完成了它的光荣使命。这个工厂被誉为我国电工制造工业的摇篮。原中顾委委员、机械工业部部长、军工部直属二厂厂长周建南被誉为我国

电工行业的奠基人。

二、东安电器修造厂组织机构

厂　　　长：程明升（通讯处副处长、军工部副部长兼）
　　　　　　周建南（总工程师、后任厂长）

政　　委：罗兴英

副 政 委：吴俊杨

副 厂 长：席柳溪、晋川

工会主席：夏仕儒

厂部下设：

工 务 科：张荆山

材 料 科：钟昭隆

副 科 长：廖克南

总 务 科：王强

设 计 室：

化 验 室：杨维哲（兼）

警卫队、运输队

汽车队、农场

下设六个分厂：

一分厂厂长：赵材生

二分厂厂长：刘强

三分厂厂长：向同亮

四分厂厂长：赖坚

五分厂厂长：赵景琪，指导员：杨林

六分厂厂长：杨维哲（兼化验室主任）

三、东安电器修造厂回忆录

我的回忆和希望
周建南

1946年，我们从延安分配到承德，划归东北局领导。我第一次到哈尔滨向东北局汇报时，那是1946年11月，当时厂址已定在东安（今密山市），定厂的时间是八九月份，具体时间赖坚等同志知道。当时司令部通讯联络处领导的，他们搞到了一批器材，从沈阳退到本溪，从本溪退到梅河口，路过长春、哈尔滨，到了汤原，这地方不合适，就选定了东安，那时叫东安而不叫密山。吴亮平同志当时是地委书记，开始那里还有土匪捣乱，谢文东被消灭后就没有什么大问题了。这样厂址就选定了。

军工二厂部分干部职工在东安合影

建厂时，程明升同志就去了，他当时任东北军工部的副部长兼东安厂的厂长，负责东安厂的筹建。东安厂后来叫东北军区军工部直属二厂，归军工部领导。当时伍修权同志是东北军区参谋长兼任军工部长和政委。我到东安时，也就是1946年11月。军工部副部长程明升、韩振纪、王兴元等分散在珲春、鹤岗、东安搞工厂。

1946年11月，我和杨维哲、姚琅斋、吴俊扬一起到了东安，经过东北局同意，我们就留下来工作了。那时东安的人还不多，我们一起来的同志都留下了。

第五章　密山被誉为"四大摇篮"

1946年是我们建厂阶段。我们除了在铁道南临时铺了一个摊子，生产前方一些急需器材外，主要的力量都集中到路北，修缮一座主楼。窗户上没有玻璃，我们就先钉上木板，钉完之后已经是零下20摄氏度左右了。我们在屋里生上大铁筒炉子，然后再修理暖气。我们正式开始生产，大概是1947年的一二月份。

1947年的夏天，东北财经委员会把程明升同志调哈尔滨任东北电业局局长。程明升当厂长时两个副厂长是晋川及席柳溪同志，我实际上是总工程师，后来

中国人民解放军东北军区军工部直属二厂（东安电器修造厂）旧址

晋川同志调到大连光华电器厂任副厂长，我于1947年6月被任为厂长，罗兴英同志任政委。我们上任后，把全厂分为6个分厂。一分厂是机械分厂，厂长是赵材德同志，机械加工主要集中在一分厂。在楼外的有二分厂，厂长是刘坚及李达先同志，主要是生产手摇发电机。另外，还负责我们的备用电源。我们有两台发电机组，一旦外面的电停了，我们的就马上接上，以保证用电。三分厂是有线电器材分厂，主要是改装移动型电话总机和军用电话机，是手摇电磁式的，都能背起来就走。三分厂的厂长是向同亮同志。四分厂是搞无线电的，厂长是赖坚及姚琅斋同志，主要是生产军用收发报机。第一批定型产品到前方后，经试用有些问题，1947年夏天我们进行改进后，就好用了。它和发电机配套向前方大量供应，是我们部队上的主要通讯工具。因为有线电话主要是在阵地上，整个联络网得靠无线电。我们发报机的输出功率是15瓦，可以在大约2 000公里范围内保持通讯。五分厂造干电池，厂长是赵景琪同志，厂址在铁道南的市区里。六分厂是生产

信号弹的，厂长是杨维哲同志。总共1 000多人，这在当时规模是不小的。

当时我们的厂部在大楼前的小院里。总务科在市里，一些日本职工家属也住在道南。那时还有一所日本子弟学校，学校的校长也是日本人。日本职工后来（全国解放后）都回国了。绝大多数和我们是很友好的，因为当时我们的政策是很正确的，他们觉得受到很好的教育和对待，虽然生活条件苦一点，但精神上很愉快。当时总务科科长是席柳溪兼任，王强任副科长。下面设了很多股，夏礼亭同志是管理股股长。从东安向东十几里有个裴德，那里有一个我们专门种菜的农场。另外，我们的运输队也在铁道南，队长是张庆丰同志，汽车也不少。有日本车和后来缴获的一大批美国车。

当时用水问题也是我们自行解决的。厂部旁有个山包，是个最高点，那里有一个地下水库。另有泵房从水源地通过管道，将水抽到水库，供应全厂。管道是日本人留下的，经检查还可以用。那时我们的厂区很大，有70几万平方米。我们的机械设备第一是从南满带来的，第二是军工部发给我们的。三是我们在南满有一个电器厂和我们合并时带来的。1947年初，我们调了一些干部去大连光华电器厂，那里大连光华电器厂厂长是段子俊同志兼任，副厂长是肖陈仁同志。同时调来了一批干部，张荆山任工务科科长，吕任任设计室主任，指导员聂晶山同志，器材股股长张玉清同志，当时材料科长是钟昭隆及廖克南同志。我们那时分厂长、指导员及科长都是团级、县团级干部，大约有25人。

当时共6个分厂，加上总务科、工务科、警卫连、材料科和化验室、设计室，这是我们的主体。后勤系统是总务科管的农场、运输队、汽车队。我们的警卫连装备较好，配有机关枪、掷弹筒等，参加过剿匪战斗，我们一直全建制保留着这个连。

我们的技术人员由两部分人组成。从延安来的同志大都是领导，懂技术能动手。日本技术人员都在基层作具体技术工作。我们每个分厂都有日本技术人员，他们当中有搞机械的，有搞无线电的，也有搞化学的，有一位原哈工大的教授。后来我们自己也培养了一些技术人员，如从军政大学调来后培养的钟辉、杨枫、高杰、李国治、苏时风等，也有从通讯学校来的。

我们的化验室，先是试制了胶布齿轮，漆包线等，后来我们掌握了它的规律，修建了专门的车间。

我们的干电池主要用的哈尔滨的技术。哈尔滨有一个叫王恩惠的，在日本留过学，学过干电池技术。他曾在日伪政府做事，日本投降后，他就做起干电池来了，我们司令部看他的电池还不错，就买他的，我们的五分厂是流水线作业，大批量生产。那时发电机也是流水线。我们曾把王恩惠请到东安，帮我们研究生产线和工艺流程。我们建立了工艺规程后，干电池性能稳定了，他表示愿意回哈尔滨继续做干电池，与我们合作。全东北解放后，我们的五分厂从东安搬到哈尔滨的马家沟以后，聘请他当总工程师。

我们一直是部队建制。工人、学徒都是参军的供给制，程明升同志走时，人家都叫我们东安军工部，实际上军工部总部在哈尔滨，副部长带人在外搞基地，程明升离开后，我们就正式定为军工部直属二厂。当时还有一个直属一厂，在西东安，是搞炸药的。其他地方就都叫办事处，实际上也都是总厂。

1948年10月20日，司令部来电报，要我们带上人到哈尔滨，准备南下接收工厂。当时长春、锦州都已解放，就剩下沈阳了，我们到哈尔滨时，同志们都到前方去了，我、罗政委就和东北军工部的同志也一起到前方去，家里就留给了席柳溪副厂长及吴俊扬副政委主持工作。我们带着人向沈阳出发，沈阳是11月2日下午解放的，我们半夜就进了城。

沈阳解放后，军管会主任是陈云同志，副主任是伍修权同志。到沈阳后，陈云同志指示我们接管所有的电器厂，凡是带"电"字的都归我们接管。他还向我交代这些东西不要往东安搬，将来东安还要往这里搬。在沈阳我们一共接管了7个厂。一厂原先叫满洲通讯机厂。国民党在时，属联勤总部，厂房都搬空了，里面都是卡车，修好之后都用上了，东安来的同志就驻进这里。后来我们把无线电、有线电搬到这里。我们派李国治、苏时风跟一个日本技术人员学技术，并组建了仪表组。大连有一个分厂厂长桑志行及孙画秋同志搞仪表，以上这些合在一起成为沈阳电工一厂。我们接管了其他厂就成立了一个电器制造总厂，厂部设在现在的高压开关厂，归东北工业部。这部分主要是国民党资源委员会留下的，只剩下77个人，其他人都解散了，没事干，也没有饭吃，发一定维持费。沈阳解放不久天津就解放了，接着又进了北京。七届二中全会以后，上级决定我们留东北，帮助解决一些装备。于是罗政委等少数同志随部队南下了，其中包括五分厂的赵景琪、总务科副科长王天生。

我们在1949年3月底4月初，从北京回沈阳，然后就酝酿成立电工局，把我们所有的电工厂统管起来，其中包括东安、沈阳、抚顺的厂子，这件事最后经东北局的三位领导，高岗、陈云、李富春都批了。根据上级决定，我就到东北军区向伍修权同志汇报（他原来就是我们的政委），他说这件事我知道，你就负责办，把部队全建制转到地方，归东北工业部领导。东安工厂的同志以前都是参军的部队编制，这一点许多同志都可以证明。

我们转业的时间是1949年5月，东安厂撤销，6个分厂全部迁出来，设留守处，工厂重新编制。那时，哈尔滨的大直街我们已设了一个分厂，开始叫有线分厂，加上五分厂的干电池分厂，

第五章 密山被誉为"四大摇篮"

后来叫电工十三厂，由汪解民同志负责。电工一厂主要搞纯无线电、有线电器材加上仪表，由赖坚、姚琅斋同志负责。电工六厂搞电机，由刘坚同志负责。电缆厂是从头搞起的，当时叫电工七厂，由杨维哲、张荆山负责。东安机械分厂合到电工九厂，就是专用设备厂，搞各种专用机械，由赵材德同志负责。大连灯泡厂和沈阳灯泡厂合并后就是电工三厂，由方松谷、郑重同志负责。这是因为沈阳的厂房条件好，所以就合了过来。后来筹备的哈尔滨电机厂叫电工四厂，由白阳、桑志行、李达先负责。电工行业发展中，王鹤寿同志给了我们很大支持。电工八厂是蓄电池厂，电工二厂是大连电机厂，电工十一厂是大连电瓷厂，电工十二厂是抚顺电瓷厂。在整编及核实加强电工行业的过程中，东北工业部长王鹤寿及副部长吕东、安志文同志给予很大支持和强有力的领导。

到沈阳后，我和肖陈仁同志任电工局副局长，当时程明升兼局长，他主要搞东北电业局的工作，所以电工局的实际工作由我和肖陈仁同志负责。

后来我任电工局局长，肖陈仁任副局长，白阳任秘书长。那时电工局对电工行业各厂的领导比较集中，还有几位苏联顾问。如材料主要由材料处统筹，财务由经理处统管。

1950年10月，抗美援朝开始后，王鹤寿同志找我谈话，指示我们要搬厂，要把那些好的、重要部分搬走，所以我们就把电缆厂搬了一部分，组成了哈尔滨电线厂。电工六厂的一部分搬到佳木斯，组成了佳木斯电机厂，另有一部分迁到哈尔滨电机厂。阿城是电工一厂的大部分迁过去的，所以阿城厂有东安来的，也有大连来的老同志老职工。

抗美援朝初期，我们恢复了无线电等军品的生产，后来军品任务没有了，王鹤寿同志指示我们要为东北恢复工业和建设重点东北重工业基地服务。电工行业要加强，需要能够大量地提供各种电工产品，为此发给了我们一批苏联来的机器设备。所以东北电工行业发展得很快，这和东北工业部领导的支持是分不开的。

1950年毛主席访苏后，来了一批苏联专家，专家们帮助我们规划，定了一批项目，抗美援朝后，经过搬迁，工厂增加了，我们决定工厂按电工产品分类分工的专业化办厂，所以我们把原电工一厂改成低压开关厂，也称电工十四厂。原电工六厂改成高压开关厂，特种电机在佳木斯电工六厂，小电机在大连电工二厂。这样分工以后，东北电工行业就逐步形成了一个体系。阿城承担制造仪表、继电器的任务，发展方向就是仪表、继电器。这是1951年春天确定的各厂方向。后来华东曹维廉同志来考察，很赞成这样做，认为东北按专业化办厂，方向是正确的。

1951年开始搞156项重点建设，其中有一项是电气仪表厂的建设。苏联来了个叫沙霍夫的专家，起草了电气仪表厂的任务书、选厂址方案。沙曼屯、阿城、香坊等都看了，最后定在沙曼屯。但我们原来的两个苏联专家、顾问（沃尔科夫、纳扎列夫斯基），对他的方案有不同的意见，最后我们决定这个项目产品方案中电工仪表放到哈尔滨，向中央财经委员会李富春同志汇报。为避免品种太多太杂，把继电器部分放在阿城老厂，仍作为一个援建项目，这样就形成了现在的阿城继电器厂。哈尔滨电表仪表厂也由阿城老厂负责筹建。

电工一厂大概是在1950年11月搬到阿城的。先是在县城要了房子，有了个立足点，然后投入发展生产。开始搞了一段军品，后来搞民品，就是电器仪表及继电器，许多电力系统的继电器都是阿城厂制造的，成绩是显著的。1953年，黄敬同志到阿城，那时厂房（原先是日本兵营）全是地板，天花板里全是电线。要求注意防火。后来按工厂设计盖了厂房，搬到山脚下的现在厂区所在的地方了。

我们要发扬老厂的传统,严格要求、严明纪律。我们的队伍文化较低,就要提高,按两个文明建设的要求培养队伍。东安工厂建厂初期,我们从建厂到产品定型,成批生产,一共才两年多。战争时期各方面条件都很差,但生产效益很高,各种困难都能克服,有些事情现在几乎不敢想。那时我们靠的是革命精神和严格的组织纪律。在电工一厂时期曾经出现过质量问题,错误地将总工程师批评了。其实产品刚转到民品,搞继电器有困难,出差错是难免的,应该多理解。聂桂田同志当厂长时曾组织大家埋头苦干,他说:"我转业干工业,开始就碰到质量问题,经过严格整顿,我懂得了不严格要求是搞不好质量的。"

我们还吃过一次大亏,那是在"文革"中,各方面都受了损伤。1975年我到阿城和关昌同志(省机械厅长)参加常委会,开了6个小时。要解决领导班子团结问题,就要展开批评和自我批评,双方都应该检讨,应该团结,按原则办事,阿城的老同志对外来的同志应该欢迎支持,外来的同志也应依靠广大干部、群众。领导班子问题影响工厂的进步,应吸取这些教训。

我们的优良传统是什么?我们的历史经验教训是什么?我们近年来有进步,应该肯定,还有些该注意的东西,把它消化了,才能进一步前进。我们现在加上大集体9 000人,应该搞多种经营,光靠继电器可能消化不了,所以要搞得更活一些,不要捆住手脚,但也不要乱来,要做对社会有益的事情,努力做好,满足社会需要。要创名牌打入市场,建立一套服务系统,发展一系列新兴产品,才能兴旺发达。

在未来的发展方向问题上,我们可以和电工局研究一下。要开发新元件,包括电站、电网自动化,装备可以参考国外的技术发展。要不断地有新产品,总守着老产品,终有一天会垮下来。

要发展新技术、新产品、上水平,加强竞争力量,还可以引进技术。当然,引进要确定是好的、适用的,要有经济效益,能增加企业收入,满足国家的要求。

这次党代表会议的文件很快就要发表了,特别强调了企业要提高质量和经济效益,今后应特别注意这两点。

"阿继"的前身是沈阳电工一厂,沈阳电工一厂的前身是东安电器厂、大连电器厂。无论是东安的、大连的、沈阳的同志都算我们的老同志,应团结一致,带动全厂同志,为四化而奋斗。

这些就是我对"阿继厂"的回忆和希望,我们相信这支队伍是很好的,一定能够在四化建设过程中继续打胜仗!

半个世纪前的东安电器工厂

吴俊扬

时间过得真快,转眼之间,从创建东安电器工厂至今,已经过去半个多世纪了。当年领导我们创建东安电器工厂的原东北军工部副部长兼厂长程明升同志、厂长兼总工程师周建南同志、政委罗兴英同志、副厂长席柳溪同志、政治协理员夏仁儒同志都已相继去世,而他们创建的东安电器工厂,经过广大职工的团结拼搏,已经发展成为我国电工行业中的一个大型骨干企业——阿城继电器厂。当此建厂50周年之际,作为曾经同这些创业者一道工作过的战友,我深切缅怀他们和所有为建厂做出了贡献但已离开我们而去的同志们;同时,也要向半个多世纪以来为阿城继电器厂的成长壮大和中国电工行业的迅速发展做出了重大贡献的"阿继"全体同志和他们的家属表示由衷的感谢和诚挚的敬意!

我是1946年11月同周建南同志一道从承德到达东安的。当年的东安电器工厂(初创时称东北军工部直属二厂),同现在的阿城继电器厂相比,只能算是一个1 000人左右的小厂(当然,在当时来说，规模已不算小），但就是这样一个小厂，在东北解放战争中，主要是在军用通讯器材的生产和供应方面，却发挥了重大的作用。建厂之初，没有厂房，没有机器设备，没有原材料，没有资金，没有技术资料，没有熟练工人，能源供应等基础设施很差，技术力量也很薄弱，唯一的资本，就是有一批忠于民族解放事业的优秀干部。他们之中，有的曾经在中央军委三局工作过，有的在日军投降后从其他抗日根据地调到东北我军通讯联络部门工作的，有的原来从事其他工作，在解放战争初期转业到通讯部队工作的。从历史上说，有的曾参加过红军长征，有的曾在东北抗联工作，大部分同志则是在抗日战争中成长起来的干部。他们来自四面八方，但都忠心耿耿，有强烈的事业心和一定的实践经验，其中除上面提到的程明升、周建南等厂部领导同志外，还有一分厂厂长赵材德同志，二分厂厂长刘坚同志，三分厂厂长向同亮同志，四分厂厂长赖坚同志、副厂长姚琅斋同志、指导员郑重同志，五分厂厂长赵景琪同志、指导员杨林同志，化验室主任兼六分厂厂长杨维哲同志，厂部总务科长王强同志，工务科科长张荆山同志，材料科科长钟昭隆同志、副科长廖克南同志和曾在抗联工作过的夏礼亭同志等。他们都是我党我军最宝贵的财富，正因为有了这一笔财富，才能团结广大职工群众白手起家，使东安电器工厂在东北解放战争中做出了应有的贡献。

要在东北建设我军制造通讯器材的生产基地，是中央军委三局早已做出的重要决策。最初到达东北的罗兴英、席柳溪、赵材德、赖坚、钟昭隆等同志，在东北民主联军（中国人民解放军第四野战军的前身）总司令部三处的领导下，从南满到北满，途经之处，把日伪军留下来的可以作为制造通讯器材的机械设备、原材料、零部件，以及损坏或残缺不全但还可以修复利用的设备和器材，通通收集起来并精心保管，以备建厂之用。但在解放战争初期，东北的战局很不稳定，难以找到一个安全的场所，作为建厂的地址。在原东北军工部和总司令部三处的大力支持下，席柳溪等同志率领干部和战士，克服种种困难和危险，把转移途中收集到的大批设备和器材，安全运送到中苏边境中国一侧的合江省东安市（即现在的黑龙江省密山市），以吴亮平同志为首的密山地委，对建厂工作给了很大的支持。把城北一大批日军撤退时烧毁的军营，包括一幢已经烧毁但结构尚属完整的两层大楼拨给工厂，以程明升、席柳溪、夏仁儒等同志为主的厂部领导即以此为基础，组织干部、警卫战和三处拨给工厂的新战士（他们都是新参军的翻身农民，政治觉悟高，后来大部分成为工厂最早的一批青年工人），自己动手，进行厂房的修复改造工程，一边建设一边试生产。在几个月的时间内，就基本上完成了修复厂房，安装设备和通路、通电、通水工程，基本上具备了批量生产某些零部件和整修收发报机的能力。

1947年6月，东北局决定调程明升同志到哈尔滨，任东北电业局局长，同时任命周建南同志为厂长兼总工程师，罗兴英为政委，吴俊扬为副政委，席柳溪同志仍任副厂长，夏仁儒同志改任工会主任。经周建南同志建议，厂党委决定把原来的几个生产科室改组为6个分厂，以加强生产的领导。

当时，总司令部的三处领导给工厂下达的生产任务是要制造无线电台用的15W手摇发电机，三灯、四灯收报机和15W发报机以及同这些通讯设备相配套的各式干电池（后来根据前方需要，又增加了制造信号弹的任务）。在今天看来，都是一些微不足道的产品，但在当时条件下，却是相当困难的。对于收发报机的组装和维修，原在军委三局或部队里作过报务工作的一部分老同志，还有一定的实践经验，转向组织通讯器材的成批生产，虽然会有某些困难，但毕竟有一定的基础。最困难的任务，一是15W

第五章 密山被誉为"四大摇篮"

手摇发电机，二是干电池，三是信号弹。对于这三种产品，从领导到群众，谁都没有实践经验，也缺乏批量生产的条件，面临的困难和问题是可想而知的。但在厂党委和厂部的坚强领导下，终于克服了技术上、设备上、原材料供应上、工艺制造上和生活条件上的种种困难，胜利地完成了支援前线的光荣任务。据不完全统计，从1946年8月开始建厂，到1949年5月撤销工厂建制搬迁到沈阳为止，从设计定型到组织批量生产，实际时间还不到3年，共生产了15W手摇发电机911部，15W发报机316部，三灯和四灯收报机336部，有线电话单机836部、总机33部，超短波电话机32部，一号干电池10.3万节和一大批各式信号弹，为解决东北我军通讯联络工作的急需，保障东北解放战争的胜利起了重要的作用。

通讯器材的质量关系到作战部队的胜负和前方战士的安危，所以在组织生产中，建南、兴英等领导同志都强调要确保产品的质量，从零部件开始到整机的组装，都规定了严格的技术标准和操作规程，出厂以前，分厂厂长要亲自动手测试每台机器的性能，正因为如此，东安电器工厂的产品得到了司令部三处的好评和部队的欢迎。

东安电器工厂存在的时间虽然还不到3年，但留给我们的精神财富却是很宝贵的。其中最值得我们珍惜的，就是那种自力更生，排除万难，艰苦创业，勇于实践和团结拼搏的革命精神。用今天的标准来看当年的东安，可以说根本没有建厂和生产军用通讯器材的条件。从外部来说，不仅基础设施差，而且没有生产零配件的协作工厂和供应主要原材料的可靠渠道，更没有提供关键设备的来源。一切的一切，小到螺钉螺母的供应，大到手摇发电机壳的铸造和加工以及电机中、报话机中各种零配件的设计和制造，都要在缺乏原材料和某种关键设备的条件下自己动手来解决。人们常说"巧妇难为无米之炊",但东安的"巧妇"们,依靠集体的智慧,硬是把一个个的难题解决了。没有手摇发电机的图纸资料和设计数据,就解剖和测绘从战场上缴获来的"样机"以取得必要的技术资料;没有铜、铅、钢片等金属材料,就利用收集到的炮弹壳,从旧变压器上拆下来的锡钢片,从破旧飞机上拆下来的零部件,经过加工改制或熔铸成为合格的原材料或部件;没有把炮弹壳轧制成铜片的压延机,就利用旧机车上拆下来的车轴改制为轧辊做成的压延机,压出了合乎制造无线电零件要求的薄铜片;因缺乏胶布板而无法制造手摇发电机上必须用的胶布齿轮,工厂的化验室经过多次试验,终于用一分厂改造成功的执压机压出了合格的胶布板,最后做成了胶布齿轮,从而解决了手摇发电机噪声过大的难题;干电池的质量过不了关,就把哈尔滨的一个电池厂的私营企业主请来,经过工作,终于向他学到了生产中的一些诀窍,做出了合格的干电池;信号弹的试制,遇到多方面的困难,有的同志还在试制时负了伤……诸如此类事例,真是不胜枚举!

从生活条件来说,地处北纬35度以北的东安市,10月间已进入冬季,经常大雪纷飞,气温降到零下20℃以下,生活是很艰苦的。但上自厂部领导、下到一般战士、工人,没有一个叫苦的。当时实行的供给制,待遇上的差别很小,但没有人计较报酬的高低和工作时间的长短,一心一意扑在工作上。同志关系非常融洽,政治思想工作和文娱活动也很活跃,充满了革命的乐观主义精神。

东安电器工厂在它存在的近3年中不仅为东北的解放战争提供了一批通讯器材,还为我国的电工行业培养了一批技术人才和中层干部。新中国成立后,他们中的不少同志已成为企业或机关工作的领导骨干,继续为中国电器工业的发展做出自己的贡献。

随着岁月的流逝，他们有的已经离休或退居二线。愿他们健康长寿，家庭幸福；有的已过早地离我们而去了，人民将永远地怀念他们。

四、东安电器修造厂大事记

（一）1945年

8月8日，东北干部队离开延安，经晋西北、晋东南、冀鲁豫等解放区，行军4个多月，于1945年12月初到达当时东北局及东北民主联军（东北人民解放军的前身）总部本溪南的宫原（现桥头），负责收集器材，为建厂做准备。

（二）1946年

从年初至建厂前，在招揽人才、培训骨干、思想教育和物资准备等几个方面进行了大量的建厂筹备工作。东北民主联军总司令部第三处（通讯处）的领导不仅亲自参加设备、器材收集工作，也为建厂做了组织领导准备。席柳溪、钟昭隆、赵材德等几名同志一路收集器材，开始在通化铺摊子，后来因战局变化转迁到延吉、龙井。立足未稳又北移，经过哈尔滨时赖坚、郑重两同志加入这个行列，将已收集到的通讯器材运到汤原。

8月初，席柳溪同志带领两个班的战士和一列车器材经哈尔滨、牡丹江到达原合江省东安市（今黑龙江省密山市），经地方政府同意，在铁道北一大片平房区着手建设工厂。

8月10日，工厂正式成立，当时有职工600余人，来自四面八方。工厂属部队建制，东北军工部副部长程明升兼任厂长。建厂初期，工厂在一边修建厂房、安装设备、修复利用旧的器材以供应前方，一边着手研制自己的产品。在解放战争中，工厂提供了大量通讯装备和器材。

11月，周建南到东安任总工程师，负责产品设计、定型和组织生产等全部技术工作。

工厂下设工务科（刘坚兼任科长）、总务科（席柳溪兼任科长）、材料科（钟昭隆任科长）、一科（赵材德任科长）、二科（刘坚任科长）、三科（向同亮任科长）、四科（赖坚任科长）、五科（赵景琪任科长）、化验室（杨维哲任主任）。

（三）1947年

4月，国民党特务同时在哈尔滨、牡丹江、东安市等8个地方放火，工厂大楼被烧。

4月下旬，东北军区参谋长兼军工部政委伍修权到厂视察。

6月，程明升同志调任东北电业局局长，周建南任厂长兼总工程师，席柳溪、晋川、陈明元任副厂长，罗兴英任政委，吴俊扬任副政委，夏仕儒任协理员。

本年冬季，有两名地下党员，从沈阳拆运设备来厂途中，被国民党反动派发觉，惨遭杀害。

年末，工厂建立工会组织，召开职工代表会选举出了工会委员会，政治协理员夏仕儒任第一任工会主任，杨林和黄淑兰任女工委员。工会主要工作抓职工政治教育，组织生产竞赛，开展立功活动和文体活动。

工厂成立团总支，刘新颖任团总支书记。

（四）1948年

6月，军区司令部决定辽东军分区电料厂合并于东安厂。

7月，辽东电料厂并入东安厂，并入人员（有辽东电料厂厂长张荆山，指导员聂晶山，还有富玉丰、张玉青、吕任、刘乔、姜玉明、王牧磊等）共103人。至此东安厂职工达1 000人。

10月20日，根据军分区司令部电报精神，抽调周建南、罗兴英等同志准备随军南下负责接收工厂工作，东安厂由席柳溪、吴俊扬主持工厂工作。

秋季，工厂为了适应生产和发展的需要，在原有机构的基础上，把一科到五科按顺序分别改为一分厂（分厂长赵材德）、二分厂（分厂长刘坚）、三分厂（分厂长向同亮）、四分厂（分厂长赖坚）、五分厂（分厂长赵景琪），化验室改为六分厂（分厂长杨维哲）。工务科（张荆山任科长）、总务科（王强任科长）、材料科（钟昭隆任科长）。政委、厂长定为师级，科长定为县团级，当时的县团级以上干部约25人。

11月2日，沈阳解放，周建南随军进入沈阳。

（五）1949年

1月，按东北局3位领导高岗、陈云、李富春和东北军区领导伍修权的批示，把东安厂和大连光华厂电器二厂以及接管的沈阳、大连、抚顺的电器工厂，都划归东北工业管理总局电器工业管理局领导。

4月初，工厂开始分期分批搬迁沈阳，首批搬迁的有四分厂、六分厂。

4月，周建南同志调任东北电器工业局局长，当时东安厂在册人数808人。

5月，东安厂全建制由部队转到地方。当时东安厂在册人数为778人，东安厂完成了它的历史使命。

（周林仓）

第三节 航空事业的摇篮

一、东北民主联军航空学校的成立

1945年8月15日，日本宣布无条件投降。由于东北是日本侵华战争的主要基地，日本遗弃了大批的航空器材，中共中央决定在东北创办第一所航空学校，建立人民空军培养航空人才。毛泽东、朱德等党和国家领导人专门接见在苏联学习航空的王弼、常乾坤等人，并交代创办航校的事宜。

东北老航校纪念馆（馆名由原空军司令员王海题写）

  王弼、常乾坤接受任务后，于1945年9至10月间率领30余名航空技术干部分两批次从延安出发，日夜兼程奔赴东北。由于当时交通困难，绕道前行，经过3个月的艰苦跋涉，1945年年底抵达东北。

  在此期间，中共中央东北局和东北民主联军总部与先期到达东北的航空技术人员刘风、蔡云翔等人已开展了工作，从辽东地区收集了10余架飞机和一些器材。与此同时，他们还接受了一个航空大队的投降。这个大队有300多人，原驻辽宁东部奉集堡、桥头、凤凰城一带，日本宣布无条件投降后，他们抛弃了飞机器材，逃往本溪连山关以西的山区。由于形势所迫，在党的政策感召下，这个日本航空大队，在大队长林弥一郎率领下，于1945年9月底归降东北民主联军。东北民主联军参谋长伍修权亲自接见

第五章 密山被誉为"四大摇篮"

林弥一郎等人，晓以大义，指明前途，欢迎他们帮助创办航校，培养航空技术人员，将这个日本航空大队改编为民主联军航空大队，后经扩充，于1946年1月将航空大队改编为航空总队。

1946年3月1日，航空学校创建于吉林通化，创建仅一个月后就搬迁至牡丹江。王弼、李汉、师秋朗等率先遣部队于1946年8月中旬到东安市北大营。于1946年11月东北民主联军航空学校校长常乾坤率领部队及全校1 500余人，用马车从牡丹江将破旧飞机及部件拉到密山。开始了航空史上最艰辛的教学、维修和训练工作。

东北老航校旧址，今密山市第四中学（王永刚摄影）

老航校建设一切白手起家，校领导带头发动大家在荒山老林中寻

东北老航校遗址碑碑文（王永刚摄影）

找被日军破坏掩藏的各种航材设备。其中有两次较大的收获：在王弼政委带领下，于铁岭平顶堡发现日军完整航材库，汽油200桶、仪表100箱、废旧残缺发动机100台；在常乾坤校长带领下依靠日方人员协助，在辽宁朝阳镇废弃飞机场找到日军遗弃的飞机几十架，10台发动机。尽管看似一堆废铜烂铁但拉回航校后仍拼凑组装了39架飞机，包括"九九"式高级教练机和"隼"式战斗机。

冬季的东安，冰天雪地，寒气逼人，在零下三四十摄氏度的严寒下，这支队伍缺衣少穿，学习、训练和生活的条件都十分恶劣。他们吃的是日军残留在粮仓中被火烧后又被水浸泡过的玉米渣子。刚到东安就临冬季,他们上山伐木生火取暖,打狍子、野兔、野鹿,到兴凯湖凿冰捕鱼,来改善伙食,获得兽皮抵御严寒。到了春秋两季,他们组织开荒队、打鱼队、狩猎队,自力更生,艰苦奋斗,始终保持高昂的革命热情。当时,没有飞行教材,常乾坤、王弼和日籍教官亲自编写教材并为学员授课,没有教具就亲自动手制作,没有飞行标本就将废弃零部件抬到教室进行解剖讲解。对基础不同,参差不齐的学员采取"吃小灶"的办法,水平高的带水平低的,使学员们很快地掌握了航空知识。

拆下机翼、发动机,分别装车运输

用马车拉破旧飞机及零部件

把搜集到的每一架飞机、每件航材、每桶汽油都运到航校

航空学校的师生们边学习边训练,几个飞机用一个轮子,用一个螺旋桨,用自行车气筒轮流使劲给飞机轮胎打气,没有航空用油就用酒精代替,没有手表就将小马蹄表绑在腿上,

第五章 密山被誉为"四大摇篮"

没有铝皮就用铁皮代替，修好的飞机补丁挨补丁，组装的飞机日本航空技术人员都不敢试开，我们的驾驶员试飞回来后满脸是脏油。就是在这样恶劣的条件下，做出了飞机90架、发动机326台、培养航空技术人员560多名。当时东安机场的日式"九九"高级教练机，现存国家军事博物馆。

令美国空军闻风丧胆的王海、刘玉堤、张积慧、李汉、邹炎、孙景华、侯书军、王天所、华龙毅等老航校学员，都是从这所航空学校成长培养出来的，成为著名的空战英雄。上百位老航校师生后来分别担任了空军、海军航空兵、飞机制造工业、国家民航的领导骨干。

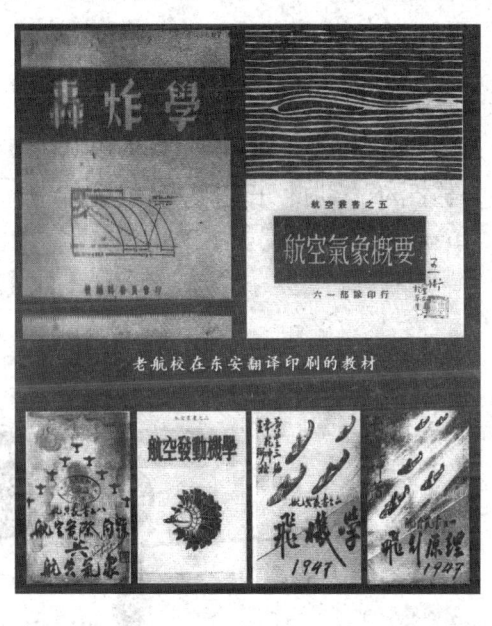

老航校在东安翻译印刷的教材

在开国大典上，军委航空局局长、东北老航校校长常乾坤率17架飞机组成受阅编队飞过天安门上空，受到了毛泽东、刘少奇、周恩来、朱德等开国元勋们的检阅。10月6日，中央军委批准将老航校一分为七，成立7所航空学校。

在极其恶劣的环境下非常艰难地修理飞机

用自行车气筒轮流使劲给飞机轮胎打气

东北民主联军航空学校即老航校根据当时形势，先后搬迁5次。1945年12月，由辽阳本溪迁往通化；1946年4月，搬到牡丹江；1946年10月，校部搬到东安；1948年3月，校部由东安迁往牡丹江；1949年3月，校部由牡丹江迁往长春。

1949年4月，一厂由东安3个工厂合并后，搬迁到哈尔滨南岗马家沟，到此东北老航校完全搬出密山。

重新组装完飞机后的喜悦

日式"九九"教练机

为了纪念中国人民空军的诞生，用老航校精神教育和激励后人，1996年密山建立了东北航校纪念馆，伍修权为该馆题写了馆名，迟浩田亲笔题词"艰苦创业誉满华夏，雄鹰摇篮英才辈出"，彭真为东北老航校建校四十周年题词"中国人民航空事业的摇篮"。

二、东北民主联军航校机构

校长：常乾坤

政委：王弼

副政委：薛少卿（兼政治部主任，代理党委书记）

副校长：刘善本

第一政委：马文

副政委：顾磊

政治部主任：白平

航校机务处下设修理厂、机械厂、材料厂

航校设有三个飞行大队，每大队设三个中队。

三、中国航空先驱人物传略

（一）东北老航校校长常乾坤

常乾坤，1904年出生在山西垣曲县下毫村一户农民家里。家境贫寒，外祖父对自幼丧母的常乾坤格外疼爱，供他去念私塾，一心想让他将来做个教书先生。常乾坤聪明好学，成绩优异，两年后以全县第五名的成绩考入县高级小学。在那里，他受到五四时期新文化、新思想的影响，说服家庭，决心到省城求学。他背着几件换洗衣服步行来到太原，没有钱念中学和师范，只好报考免费的晋军学兵团（也叫斌业中学）。在学校，他接受了民主革命的影响，考入黄埔军校第三期。1925年，他毅然投身革命，在那里加入了中国共产党。

提到学习航空和飞行，那是一段"缘分"。常乾坤在黄埔军校学习成绩名列前茅。当时国共合作，孙中山先生创办的广东航空学校开始招生。而学习飞行是非常高深莫测的，且要花一大笔学费，常乾坤是不敢奢望的。一位有钱但成绩不好的同学拉他去替考，结果常乾坤考出了优异的成绩。后来，那人听说学飞行危险性很大，又不想去了。周恩来同志知道了这个情况，找常乾坤谈话，问他："你愿不愿意学航空啊？"常乾坤非常高兴，表示愿意学，但是没有钱，念不起。周恩来支持他学习，并告诉他："组织上帮助你。"就这样，常乾坤带着党的嘱托迈进了学习航空知识的大门。

1926年5月，经广东革命政府的选拔，常乾坤被派遣到苏联空军第三航校学习飞行。毕业后，因受到国内条件限制，被共产国际安排在苏联航空部队服役12年。先后担任飞行、领航、射击教官、飞行大队长、领航主任等职。1932年，考入苏联最高航空学府——茹科夫斯基航空学院深造。他如饥似渴地发奋读书，立志全面掌握最先进的航空技术，有朝一日为中国人民和中国共产党创办一支自己的航空队伍。

1938年9月，常乾坤回到了抗战中的祖国，他辗转到了延安。那正是抗日战争最困难的时期，八路军的武器是小米加步枪，航空工作提不到议事日程。他根据客观形势，向中央写报告，说明航空干部培养周期长，所需知识门类多，理论性强，必须早做准备，否则形势发展，一旦需要，没有人才，就来不及了，建议先成立一所小型学校，集中百十名干部，先学习航空理论知识，待革命形势发展后，便可作为建立空军的骨干力量。党中央毛主席看过建议后，认为此举很有远见卓识，遂于1941年2月在安塞县筹备成立了延安工程学校，常乾坤高兴极了，自己多年的愿望，终于可以实施了。他白天参加建校劳动，晚上在油灯下备课、写教材，抽调的工农同志文化程度不高，他首先从中学的数学、物理讲起，在没有门窗只有一小块黑板的陕北窑洞里，一批身穿土布衣服，吃山药蛋的八路军战士，如饥似渴地学习航空理论，准备有一天飞上蓝天，创建一支自己的空军队伍。正当常乾坤全身心投入教学工作时，情况发生了变化，抗日形势变得更加严峻了。深知从无到有要建立自己的空军，人才是多么重要，他胸怀博大，求贤若渴。在创办老航校的时候，他团结了一切可以团结的人，从汪伪空军，到国民党空军起义人员，还包括日本投降后留用的航空技术人员。理论水平高的当教员，飞行技术好的当教官，发掘他们的一技之长，并用革命部队的思想作风来帮助、改造他们。由于人员混杂，思想差距很大，也出现过一些混乱的局面。如有些人想不通，说航校重用的都是敌伪人员，思想"右倾"，办校方针有问题。而常乾坤却坚持认为，我们是白手起家，借鉴、吸收、利用是为了创建人民空军这个大目标。既然目标是正确的，方向是正确的，就应当坚持下去！

白起是原汪伪空军少将，后来到东北航校被任命为副校长。他提出许多好的建议，常乾坤很支持他。蔡云翔也是从汪伪部队起义的，在执行空中运输任务时不幸牺牲。下葬时常乾坤坚持亲自抬棺入葬，他的那份情谊感动了许多起义人员。

1945年8月，抗战胜利后，刘少奇和任弼时同志一同找常乾坤谈话，向他交代了党中央决心为创建人民空军办一所航空学校的任务。带着党中央的指示和重任，常乾坤经过长途跋涉，于1946年3月在通化正式成立了东北民主联军航空学校。常乾坤被任命为校长。

老航校是在抗日战争的废墟上开始起步的。当时的东北，战事紧张，环境动荡，条件极为恶劣，生活异常艰苦。飞机是缴获日本人的，破烂不堪。跑道坑坑洼洼，营房、机库残垣断壁，机场设施残缺不全。办学骨干极端缺乏，物资供应异常困难。敌人常常骚扰破坏，3年内航校搬了5次家，从通化到牡丹江、东安（密山市）。在中共东北局、东北民主联军总部的领导下，常乾坤和全校人员发扬延安精神，团结奋斗，艰苦创业，历尽千辛万苦，克服重重困难。没有飞机和器材，就组织人员四处搜集；没有汽油就试验用自制酒精代替做燃料；没有初、中级教练机就打破常规直接上"九九"高级教练机；没有汽车就用牛马大车拉着破旧飞机转场；没有飞行员所需要的高质量的大米、白面、肉蛋、蔬菜，就吃高粱米、玉米碴、咸菜。他们自己开荒种菜，在兴凯湖捕鱼。生活上的困难好克服，最难办的是办学校没有教材、教员。于是组建学校以后，着手从四面八方寻找航空技术人员。常乾坤尊重知识、尊重人才，凡是精通业务、具有理论知识和实践经验的人员，如刘善本、白起、蔡云翔及林弥一郎等，常乾坤不仅在政治上关怀信任，业务上关心支持，而且在生活上体贴照顾，使他们心情舒畅，无后顾之忧尽心尽力地工作……老航校在东安（密山）三年多，为新中国培养了一大批航空骨干、空中雄鹰。在抗美援朝的空战中，我国刚组建的人民空军，以少胜多，以弱胜强，创造了世界空战中的奇迹。涌现了刘玉堤、王海、张积慧、李汉、赵宝桐等战斗英雄。这些同志后来担任了空军及各军区的司令、副司令、军长、部长等，成为人民空军建设的中坚力量。

1972年5月，常乾坤的儿子常珂问父亲："在那种条件下依靠什么力量，去成功地创办学校呢？"常乾坤笑了笑，拿起毛笔，走到书桌前，在纸上一挥而就，写下了毛主席的一段话："人民，只有人民，才是创造世界历史的动力。"1990年，常乾坤之子常珂把这幅珍藏多年的父亲手迹赠送给密山市，现已镌刻成碑，竖立在北大荒书法艺术长廊的碑林中。

1949年，为迎接即将到来的开国大典，作为军委航空局局长的常乾坤被周总理叫到办公室。总理要求航空局担负起首都的空中保卫工作，保证政协会议在北京安全召开，并且承担开国大典空中检阅的任务。

空中检阅对于一个在炮火中诞生不久的空军来讲是多么困难，不仅现有飞机全部是缴获国民党的旧飞机，飞行员除了老航校培养的飞行员外，还有一些解放战争中起义的同志。这些人后来成为新中国开国大典中接受党和人民检阅的首批飞行员之一。

在国庆检阅时，飞机数量少，需两次飞过广场上空，而且是带炮弹飞行，这种空中检阅在国内外都是空前绝后的。常乾坤和他的战友们没有辜负党的信任，圆满地完成了任务。

常乾坤在战场上是一位叱咤风云的将军，在家里是一位慈祥的父亲，他一生光明磊落，他要求子女做一个品德高尚的人，他给大儿子起名叫常磊，给二儿子起名叫常砢，磊砢在古汉语中是"磊落"的同义。古人曰："万楹从倚，磊砢相扶。"这是常乾坤寄予儿女们的一片深情。

中华人民共和国成立以后，常乾坤先后任中国人民解放军空军副司令员兼训练部部长，中国人民志愿军空军副司令员，中国人民解放军空军副司令员兼空军学院副院长、空军工程学院院长和政治委员、空军军事科研部部长。1955年被授予中将军衔。是第三届全国人民代表大会代表，1973年5月因病在北京逝世。

1998年8月，常乾坤之子常砢来密山寻访东北老航校的遗址。在告别这片黑土地的时候，常砢包起了一捧密山的黑土说："父母把一生都献给了他所挚爱的事业，没有给我们留下任何有形的财产。但是他们的精神、信仰和人格都已深深地融在我们的血脉中。我们要像种子扎根在沃土之中那样生根、发芽、开花、结果，把他们开创的事业，继承下去，让个人生命熔于为人民服务之中，千秋万代，精神和事业永存！"

（二）东北老航校政委王弼

王弼，中国航空活动家，现代中国航空先驱。1899年生于江西省永修县，1977年卒于北京。早年投身革命，他的父亲是一个穷秀才，农闲时在本村开学馆教书，农忙时下地干活。王弼自幼聪敏好学，毕业于永修县立高级小学，1918年考取江西省立南昌第一师范学校。他与同窗好友方志敏、邵式萍、曾去非、张朝燮、王怀心等投身于南昌的"五四"学生运动，成为积极子

1923年8月,师范学校毕业后当小学教员并加入中国共产主义青年团,从此他在家乡走上了党领导的革命道路。他积极投身五卅爱国运动,在1925年的五卅运动中他加入了中国共产党,成为江西永修县最早的党组织负责人。

1.受党的派遣赴莫斯科中山大学和航空学院学习。

根据王弼的表现,中共江西省委决定选他到苏联系统学习。1925年10月24日,王弼与向警予、张闻天、王稼祥、李锦蓉、张琴秋、乌兰夫、左权、伍修权、沈泽民、吴亮平、博古、孙冶方、张锡缓、熊天荆等同志从上海乘船到海参崴再转火车于月底到达莫斯科。王弼在中山大学的两年时间里,学习掌握了俄语、社会发展史、中国革命运动史、俄国革命史、东方革命运动史、西方革命史、哲学史、政治经济学、经济地理、列宁主义、军事等10几门课程。1927年大革命失败,我党认识到掌握武装的重要性。中共驻第三国际代表瞿秋白代表党中央,决定派王弼到苏联空军地勤学校学习机务。毕业后王弼被分配到苏联空军飞行学校任少校总检验师。1933年9月,为将来建设我党自己的空军,根据党的指示,他与常乾坤、唐铎一同考入苏联空军的最高学府莫斯科茹科夫斯基空军学院。王弼入工程系,学习飞机、发动机的设计和制造。常乾坤则学飞行,从此他们二人结下深厚的革命友情。并肩战斗在共产党领导人的航空事业中。王弼在苏联度过了5年的艰苦学习生活。一开始由于语言和数理基础差,学习很吃力,但他不畏困难,奋发图强,刻苦努力,使成绩不断提高,不但赶上,而且还超过了许多苏联同学。他常常对中国同学说:"我们现在有这样好的学习机会,就一定要珍惜它,好好学习,以便将来回国建设我们自己的空军。"

2.积极要求回国参加抗战。

1937年卢沟桥事变爆发后,王弼、常乾坤向中共驻共产国际代表团提出回国参加抗日的请求。任弼时经请示党中央同意后，亲自为他们办理了回国的手续。1938年9月，他与常乾坤到达新疆迪化。根据党的指示，他们在新疆工作。

3.为我党培养第一批经过二万五千里长征的航空人才。

党中央驻新疆代表陈云决定利用盛世才的航空设备和国共合作的局面，建议党中央派人到新疆航空队学习航空技术，为我党将来创建人民空军打下基础。1931年2月，党中央从红四方面军的西路军、红一方面军、红二方面军、红二十五军、陕北红军中选调43名文化较高、政治素质较好的团营职身经百战的红军战士进入盛世才的新疆航空队学习（1947年2月这些红军老战士中有31人到东安老航校担任领导职务，1955年其中大部分同志被授予少将与大校军衔）。组织上原想派王弼、常乾坤二位进入航空队担任教官，但由于盛世才反对，此事未能实现。陈云同志决定王弼、常乾坤二人暂留我党新疆办事处，利用星期日为党在航空队学习的同志补习功课。他们亲写、翻译教材，对这些同志学习帮助很大。1939年5月，组织上决定由王、常等同志组成航空训练班，王弼担任党支部书记兼航空理论教员，讲授飞机和发动机原理。王弼在这期间编写和翻译了部分航空理论教材。他翻译的《航空发动机原理》一书，后来在东安老航校仍是主要教材之一，新中国成立后仍是各航校参考教材。

4.向党中央提出组建中国红色空军建议。

1940年11月，奉党中央电召，王弼、常乾坤等回到延安筹建航空工程学校。11月23日，王弼亲笔起草并以常乾坤两人名义向中央呈报了建设红色中国空军的建议。提出："近几年来科学技术发展非常迅速，因此空军的技术与组织更加复杂。要建设一个系统的、强有力的空军，不是一年半载的事。首先要培养大批航空干部,还要有制造飞机的干部,单靠自力更生是办不到的。"他们的意见得到党中央的高度重视。毛主席、朱德总司令亲自接见了他们,就组建航空工程学校和建设空军的问题作了指示。毛主席说:"热心发展航空事业意见是好的,但要有决心和耐心。"同时,毛主席还风趣地说:"我国历史上也有个王弼和你同名同姓,他是个文人,你是武将,你这个武的要争取胜过文的。"

5.出任第十八集团军工程学校校长即军委航空学校校长。

1941年3月6日,中共中央军委主席毛泽东、副主席朱德和王稼祥、参谋长叶剑英签署了王弼为第十八集团军工程学校校长的任命书,他成为共产党人创办的航空学校的首任校长,常乾坤担任教育长。航校分高初级两个班,主要开设航空基本原理、航空机械知识和政治、文化、俄语等课程。不久由于得不到苏联器材技术方面的援助,学校并入抗大三分校工程队,王弼任工程科主任,后任延安军事学院主任兼大队长,俄文学校秘书长兼教员。他平易近人,联系群众。在延安物质生活极为艰苦,他除坚持教学外,还带大家开荒种地、纺棉花、烧木炭,度过了艰难的岁月。工程学校和工程队的许多同志都成为重要骨干。新中国成立后,有的还成为空军高中级领导干部。1943年11月,王弼被任命为军委作战部航空组组长。主要任务就是调查了解掌握我党自己在各条战线上的航空专业人才,以便将来组织航空队伍,迎接新的任务。1944年春,党中央决定扩建延安机场。王弼兼任机场建设工程处处长。他严格检查质量,凡不合格的一律返工,工程竣工后他直接管理领导机场的工作,为保证党中央主要领导人的飞行安全立了大功。

6.王弼与杨光结为伉俪。

杨光,湖南宁乡人,毕业于协和医科大学。1927年投身革命，曾任北伐军叶剑英师的卫生队长。后任新四军后勤部卫生部副部长，被选为中共七大女代表之一。她曾立下誓言，全国革命不胜利不结婚。朱德总司令、康克清同志为王弼的婚事着急，几次给杨光介绍，她都没有答应。杨光的祖母与刘少奇副主席的母亲是亲姐妹，刘少奇得知后，找杨光谈话，表明了这位长辈的意见。杨光答应了这门婚事。他们选择1945年三八妇女节结婚，朱德主持婚礼，刘少奇讲话，许多朋友出席了婚礼。毛主席特地为他们写了"没有什么困难可以阻碍人的前进的，只要奋斗，加以坚持，困难就赶跑了！"的题词，交方志敏同志的爱人李祥贞（即缪敏同志）转赠给他们表示祝贺。杨光后随老航校到东安（密山）担任组织科长，后应中共东安地委书记吴亮平的请求，经东北局批准，又到东安任东安联中（现密山一中）校长，成为东安地区教育的主要奠基人之一。

7.东安老航校政委。

1945年8月15日，日本政府宣布无条件投降。党中央决定由王弼、常乾坤率延安全部航空干部进入东北组建航校。航校在通化成立，后转移到牡丹江，5个月后又转移到东安（密山）。王弼、李汉、师秋朗等率先遣部队于1946年8月中旬到东安市北大营。航校在东安迅速建立了机械厂、材料厂、修理厂。仅用几个月的时间就修好和整理了日式飞机93架，发动机193台，以及一批航空仪器附件和设备，为学校教学训练创造了条件。

王弼十分珍惜人才，他团结爱护、培养从各地来的有志于祖国航空事业的同志，正确执行了党的争取、团结、教育、改造日本技术人员的政策。航校接受了日本侵华航空技术人员344人。校党委没有按战俘对待他们，技术上敬他们为老师，让他们享受留用人员的待遇。政治部还设立了"口工科"，专门做他们的政治思想工作，使他们在飞行训练和机务修理工作方面都发挥了很好的作用。这些日籍教官视密山为第二故乡，教官内田元五先生曾三次率队，到密山为教育捐款。

王弼非常重视教育、尊重科学。他领导成立了航校技术研究会，并担任主任委员。还亲自编写了《航空发动机学》，担任技术课教员。学校共编辑出版了31种教材和校刊、期刊。他实事求是，敢于直言。在东安期间，他与校长常乾坤、副政委兼政治部主任薛少卿联名向毛主席、朱德总司令反映办学存在的困难，为迎接全国革命的胜利到来建议应尽早到苏联购买办航校所需的各种航材，以备扩大办学规模的需要。

为此，他们受到东北野战军领导的严厉批评。后来，解放战争的迅速发展证明他们的意见是正确的。1949年9月，党中央派王弼随同刘亚楼赴莫斯科采购航材和飞机，为老航校一分为七所航校作了物质准备。王弼同志这次到莫斯科意外地找到了失散十年的俄罗斯妻子和子女。航校建设，从无到有，从小到大，其中包含了王弼大量的心血。

1949年3月8日在党的七届二中全会上，王弼、常乾坤向毛主席和中央领导同志汇报航校工作，毛主席听完后高兴地说："很好，过去延安办不到的事，今天办到了。你们为今后正式建立空军做了些准备工作，培养了一些种子。"

王弼同志在空军、海军航空兵、航空航天战线享有崇高的威望，有上百位他的学生担任了空军、海航、民航、航空航天界的主要领导，抗美援朝的空战英雄都是他的学生。他后来担任过军委航空局政委，空军副政委兼工程部长、副司令员，国务院航空工业局副局长兼总工程师、三机部顾问，第三、四届全国政协委员。

四、东北老航校回忆录

老航校学员合影

东北老航校第一所航空学校

常乾坤

中国人民革命战争的胜利，是在中国共产党和毛主席的英明领导下，在没有空军的情况下取得的，但我们党很早就希望能有自己的空军。毛主席在艰苦困难的战争年代里，就预见到未来的发展，指出："在长期奋斗中，游击队和游击战争应不停止于原来的地位，而向高级阶段发展，逐渐地变为正规军和正规战争，这也是没有疑义的。"

今天，中国人民终于有了自己的飞机。同党的其他事业一样，中国人民的航空事业也是在艰苦斗争中诞生的，是沿着党和毛主席所指引的方向成长壮大起来的。

一

日军投降后，党中央派出大批干部去东北，创立东北根据地，我们延安航空小组的同志也在焦急地等待中央的决定。一天清早，叶剑英总参谋长把我找去，对我说："枣园有电话来，要你去，想谈你们去东北的问题。"听到这话，我高兴得连早饭都没有顾得吃，就急忙赶往枣园。9点来钟，一个同志把我带到了任弼时同志的窑洞里。弼时同志像是早在等我了，他和我握手后，直截了当地说："你们的愿望快要实现了。中央要你马上赶到东北去，设法创办一所航空学校，培养一批技术骨干。这是个非常重要的任务，你看怎样？"

我激动地连忙回答："这是我们早就盼望的，我们要坚决完成党交给的这个光荣任务！"

"我很了解你们的心情，长翅膀的人是坐不住的，你们需要辽阔的天空，是吗？"他笑了笑，接着又说："赤手空拳办航校，会有许多料想不到的困难。遇到问题我随时请示东北局和民主联军总部。"

吃中午饭的时候，少奇同志来了。他一再叮咛：这次到东北去创办航校是件大事，是党和中国人民创建航空事业的一个开端。要有坚强的信心和决心，要有不屈不挠、百折不回的勇气和克服困难的精神，一定要把航校办起来，而且要把它办好。

中央首长的谆谆教导，一直是鼓舞我们勇往直前和不断战胜困难的力量源泉。10月我们一行20余人，肩负着党的使命，怀着无比兴奋的心情，告别了革命圣地——延安，星夜赶赴东北去了。

　　经过一个多月的长途跋涉,我们终于在冰天雪地的季节到达了东北,首先向东北局报告了党中央的决定。根据当时局势发展,东北局又对建校的方针、原则和具体做法做了许多重要指示。当时,日军丢弃的航空器材散布东北各地,许多机场和飞机、器材,都遭到了日伪、土匪、特务的严重破坏,仅留下来一些飞机,也是残缺不全,有的缺翅膀、少尾巴,有的没有胶皮轮子,有的座舱仪表被砸碎。为了不使这些器材落到国民党军队手里,或被土匪特务抢走和进一步遭到破坏。东北局要我们好好依靠各地党、政机关的领导,依靠广大群众,动脑筋,想办法,把一切可以抓到的器材全部抓到手中,迅速把航校建立起来。

　　毛主席的自力更生的伟大思想鼓舞着大家去迎接困难,战胜困难。我们到达目的地,和东北局原先派去搞航空的同志组织在一起,进行了紧急动员。同志们冒着大风大雪,不分昼夜地四处寻找器材。除锦州、沈阳等地几个机场的器材没有来得及抢运而外,辽阳、铁岭、东丰、朝阳镇、佳木斯、哈尔滨、齐齐哈尔、海拉尔、北安等地,凡是有航空器材的地方,同志们的足迹都踏遍了。甚至连机场附近的山沟、村镇也访问到了。大家一个一个地寻找飞机轮胎、仪表、铝皮、胶皮垫子,一桶一桶地寻找汽油、润滑油。各地党、政机关、民主联军,土改工作队和广大农民群众,给了我们很大支持。他们不仅帮助我们摸情况,提线索,当向导,看管器材,还支援运输工具。当时最感困难的是交通不便,火车不通,收集起来的破残飞机和笨重器材运不出去。老乡们就用牛马大车帮我们把收集起来的东西转运到目的地,使我们克服了人地生疏、运输不便等许多困难。搜集器材的工作是相当艰苦、紧张的,不少同志累出了病,有的同志在抢运器材时压断了手脚，成了残疾人；有的同志在寻找器材时误入原日军的毒菌场，中了毒，得了慢性疾病；有的同志还献出了自己的宝贵生命。然而，收获是巨大的，经过几个月的努力，前后从各地收集了不少破飞机、发动机、油料、仪表，以及其他航空器材。虽然稍加修理即可使用的飞机为数不多，绝大多数只能拆下点零件来拼凑使用，但这却是航校的全部家当，也是保证航校训练的主要物质基础。

由东北局派出的同志，首先在凤凰城、桥头等地接收了一些航空器材，成立了航空队，驻辽阳、宫原等地。国民党占领沈阳后，其四周临近的中小城市都直接受到威胁。东北局指示他们迅速离开宫原，向通化转移。到通化后，东北民主联军总部又派来了一批干部。紧接着，又从山东抗大分校送来100多名学员。航空队奉命扩建为航空总队。经过了三四个月紧张、积极的准备工作，终于在1946年3月1日，正式成立了东北民主联军航空学校，这就是我党我军第一所航空学校。

二

争取尽早开始训练，培养出我们自己的飞行员和航空技术人才，是党中央和东北局的意图，也是航校全体同志的光荣任务。航校的训练需要有个比较稳定的环境，可是航校成立以后，不到半年时间，就来了两次大搬家，一次是1946年4月中旬，由通化搬到牡丹江；另一次是1946年11月间，又由牡丹江搬到东安（今密山市）。

第一次搬家是在四平战役吃紧的情况下进行的。怎样转场呢？能飞的飞机可以从空中转场，但牡丹江机场能不能接收转场的飞机呢？消息不通，不得而知。即便可以空中转场，那大多数不能飞的飞机和笨重的器材又怎么办呢？……能不能及时抢救出

第五章 密山被誉为"四大摇篮"

去,在路上会不会遭到特务、土匪的破坏?不管困难多大,必须赶快转移。航校领导进行了紧急动员,赶紧布置转移工作,决定空中、地面同时进行转移。一面派出飞机前往牡丹江侦察,一面派先遣队到牡丹江布置迎接飞机转场。经过全体同志动脑筋、想办法、克服困难,终于在短短的几天内,把绝大部分能飞的飞机从空中转到牡丹江,不能飞的飞机和器材也陆续抢运到了敦化、延吉等地。

从牡丹江搬家到东安是在严冬季节。东安附近的机场遭受了比较严重的破坏,弹坑累累,营房、仓库等建筑物都成残垣断壁,几乎连一栋完整能用的房子都没有了。尤其是,东安一到冬天,风雪连天,对面看不到人,气温降到零下30至40摄氏度,手触到铁上就粘掉一层皮。在这样严寒的地方搬家,必须事先做好准备工作,否则飞机转不出去,器材也易受到损失。可是敌人逼得很紧,国民党反动派对东北解放区再次发动了大规模的进攻,有向延吉、牡丹江一带大举进犯的态势。学校赶快抽出大部分人员先去东安抢修机场、营房和仓库,在当地党、政、军、民的大力支援下,经过一个月的日夜不停地赶修、抢运,航校终于在11月底搬到了东安。

一九四七年春在东安建立的老航校修理厂,它被誉为新中国航空工业的起点

这两次的搬家,虽然给航校增添了许多新的困难,打乱了航校的全盘工作计划,影响了训练工作的开展,但也锻炼了航校的

干部，培养了同志们在艰苦条件下进行转场的能力。

训练快开始了，一连串的难题也出现了。要飞机上天，首先要有各种航空技术人才，要有教飞行的，教领航的；要有机务维修人员，修理人员，仪表、电气、无线电等特设人员以及气象人员等。但教员知识差，学员文化低，教材在哪里？怎样训练？由谁来教？怎么教法？特别是在依靠谁办航校和培养什么人的问题上，出现了意见分歧。党中央要我们建立的是培养航空骨干，为未来人民空军打基础的航校。航校党的领导坚持了我党建军的根本路线和培养工农骨干的正确方针，保证了党在航校的绝对领导，保持了我军的优良传统和作风。同时贯彻执行了党的争取、团结、教育、改造旧技术人员的政策。

旧技术人员在航校训练方面应该说是做了不少工作，是有贡献的，但是这些同志在训练中曾提出一些脱离实际的意见，如在教学方法上，他们主张，先学习一些抽象的理论、书本知识，后接触实际。按照他们的意见，训练一期学员至少得几年。事实证明他们的意见是行不通的，既浪费了时间，走了弯路，也遭到了学员的反对。因为我们的学员都是工农子弟，仅有一点文化还是参军后学的，连算术四则都不懂，硬要他们马上去啃代数、几何、物理、飞行原理等，怎能吃得消？有的学员说："党要我们快点把技术学到手，我们怎能这样老牛拉破车呢？"学校领导毫不迟疑地纠正了这种脱离实际的做法，采取了我军行之有效的互教互学，包教包学，互相帮助，一切重视教学实效，理论紧密结合实际，迅速把技术学到手的教学方法。教员、学员一起动手，把不能用的破飞机、发动机和仪表都搬进了教室。上课时教员讲一个机件，让大家看看实物，讲一个原理，给大家实际表演一番，学员称赞这种教法很好，学习的兴趣很高，个个废寝忘食，刻苦钻研，结果放牛娃也开始掌握了复杂的航空技术。

在飞行训练中，困难又像拦路虎一样出现了。当时，世界各国训练飞行员的常规都是三阶段——先飞初级教练机，再飞中级教练机，后飞高级教练机或战斗机。初级教练机我们倒有几架，但都是木头做的，由于长期在机场上风吹、雨淋、日晒，框架都糟朽了，蒙布也扯光了，加上几次的长途转移，都已完全变了形，能不能飞行，谁也没有把握。经过左挑右选，选出了一架变形较轻的初级教练机，又经过仔细修理和多次检查之后，开始试飞，结果糟糕得很，试飞失败了，飞初级教练机的门被堵死了。中级教练机一架也没有，只有一些破烂的"九九"式高级教练机和几架日式战斗机。怎么办？可不可以打破世界各国普遍采用的三级教练法，越过初、中两级，直接飞高级教练机呢？这是个新问题，是前人没有遇到过，也是书本上找不到答案的。一部分人坚决反对这样干，认为这是违反科学的，是航空史上从未有过的。有的人还讽刺地说："想一步登天，只怕飞得高，摔得重！"

怎么办？我们在东北局和民主联军总部的支持和鼓励下，征求了学校广大干部和学员的意见，学员们坚决回答："我们愿冒任何风险！上高级教练机，怕什么？不入虎穴，焉得虎子？"上级的鼓励，群众的坚决态度和勇敢精神，大大增强了我们"三步并成一步走"的信心和决心，航校党的领导一面发动群众动脑筋想办法，一面采取了加强地面准备，增长带飞时间，改进训练方法等一系列措施。特别在保证飞行安全方面，针对器材破旧，教员技术不熟练，设备简陋，制度不健全，缺乏经验，各方面条件很差等不利因素，要求全体同志，特别是飞行人员、机务人员、修理人员要小心谨慎，认真负责，细致扎实，兢兢业业，像姑娘绣花一样地做好一切工作，保证飞行训练少出事故或不出事故。经过全体同志的努力，1946年7月下旬的一天，我们的学员终于单独驾着"九九"式高级教练机，飞上了万里无云的高空。这时，原来反对一步登天的同志也慨叹道："奇迹，了不起！今天我们才真正懂得了共产党无往而不胜的道理。"

可是，教练机解决了，油料又成了问题，油快用完啦，没有来源，还谈什么训练飞行？大家非常焦急。航校党的领导拜访了许多内行人，也发动群众来研究。有人建议：用酒精可以代替汽油开汽车，能否用酒精代替汽油开飞机呢？大家都没有听说过这方面的先例。我们想，既然找不出更好的办法，还是试验一下吧。第一次用酒精试飞时，因为天气太冷，酒精度数不够，眼看着飞机飞上天了，突然，听不到马达声了，飞机一直往下猛坠，在空中停车了……不成功，再试！先使用汽油和酒精的混合燃料，逐渐减少汽油的分量。经过无数次的试验、研究，在提高了酒精度数和加大了燃料喷嘴之后，试用96度的纯酒精飞行，终于宣告成功。训练又活跃起来了，学员们的心情又舒畅了。他们飞行归来，常常开玩笑地说："怎么样？想一步登天，就是一步登天了嘛！"

三

航校搬到纵深地区后，距离前线远了，环境似乎比较稳定了些，可是参加飞行的人多了，训练也更加紧张了，随之而来的是器材日益缺少，来源毫无着落，训练无法持续下去。这是当时大家最感不安的一个问题。飞机本来就是补了又补的，渐渐地连补丁都补不起了。航校想遍了办法，实在想不出好办法了，只好坏一架，停一架。胶皮轮子和螺旋桨更是奇缺，几架飞机轮换着使用。到了1947年下半年，情况越来越困难，日子越来越不好过，器材已经用到了山穷水尽的地步，几乎连飞行技术都有保持不住的困难。无可奈何，航校只得请示总部，

第五章　密山被誉为"四大摇篮"

下决心减少飞行次数，压缩部分人员，按"保养技术，短小精悍，持久延长"的方针顽强地坚持着训练。这种情况也很自然地在航校引起了一些思想波动。航校党的领导根据上级决定，用诉苦和三查方法开展了全校新式整军运动。先干部，后学员，先党内，后党外，通过各种会议，利用各种方式，反复讲清道理，打通思想，稳定情绪，鼓舞斗志，教育和动员大家咬紧牙关，坚持过苦日子，渡过难关。

我们的日子越不好过，敌人越压我们，不断派飞机前来捣乱。他们早把我们的航校当成了眼中钉，千方百计地想消灭这枝新生的嫩芽。国民党空军集中了15架轰炸机，轰炸扫射了通化机场，打坏了我们6架飞机，伤我方6人。在牡丹江，特务又纵火烧毁了我们的一个汽油库。以后，我们一步步向纵深转移，敌机也一步一步跟上来。凡是有航校飞机飞行的机场，都遭到了敌机的袭击。前后被敌机打坏的飞机有10多架。当时我们既没有高射武器，又没有能打仗的飞机，只能躲避，不能还手。那些驾着美国飞机的国民党飞行员，常是早晨八九点钟就飞临我机场上空，盲目扫射、投弹，有时轮番在空中巡逻。直到午后三四点钟才返航。

"留得青山在，不怕没柴烧"。在敌机频繁骚扰的情况下，我们只好打游击，抓紧早8点以前，下午3点以后的时间，钻敌机的空隙进行训练。白天把一些能飞的飞机搬到临近的山沟里隐蔽起来，傍晚再拉回机场。为了对付暗藏的匪特，飞行员随身还得带着手枪和手榴弹保护飞机。我机速度小，飞机上又缺武器，于是，学员们都学会了超低空飞行，以便在空中遇见敌机可以同它周旋。超低空飞行，对学员来讲，是很吃力的，飞行归来，个个都累得两腿酸痛，疲劳不堪。当时的物质条件又非常艰苦，不仅吃不到肉和油，连细粮和蔬菜也很少见。有时吃的是玉米面窝窝头和玉米碴子。飞行员、机务人员就组织起来，开荒种地，上山打柴烧木炭，春、夏季挖野菜，拣鸟蛋，秋季打猎，冬季到草塘里，敲开厚冰抓泥鳅来改善生活。住的房子也很简陋，既无取暖设备，窗户又不严密。夜晚，西北风卷着雪片打得窗户哗哗响，大家只得戴着棉帽睡觉，冻醒了就裹着被子在屋里兜圈子。没有冬季飞行服、皮大衣和毡鞋，也没有保险伞和保险带，飞行员只好穿着棉袄和单布鞋，用麻绳捆起来飞行。地勤人员的工作服是补了又补的。就是在这样食不饱腹、衣不暖体、屋不遮寒的情况下，大家仍然干劲很大，起五更睡半夜，在雪深没膝、北风刺骨的寒冬腊月，忍受着严寒与劳累，顽强地苦练着、工作着、战斗着，尽快地掌握航空技术。他们常说："我们一定要争回这口气，等我们的翅膀硬起来敌人就耍不成威风了。"在将近4个年头的艰难困苦的岁月中，同志们的情绪一直是饱满的，干劲一直是充足的，充分表现了人民军队的艰苦奋斗，吃苦耐劳，不屈不挠，勇于克服困难的精神。究其根本原因，就是因为这个航校是共产党领导的，它重视政治思想工作，它的干部和学员是革命战士，对党、对革命、对人民事业有着无限的忠诚。

奋勇扑救被敌机扫射起火的东安机场飞机

第五章　密山被誉为"四大摇篮"

四

1948年以后，解放战争进入了一个新的转折点。东北有名的辽沈战役，消灭了国民党数十万大军，最后解放了东北全境。航校随着整个形势的好转，由东安搬回牡丹江，以后又搬到长春。环境安定了，条件改善了，人们的心情更加振奋了，干劲更足了，训练的成绩也更加显著了。遵照东北局的指示，航校一方面抽调一批干部大力搜集国民党在南满各地丢弃的航空器材，一方面加紧训练，迎接大发展。当我军遵照党中央和毛主席的命令向全国各地进军时，航校又派出了大批干部和学员，随军前进，赶赴全国各地接收国民党丢弃的航空器材和人员。

平津战役胜利结束以后，当航校的领导同志到中央所在地，向毛主席和中央负责同志汇报航校的工作时，毛主席鼓励我们说："很好，过去在延安办不到的事，今天办到了。你们为今后正式建立空军做了些准备工作，培养出了一些种子。"

航校——这一支在毛泽东军事思想指导下，从重重困难中诞生的新生力量，不仅为人民空军的建立摸索了一些宝贵的经验，做了一些必要的有益的准备工作，并且培养了一批优秀的航空人才。1949年10月1日开国大典时，由这个航校训练出来的飞行员，以17架飞机编成整齐的队形通过了天安门上空，接受了党和国家领导人的检阅。

新中国成立以后，全国闻名的空军战斗英雄王海、刘玉堤等，和目前空军的一部分技术领导干部，大部分也是在这个航校开始学习航空的。这一切，都是党中央和毛主席英明领导的结果。

1949年9月21日，毛主席在中国人民政协代表会议第一届全体会议上正式宣布："我们将不但有一个强大的陆军，而且有一个强大的空军和一个强大的海军。"历史证明，党和毛主席的英明预见，一件一件地都得到了实现。

东北老航校学员组成飞行编队参加开国大典

飞机编队通过天安门上空

接受党和国家领导人检阅

（注：本文原载《星火燎原》第八集，作者常乾坤曾任空军副司令员，东北老航校第一任校长，黄埔军校三期学生，1925年被党派往苏联学习航空，1955年被授予中将军衔，是人民空军的主要奠基人之一。）

难忘的岁月

金生

奔赴东北老航校。

1946年7月11日，我们从新疆获释回到了延安。在党中央的关怀下，我们在新疆学习航空技术的同志组成了航空队，经过一段时间的休息、学习和整顿后，于9月底从延安出发去东北老航校——我们党自己创办的第一所航空学校。

航空队由方子翼任队长，方华任副队长，严镇（振球）任政治指导员。队员除了在新疆学习航空技术获释的同志外，还有1946年驾机起义来延安的刘善本、张受益、唐玉文以及王云雪、熊梅影等同志，我们历尽艰辛，于1947年3月到达了航校的所在地——东安。

到达航校时，我们受到了热烈的欢迎和接待。学校为我们召开了欢迎大会，举行了会餐，还向我们介绍了学校情况，组织我们参观机场、飞机修理厂和机械厂等，我们高兴极了。尽管那时学校的条件还很差，但我们只有一个思想，就是：坚决服从党的分配，克服一切困难，完成党的任务，开始新的征程。

当时，学员中有的被分配学飞行，有的被分配学机务，由于分工的不同和待遇的差别，在有的学员中产生了一些思想波动。特别是学机务的同志，感到学机械搞机务工作又脏又累，不如搞飞行好，因此产生了不愿搞机务的想法。学员们知道我们这批人是经过党的多年培养和教育的，因此带着这个问题和我们交谈。我们根据学校有关领导对情况的介绍，认为这种重飞行、轻机务的想法是不对的，我们就向学员们说明革命分工的道理，指出飞行是在空中执行任务，因此，它的待遇与地面工作的同志应有所不同。机务人员与其他地面工作也不同，虽在地面工作，但技术业务工作复杂，保障飞行的任务重，整天在机场工作，夏天酷热，冬天严寒，根据工作的需要也应有不同的待遇。学飞行、学机械都重要，缺一不可，我们是共产党员、革命战士，应该听众党的分配，执行党的决定。党分配我们学机械就要克服一切困难完成党交给我们的任务。经过这样的谈心和思想工作，稳定了学员们学习机械的思想，树立了信心。同时，我们向学校建议给机务人员以适当照顾。后来学校就建立了空勤灶和地勤灶等。同学们认识提高了，信心也增加了，不论是学飞行的同学，还是学机械的同学，后来都成了建立人民解放军空军和航空工业的骨干力量。

航校的三个工厂。

当时航校机务处下设三个工厂，即修理厂、机械厂、材料厂。

由于我是材料厂的政治指导员，所以，对材料厂的情况更了解。当时，材料很困难，材料厂的主要任务就是将学校组织人员收集来的器材和油料、酒精等进行清理、油封，妥善保管并供给修理厂和飞行训练使用。那个时候条件很差，没有供保管用的仓库，只好把一些较贵重的器材存放在住房内，几百台发动机等大型器材也只好存放在露天的围墙里。同志们对材料十分珍爱，连一个旧螺钉、螺帽都精心地加以保管。有一次，从苏联进来一列车汽油，要我们接收。我们没有抽油机，只好用缸吸的办法，用胶皮管把汽油吸到50加仑的油桶内，再用大卡车运到存油处，装入大油罐内。装大罐也很困难，要先搭一个木架，再用杠杆提水的办法把油一桶桶地倒入大罐。那时，不仅没有加油车和运油车，就连大小抽油泵也没有，大油罐内最后的油尾抽不出来时，只好由人戴上口罩轮流下到罐内用勺子一勺一勺地舀出来。当时，由于汽油来源困难，尽管没有工具，但大家一滴油也舍不得丢。有一次，一个落地酒精罐渗漏，我们发现后，立即组织人员连夜将酒精倒出来转到了别的罐内。在全厂同志的共同努力下，我们克服了一切困难，较好地完成了全年任务。年终评比时，学校给曹麟辉、许景煌和我各记了三等功一次。

飞机首次支前。

在1947年7~8月份，突然接到校部通知，要我立即乘飞机去哈尔滨执行任务。于是，我同两名日本机械员乘坐由刘善本同志驾驶的、由我们修理厂刚刚修复的双发高级教练机飞往哈尔滨，在马家沟机场降落。当我和刘善本见到领导时，常校长说："你们来了就好，现在总部给了我们一个光荣的任务，要给前方送作战急需地图。现决定用你们飞来的这架飞机去执行这个任务，刘副校长做好空中航行的准备，金生同志负责把飞机及地面工作准备好……"王副政委说："这是我们第一次接受派飞机支援前线的任务，一定要做好一切准备，保证完成这一光荣任务，为航校打响第一炮。金生同志就任马家沟机场场长，明天去机场了解情况并将飞机停放维护好。"第二天，我就按照指示去了机场，机场保管员一面向我介绍情况，一面领我察看机场。当时的机场十分简陋，一栋二层的小楼住着一个警卫排，有一个风向旗和"T"字布以及指挥飞机用的红、白小旗，还有一些油料和加油漏斗等。我当即告诉机械员把飞机停放系留好，并告诉警卫排长做好警卫工作。当晚，我又将了解到的情况向首长做了汇报。

第二天天一亮，我和两名日本机械员就来到了机场。我向机械员提出了任务和要求：一是将飞机上的汽油、滑油全部放出，清洗和检查油路系统各连接处和油路的清洁，重新加满油料；二是检查和清洗磁电机、电嘴；三是检查汽缸进、排气门的间隙；四是检查操纵系统各部分连接和操纵情况；五是将飞机和发动机的固定连接螺栓、螺帽等检查紧固一遍；六是试车检查。他们完全同意我的意见。我们3人分工合作搞了一整天，直到下午5点多钟才完毕。经过试车和地面检查，证明各系统工作良好。准备工作就绪后，当晚即向几位领导做了汇报，他们很满意。常校长立即指示说："明天执行任务，刘副校长负责驾驶，金生同志负责地面指挥。"

第二天一早，我们做好了飞行前的准备。不一会儿，几位领导都来到了机场，当我向他们报告一切准备就绪后，刘副校长把一大捆纸（可能是前方急需的地图）送上了飞机，并绕飞机察看了一圈，然后又和我坐汽车检查了飞机跑道。检查完毕后，刘副校长向首长汇报说："一切良好，请批准起飞。"首长点头，下令起飞。

9点多钟，飞机在轰鸣声中滑过跑道，飞上蓝天，逐渐地消失在远方。我和机械员在"T"字布旁席地而坐，一面商量飞机回来后的工作，一面等待着飞机飞回来。11点多钟，空中传来了发动机的声音，我们向出航方向的天空望去，只见一个黑点逐渐放大地向我们机场移动。按预计的时间，知道是自己的飞机回来了，我们都高兴得跳了起来。飞机在机场上空盘旋两周后，对准跑道徐徐地降落了下来。我们指挥飞机着陆后，刘副校长一走出机舱就说："顺利地完成了任务，飞机一切良好。"听到这个情况，我们心里有说不出的高兴。

组建第三大队。

航校原来只有两个大队。为了适应发展的需要，约在1948年6月，又组建了第三大队，也叫机械大队。大队长由严镇兼，我当政治委员。大队下面设三个中队，按航校的编制，排列为第七、八、九中队。第七中队的学员是由东北军政大学选调来的干部和老战士；第八中队的学员是来自冀东根据地的农村干部和学生；第九中队的学员是在哈尔滨地区招来的中学生。全大队共有人员300多名。大队在同年10月从东安迁到牡丹江。

当时，培训机务人员的困难是很多的。困难之一，是学员文化程度低。许多学员没有接触过机械，对航空机械更是陌生。为了提高学员的文化水平，培养他们对机械的兴趣，除了实习文化课程外，还采取了实际操作的办法：让学员给食堂制作铁桶、炊具，焊接铁皮水缸，制造和修理教具和工具，会吸烟的同志给自己做个烟斗，等等。使学员逐步掌握机械工具的用途和操作，为学习理论打下基础。困难之二，是条件差。大队搬到牡丹江时，只有一些日式的破旧房子、缺门少窗，宿舍、教室都得重修重建。我们发扬抗大艰苦创业的精神，自己动手修理宿舍，修建教室，创造良好的教学环境。我们用校部给的2 000万元东北币修理费，买了一些木材，又请了几个木工指导，修理门窗，没有玻璃就用纸来代替，没有床睡，就搭个大通铺，同时发动学员拾旧砖头砌火炉和火墙。我们还发动大家挖菜窖，买了一窖白菜，一窖土豆，一窖萝卜以及一些生活用品，保障了全体员工过冬的需要。

在校部的领导下，我们发扬抗大艰苦创业的精神，克服了各种困难，终于组建了第三大队，为我空军培养大批机务力量打下了良好的基础。

方华同志的牺牲。

凡是早期从事我党航空事业的人都熟悉方华同志（原名李述方）。他于1929年参加革命，1930年入团，1933年转为中国共产党党员。历任红三十军军、师、团党委书记，红八十九师政治部主任，军保卫局局长等职。1936年红军改编后任红三十军第二六七团政委，曾在抗大三期及新疆航空队学习。1942在新疆被捕入狱，1946年出狱后回延安。到东北后任航校二大队大队长。平津解放后，调任华北军区航空处处长。方华同志献身革命经历了各种艰险的考验，他一贯忠诚为党，从不计较个人得失，作风谦虚朴素，在同志中具有极高的威信，是中国共产党的模范党员。

1946年，为准备组建一个航空队，上级拟调方华同志为队长，为此，方华同志从东北航空处来到公主岭P－51飞行中队恢复技术。按原来的安排是先让他在长春休息几天，由于方华同志恢复技术心切，要求到飞行队后再休息。到P－51飞行队的第二天，即1946年6月28日，正赶上飞行训练日，他顾不上休息，就到机场了解情况，并上了一架做地面指挥用的飞机（当时无塔台，只好用飞机自己的电台进行指挥）。飞行结束后，方华同志走下机舱，沿着滑行道边走边翻阅自己的记录。这时，指挥员杨培光进入了机舱内，他看地面没有人，于是，就将那架指挥用的飞机起动开车准备滑回机库。已经离开指挥机的机械师，听到飞机开了车，就急忙跑到飞机前头，也没有看前面滑行道上是否有人，就拉开了飞机轮挡。轮挡拉开后，飞机即向前滑跑，方华同志来不及躲避被螺旋桨打击身亡。这是我们航校发生的一起严重事故，也是机场纪律不严的严重教训。方华同志牺牲的噩耗传开以后，全校上下凡认识方华同志的人莫不为之悲哀和惋惜。航校为悼念方华同志，于7月13日在长春市沉痛举行了追悼大会，许多同志在方华同志灵前宣誓：要吸取血的教训，建立起强大的人民空军，来完成方华同志的未竟事业。追悼会之后，航校还出版了一本《哀悼方华同志纪念册》。方华同志的骨灰由我和刘子宁同志护送回华北航空处，安放在南苑机场，后又移入八宝山烈士公墓。

（注：本文选自《东北老航校回忆文集》，作者金生时任航空工业部生产局局长，原东北老航校机务处政委。）

我是怎样飞上蓝天的
刘玉堤

东北老航校是中国共产党自己培养出第一批飞行员的摇篮，它为我人民空军的不断发展壮大孕育出了第一批精良丰实的种子，它写下了人民空军光辉历史的第一页。

东北老航校，也是把我培养成光荣的人民飞行员的摇篮，我就是从这里飞上蓝天的。

1938年秋天，我参加了八路军。1939年，我在抗大二分校第五队学习，当时住在晋察冀边区陈庄附近的牙嘴圩。有天早晨，正在吃饭，突然日军的6架飞机（两个三机编队）向我们住处飞来。领导指挥我们赶紧往村外疏散。敌机一会儿俯冲扫射，一会儿狂轰滥炸。村庄被炸毁，村民遭残害，有的战友被炸死，有的战友胳膊、腿被炸断。还有颗炸弹扔到了我们的饭锅里，连稀饭也炸飞了，那惨局目不忍睹。

在抗大二分校毕业后，我跟着一二〇师三五八旅来到晋西北临县，那时我在通信连当副排长（当时排里没有排长）。一天，我们旅在旅长张宗逊、政委李井泉同志的率领下，从临县开跋到娄烦去，参加"百团大战"。大部队走着走着，突然天空传来嗡嗡的马达声。我抬头一望，见有3架敌机正气势汹汹地向我们头顶上扑来。顷刻间，敌机又是轰炸，又是扫射。连长命令"疏开！"我迅速跑到一棵树底下隐蔽，瞪大双眼盯着敌机，只见它飞得很低，连飞机上的驾驶员都能看到。接着，旅长指挥我们上山头，架起机枪对准敌机猛烈开火，我们打了一阵，敌机狼狈地溜走了。在这次敌机的袭击中，有好几个同志英勇牺牲，我排里就有一位战友，脑袋被敌机的子弹打穿，还有好多匹马也倒在血泊中……敌机的横行霸道，激起了我对敌人的满腔仇恨。此刻，我萌生了一个念头，"如果我有机会，一定要当一名飞行员，有朝一日在空中报仇"！

  这一天终于来了。1941年3月，上级要挑选一批文化水平高、当兵3年以上、有3年党龄、身体好的连排干部去延安学航空。我那时是一米七几的个头，又是侦察参谋，领导看我比较精干，就选上了我，整个旅才挑了两个。几年的夙愿就要实现了！当时，我高兴得跳了起来，晚上激动得睡不着觉。临走时，旅长、政委、参谋长都跟我谈了话。张宗逊旅长语重心长地对我说："你去了后，要好好学习，要为八路军争光，为我们中国人民争光，一定要飞出个样来！"就这样，我带着首长的谆谆嘱托，同志们的殷切期望，踏上了去革命圣地——延安的征程。我穿着草鞋，背着背包，跋山涉水，日夜兼程，整整走了半个多月，终于到了早已向往的延安。

  从1941年到1945年，在延安将近5年的时间里，我努力学习文化，刻苦锻炼身体。为了早日成为一名光荣的飞行员，我潜心攻读，掌握了许多过去不曾学过的科学文化知识，大大提高了我的文化水平。那会儿，半工半读，我参加南泥湾大生产、开荒种地、纺线织毛衣、当木匠、还烧木炭。尽管干这干那，活儿很累，但我每天仍然坚持锻炼身体，爬山、游泳，使身体素质大大增强。当时，我才十八九岁，风华正茂，青春勃发，我坚信：总有一天我会成为一名飞机驾驶员，飞上蓝天！

  1945年8月15日，日本宣布无条件投降。在举国欢庆抗战胜利的时刻，党中央、毛主席高瞻远瞩，决定在东北筹建一所航空学校。我们肩负着党的重托和人民的热切期望，跟着航空队的负

第五章 密山被誉为"四大摇篮"

责人常乾坤同志从延安出发，翻山越岭，向东北挺进。走到张家口后，当常乾坤同志知道刘风等同志已到了东北时，他筹办学校的心情更加急切，决定坐飞机赶去东北。但很不如愿，他刚要上飞机，就遭到国民党飞机的空袭，我亲眼看到飞机呼呼地冒着火，滚着烟，不一会就被烧毁了。常乾坤同志不被困难所吓倒，为了争取时间，他决定带一部分人坐汽车先走，而让我和吴元任同志带着他的警卫员、马匹步行赶向东北。我们到达承德后，由于受到敌人的封锁，只好又退回张家口。当时张家口有一个由一部分国民党留用官兵和八路军的同志共同组建起来的航空站，还有几架破飞机。我就在那里进行机务学习，当场务员，在飞机上学开车，模拟飞行的操纵动作。一年以后，获得了机械师的称号。这个阶段，使我熟悉了飞机的构造、原理，为以后当飞行员打下了坚实的基础。

1946年6月，东北老航校叫我们在张家口搞航空的一批同志到东北去，我们受命后马上启程，沿着内蒙古赤峰—开鲁—通辽这条线路奔赴东北。半路上，我们遇到了重重困难，没有钱和粮票，鞋子也磨穿了。当我们到达白城时，兄弟部队有个后勤部长见我年轻老实，很喜欢我，执意说服我留下在他部队里任职，我说什么也不干。当一名飞行员是我一生中最大的愿望，从延安走到张家口，又从张家口走到这里，跋山涉水，行程这么远，不就是为了当飞行员吗？马上就要到东北老航校了，怎么能半途而废呢？我再三婉言谢绝了他的好意，又冒着严寒，踏着冰雪，向目的地前进。

历尽千辛万苦，最后我们终于到了东北老航校。一到校部，我就去找当时的副校长常乾坤同志，门一推开，我向他敬了礼后，激动得半天说不出话来，我的第一个要求，就是要学飞行。当时，早来的学员被编成了班次，甲、乙班都已成立，特别是甲班已开飞了，只有丙班还没成立。"让我上飞行队吧！"我坚决地向常副校长请求。可是，当常乾坤同志见我有一张机械师的合格证后，认为眼下机务人员很缺乏，也很需要，就耐心说服我，服从革命工作的需要，把我分配到了机务处去维护飞机。当时，我心里真不是滋味，非常想学飞行哟！后来，我又向校长再三请求学飞行，最后领导同意了。我高兴得眼泪情不自禁地滚落下来。我被编入乙班，来到密山附近的东安机场学习航空理论。我们在这里攻下了航空理论这个"碉堡"。

1947年春天，我们转到千镇机场开始正式飞行。检查身体时，我怕自己的血压不合格，就偷偷跑到老百姓的药店，打了降压针。为了早日飞上蓝天，我在地面勤学苦练，反复熟悉起飞、上升等一连串的动作数据。吃罢早饭，就坐在练习器上没完没了地练习，一转弯、二转弯、三转弯……一有空就背，连走路、吃饭也默默地背诵着……正课时间不够用，我就在课余时间，邀请一个战友，俩人互相学习。我做动作，让他站在前头提醒；他做动作，我帮助纠正。为防止操作动作过大、过粗，我们轻轻握着操纵杆，练习像绣花那样柔和的动作。为了具备飞行员一切良好的素质，我爬到房顶上看地平线，坐汽车时体验地速，登上建筑物目测高度，白天看飞鸟，夜晚看星星，增强眼力……

要飞第一个起落了，飞上蓝天的愿望就要实现了！教员头天晚上告诉我后，我兴奋得睡不好觉。第二天上午，机场上阳光灿烂，飞机沐浴着金晖，随着一阵隆隆的马达声，滑过跑道，昂首冲向蓝天。第一天起落完毕——换人；第二个起落完毕——换人。我是第三个。马上就要上天了，因为这些天患感冒，发高烧，身体不舒服，但为了不影响训练一直瞒着，又加上心情格外激动，一只脚刚跨上机舱，只觉得眼前无数金星在闪耀，倒下了，动不得了。同志们赶紧把我从飞机上拉下来送进卫生所。

日本医生要我去住院，我不肯，我说："很快就好了，我要飞行！"这样一拖就是三四天，一动就出一身汗，一阵阵发烧，最后，我被送进了佳木斯医院，诊断的结果是大叶性肺炎。接着又是打针输液，又是吃药。10几天后，病情好转了，我第一个念头就是赶紧锻炼身体，一定要飞上蓝天！这个信念坚定不移。出院时，医生开了一张不能参加体力劳动，不能参加飞行的条子，我一出来就把它撕了。回部队后，我马上去向刘风汇报："队长，我回来了，身体好了，我要参加飞行！"刘风队长问："你的出院证明呢？"我说没有。他直率地说："被你撕了吧！"我再三解释："没有没有。"那时，我求飞心情很迫切，一个劲儿地问这个人飞得怎么样，那个人飞得怎么样。知道同志们都快要快单飞了，我心里更加焦急。于是，我一个劲儿地请他们讲飞行体会，把他们说的都一一记住了。

1947年金秋的一天，天空格外晴朗，在教员的带飞下，我驾驶着飞机，飞上了蓝天。这是我平生的第一个起落，在空中飞得很好。落地后本来应收襟翼，可是我却忘记了收，连续起飞。我因病住院，缺课一个多月，在向别人请教时，说飞行时驾驶杆要有50公斤的力量，相当于提一桶水的气力，我信以为真。此时，我使劲地推着杆，没想到飞机像野牛一样，嗷嗷地吼着向前猛冲，再向前眼看就要撞到了机窝上。教员见此心急如焚，在后面大声喊道："赶紧松手！赶紧松手！"我莫名其妙。由于我推杆太用劲，飞机速度太大，松手后，教员的拉劲也大，使飞机的迎角突然增大，加上此时我又收了油门，眼看飞机就要掉了下来了，教员赶紧操纵飞机，最后才稀里糊涂地落了下来。这一次，我差点把飞机给摔了。滑回预备起飞线后，当教员跨出坐舱时，由于我没有注意，关车时加油门过猛，腾地一下又把教员摔在地下。这下可把教员惹火了，他说什么也不让我飞了，他厉声说道:"这个学员动作太粗,不能飞!"

　　我第一次飞行,就出了错,漏了动作,遇到了挫折,栽了跟头,这对我的打击很大,心里十分难过。但我并没有因此而灰心,我心里想,无论遇到多大的困难,我也要成为一个人民的飞行员,这个凌云壮志一定要实现!接着,我被编到另外一个组,教员是位日本人,叫暮木,30岁左右的样子,是一位十分难得的好教员。我由于住院,比别的同学进度慢了一个多月。暮木教员除了给整个组讲课外,还单独给我开"小灶"。当时,我们的机场是个大草坪,他一有空就领我到草坪上练习推杆等动作,拿着一根棍子比画着做示范。他示范推杆动作时,我一边跟着推,一边仔细观察,琢磨着该用多大的力气。我们面对着面,他把脑袋当作方向,当他头一歪时,就表示方向偏了,我就赶紧纠正过来。他教我时,说的半是日语半是汉语,半洋半土的,很有意思。开始由他操纵,做一二遍,然后亲切地对我说:"你看看,我来做,刘先生。"当他飞行时,我就仔细观察,速度多少,高度多少,怎么向下滑,怎么转弯,如何上升,手还模仿着。"好!你来做",他做完之后,微笑地对我说。接着,他在后面把关。落地时,拉杆拉得多了,他就挡一点,拉得少了,他就帮一点。每次做完,他总是以鼓励的目光瞧着我,说的也是鼓励的话,总是这样说:"这次很好!"然后再心平气和地指出我的毛病,如加油门粗了点,上升时仰角大了点,落地时开始早了一点,飞机接地时拉得不够,再拉一点点,等等。我的主要缺点就是动作粗,用力大。因此,他循循善诱,极力帮助我克服,努力使我做到"操纵柔和"四个字。此后,我拉杆、收油门,由慢到快或由快到慢,都很柔和稳当,养成了一个良好的习惯。这个好习惯,多亏暮木教员的耐心指教啊!

　　为了使我打下扎实过硬的飞行基本功,暮木教员在教学中要求十分严格,我至今还记忆犹新。每天,他都叫我背一道飞行数据或其他什么的,如一转弯时该做什么动作;起飞时该怎样加油门、推杆、保持方向、蹬舵;速度到了,该做什么;转弯时是不是要看针球仪;二转弯后平飞,三转弯后有什么数据等,都要让我上飞机前背下来。特别是在空中,哪怕一些细小的动作做错了,也要重来。如果他看到转弯速度太大或太小,360度要掉了高度、减了速度,就马上纠正:"不行,刘先生,再来一次。"然后,又及时地讲评,提出要求。因为我们航校当时没有初教机,无法进行初教机阶段训练,直接进入"九九"高级教练机训练,所以难度较大,我和同学们一直飞了20至30个小时,还没放单飞。暮木教员带飞我上百架次,最后,终于使我很快地赶上了比我早飞一个多月的同学。

难忘1948年春天的一天,牡丹江机场,艳阳高照,春光融融。我怀着无比激动的心情,驾驶着飞机自由地翱翔在祖国的蓝天上。这是我第一次放单飞,飞得很漂亮。在场的教员和同学们都赞叹不已,我成功了!多年的愿望今天终于实现了!此时此刻,我心潮澎湃,思绪万千。我首先感谢党的培养和领导的关怀,其次就是感谢使我飞上蓝天的启蒙老师暮木和教员吴恺同志,是他们手把手地教我,把我从一名只会拿步枪、手榴弹的战士,培养成为能驾驶战鹰,在祖国蓝天上自由翱翔的空中卫士。

从此,我就开始了飞行生涯。由于工作上的需要,学校把我留下当飞行教员。在短短的一年里,我带出了4名新飞行学员,后来,他们有两名成为军级领导,两名成为民航的骨干。1951年,我参加了举世瞩目的抗美援朝。战场上,我时刻牢记自己是中国共产党的阳光雨露下哺育成长起来的飞行员,肩负着人民的期望,以压倒一切敌人的英雄气概和勇猛泼辣的战斗作风,创造了击落击伤敌机8架的战绩,获得了志愿军空军一级战斗英雄的光荣称号。抗美援朝归来后,我先后担任了新组建的空军指挥员训练班的团长和航空兵九师副师长、师长,在国土防空中又击伤敌机一架。我从实战的需要出发,从严从难训练部队,在部队刚刚组建,技术水平还很低,只能在昼夜一般气象条件下飞行的情况下,勇于开拓,敢于创新,带领指战员积极创造条件,迅速进入昼、夜复杂气象训练,一心要带出一个随处能飞,随时能打,拖不垮、打不烂的空中"铁拳头",使部队战斗力上升到了高级循环阶段,在国土防空中多次击落击伤敌机,部队多次受到上级的表彰。后来,我又被提升为副军长、军长。从1965年到1968年间,我指挥打下了10多架入侵我国领空的敌机,有的是在10 000多米高空神出鬼没的无人驾驶飞机,创造了"三战三捷"的战绩,为国土防空做出了贡献。1975年,我被中央军委任命为北京军区空军司令员。我立志:一定要把自己的全部智慧、经验和力量,献给空军部队革命化、现代化、正规化建设上。把自己毕生的心血,全部倾注在人民空军的伟大事业上。

我整整飞了30个春秋,祖国的万里蓝天留下了我的一串串飞行足迹。我现在虽然停飞了,可我深深留恋那不平凡的飞行生涯,更怀恋把我送上蓝天的日本教员,和培养我成为"空中卫士"的摇篮——东北老航校。

(注:本文选自《东北老航校回忆文集》,作者刘玉堤曾任北京军区副司令员兼北京军区空军司令员,1988年被授予中将军衔,原东北老航校飞行一期乙班学员。)

铭记空军历史 发扬革命传统
——记中国人民解放军空军政委邓昌友上将访谈录

按:8月18日,中国人民解放军空军政委邓昌友上将到密山老航校博物馆进行了视察,题写了"红色伟业在这里奠基"的题词,并接受了专访。在专访谈话中,邓政委全面回顾了密山老航校的悠久历史,热情展望了中国空军的美好未来,具有深刻的教育意义。

密山是我们人民空军的摇篮,人民空军发祥地,人民空军是从这里飞向蓝天的,这也是东北第一个革命根据地,是我们革命老区。这是一片充满着革命传统,而且现在又非常美丽富饶,也充满着人民空军成长传奇色彩的一片热土。从今天来了以后,参观了老航校的旧址和博物馆,感到非常兴奋,非常激动。通过参观,我是亲眼见证了党缔造的人民空军,忠于党的这样一个最高的军队的军魂的具体体现;亲眼见证了军民团结如一人,试看天下谁能敌,这样一个历史辉煌的体现;也亲眼见证了我们空军无数的先辈、先烈们,他们艰苦创业、浴血奋战,他们为我们人民空军的建立、发展、强大所做出的丰功伟绩。我感到历史是最好的教科书,历史也是最可宝贵的精神财富。所以,我们要牢记历史,弘扬传统。牢记历史弘扬传统,我感到就是要弘扬我们东北老航校的红色的血脉,红色的基因,红色的威严。特别是今天,世界风云变幻,我们中国也处在一个发展的关键时期,所以,建设一支与新世纪、新阶段历史使命相适应的强大人民空军,是我们当代空军人的责任。我感到对我们当代空军人来讲,弘扬、牢记老航校的光荣传统,是弥足珍贵的,是永远不能淡忘的。我作为一个老兵,空军的老兵,通过参观以后,我最想说的就是,我们东北老航校的精神,不管是昨天、今天、还是明天,都将永放光芒。我最想祝愿的,就是我们党更加英明伟大,我们的国家更加繁荣富强,我们人民空军更加强大无比,奋勇向前。我要衷心地感谢密山市委、市政府,密山各族人民,在革命战争年代为人民空军的成立所做出的巨大贡献,我也要感谢密山市委、市政府、密山人民挖掘了这段历史,而且建立了这个叫人很受教育,很受启迪，或者说很受震撼的革命教育基地。我想在我们党的领导下，我们密山明天将会更加美好，我们老航校的建设，这个博物馆的建设，也会在原来的基础上把它建得更加完善，更加体现历史的特色和时代的特色。

第四节　军工发射药业的摇篮

一、东北最早发射药厂建立

解放区第一座发射药厂东北军区军工部直属一厂（国营四七五厂），是现坐落在密山市连珠山镇的黑龙江省奋斗化工厂的前身，这里被军工战线誉为全国发射药制造工业的摇篮。1947年初，东北军区参谋长伍修权和时任中共东安地委书记的吴亮平

东北解放区最早发射药厂旧址（后叫国营四七五厂）

几经踏察，选定在东安（密山）连珠山区新发村，利用残留的侵华日军坦克修配所和日军兵营建起了我军第一座大规模发射药厂，主要生产单基发射药"五〇"弹、精棉、硝化棉等。从1947年建厂到1969年搬迁，在密山经历了22个春秋，为全国解放、抗美援朝、对外反击战和国防建设、经济建设做出了重大贡献。伍修权对发射药厂为党和国家做贡献给予了很高的评价。

（一）建厂背景

国营第四七五厂，1947年始建于黑龙江省密山县（今密山市），1969年奉命搬迁辽宁省西部凌源县二次建厂。

1947年春，奉中国人民解放军东北军区命令，军区参谋长

伍修权率领由陕甘宁边区选派来的老兵工干部，到牡丹江、鸡西、密山一带选择建设发射药厂的厂址。经过实地踏勘，决定在黑龙江省（当时为合江省）密山县城西9公里处定点建厂。这里东、南两面毗邻苏联，是当时东北解放战争的大后方，战略地位稳定，素有背靠"沙发"之称，并且有日本侵华关东军遗留的营房、医院、机械修配所等残破房体和地下水源、铁路专用线等辅助设施。

密山建厂前的残垣断壁　　原日军坦克修配所的残貌

1947年4月20日，东北军区军工部委派钱志道为厂长兼政治委员，江涛为副政委，周明、魏祖冶为副厂长，组成创建密山发射药厂的第一任领导班子，率领首批建厂人员进入现场，开始动工建设。

（二）厂名和隶属关系的演变

1947年7月，东北军区在哈尔滨市召开军工会议，决定撤销军区后勤部军工部，成立由军区党委直接领导的东北军区军工部，对兵工生产实行集中统一领导。同时，确定工厂名为"军工部直属一厂"，受军区军工部直接领导。

1949年9月，根据军工部指示，第一厂名改为"军工部第二十四厂"，隶属关系不变。

1951年，中央决定成立中央兵工总局，直接组织兵器工业生产。同年7月，按上级指示，工厂第一厂名称为"国营第四七五厂"，隶属中央兵工总局东北兵工局领导。

1952年8月，国家成立主管国防工业的第二机械工业部，四七五厂划归二机部领导。12月，根据二机部第二管理局指示，四七五厂厂名改为"二四七五五厂"，隶属关系不变。1953年4月，根据二机部指示，厂名恢复为"国营第四七五厂"。

1957年7月，第二厂名由"东北酿造公司"改名"国营龙江合成厂"。

1958年2月，全国人大一届五次会议根据中央提出"平站结合、军民结合"的国防工业生产方针，决定把国家第一、二机械工业部和电机工业部合并，成立新的第一机械工业部。四七五厂划归一机部领导，隶属一机部兵器工业管理局。

1958年6月，根据中共八届三中全会《关于改革工业管理体制问题的决定》，一机部决定，部分企业下放地方管理，四七五厂由主管部、局下放到黑龙江省，7月，由黑龙江省下放到牡丹江地区，12月，又从地区下放到密山县。翌年6月，又收回牡丹江地区领导。此间，黑龙江省工业厅决定，四七五厂第二厂改为"国营红旗化工厂"。1959年7月，根据一机部五局第33号文件通知，仍恢复"国营龙江合成厂"厂名。

1960年9月，中央决定，国防工业从一机部分出，成立第三机械工业部。1961年4月9日，中央批准国防工委报告，收回原下放的兵器工业企业，四七五厂收归三机部五局管理。

1963年9月，中共中央、国务院决定，三机部分为第三、五、六机械工业部。四七五厂划归五机部领导。

1969年3月，国务院、中央军委决定，四七五厂从密山搬迁辽西。新建的发射药厂，第一厂名仍沿用"国营第四七五厂"，第二厂名改为"国营向东化工厂"，隶属关系改为沈阳军区国防

第五章 密山被誉为"四大摇篮"

工业办公室和五机部双重领导,以军区国防工办领导为主。

(三)在密山阶段的建设与发展

1947年4月,东北军区决定,在密山西建设一座设计能力为日产一吨的发射药厂。创业伊始,面对日伪残留的一片废墟。在一无资料、二无设备、三无技术人才的十分困难的条件下,钱志道、周明、魏祖冶等东北军区直接委派的领导干部,率领不到两

四七五厂旧址(现黑龙江奋斗化工厂)

百人的建厂队伍,开始了艰苦创业的历程。这些初创者中,有从陕甘宁边区来的老兵工战士,有日本投降后在沈阳、辽阳、吉林等地参加工作的干部、工人,有我军从南满战略撤离时由延吉俘房营中挑选留用的日本技术人员,有东北军区从北安、哈尔滨等地统一分配来的青年学生和工厂直接招收的工人。当年,修建宿舍1 828平方米,厂房819平方米,同时规划设计了工厂建设的总体布置和"三通一平"(通水、通电、通路,平整场地)工程。

1948年,随着解放战争由战略防御转入战略进攻,工厂进一步加快了建设进程,各项基建、安装工程陆续展开。全体兵工战士发扬自力更生、群策群力、公而忘私、艰苦奋斗的创业精神,迅速完成了厂区的"三通一平"。先后建起6条成品、半成品生产线。完成厂房、行政生活土建工程9 105平方米。加工制造、安装各种工装设备几十台套。铺设供水管路29公里,供气管路0.3公里,架设22 000伏高压输电线路0.9公里。同时,为支援解放战争的需要,利用日伪遗留的弹壳和弹体中的炸药装配生产了"五〇"弹26万余发。建立了3个生产车间,着手进行生产准备。

1949年3月，单、双基发射药生产线陆续开始试车投产，当年共生产5种发射药57.2吨。同时，边调试生产，边基建施工，又新建厂房3 621平方米，宿舍770平方米。增加220马力"兰开夏"锅炉2台、"考克兰"锅炉3台；修建桥梁1座；铺设引进铁路专线1条。

1950年，美帝国主义悍然发动侵朝战争。10月，抗美援朝战争开始，全厂开展了轰轰烈烈的爱国主义生产建设大竞赛，边加快建设，边扩大生产，全年工业总产值比上年增长近一倍。

1951年，为支援抗美援朝战争，进一步扩大了生产规模，产品品种由6种增加到10种，全年工业总产值增到343万元，比1949年提高近5倍。同时，动工组建双基管状药生产线和新建理化分析试验室。

1952年2月，双基管状药生产线开始试生产，当年试制并生产4种产品。全厂基本形成具有6条成品、半成品生产线，可生产12个品种发射药的生产规模。

……

五机部以（1969）军管字第346号文件下达了《关于四七五厂搬迁方案的通知》。通知决定，四七五厂一分为六，进行紧急战略分迁和搬迁，即将双基片状药生产线分迁到八四五厂；单基药生产线分迁至二四五厂；双基管状药生产线分迁至三七五厂；机加等部分技术后方分迁给二九五厂；硝铵炸药生产线留给黑龙江省地方；剩余全部为四七五厂建新厂的基础。

9月初，按上述要求，全厂各车间先后停产，10月份开始，截至年末，除了少数职工家属留守密山外，分迁、搬迁工作全部结束。1970年2月成立四七五厂密山留守处。

二、发射药厂组织机构

厂长：钱志道（兼政治委员、总工程师）

副政委：江涛

副厂长：周明、魏祖冶

工会主席：王洪斌

下设三个生产车间

三、发射药厂大事记

（一）1947年

4月初，东北军区参谋长兼军工部长伍修权，带领钱志道、周明等到黑龙江省（当时合江省）牡丹江、鸡西、密山一带选择厂址。最后根据战略位置、交通运输、自然地理等综合因素，确定在密山县连珠山区新发村，利用侵华日军兵营、枪械修造所残址，定点建设发射药厂。

4月20日，周明把我军主动撤离沈阳前，从孤家子火药厂、辽阳火药厂等地抢运出来的部分化工设备，绕道朝鲜辗转运到现场。后定这一天为建厂日。

7月，东北军区军工部先后从鸡西、石砚、北安军政大学等处，统一分配来厂部分干部、工人和学生，从事建厂工作。

7月，军工部决定厂名称"东北军区军工部直属一厂"，对外厂名"东北酿造公司"。

10月，为支援解放战争，接受"五〇"弹装配任务，成立"五〇"弹复装科。

（二）1948年

年初，东北军区军工部长何长工来厂视察工作。

3月，吉林解放后，从吉林龙潭山等地，调来部分旧化工设备。

3月，军工部统一分配部分哈尔滨中学生来厂。同时，接收了牡丹江氧气厂的设备和员工。

5月，厂正式成立工会组织。5月20日，召开第一届会员代表大会，选举王洪斌为工会主席。大会动员全厂职工开展立功运动。

6月，创办厂报《东酿周刊》（出刊一百多期后停刊）。

9月，东北军区军工部任命钱志道为军工部总工程师兼任直属一厂厂长、总工程师。

9月17日，工厂召开庆功表彰大会，有110人立功。年末共有199人立功，其中14人立大功。徐万金、王春林成绩突出，光荣出席军工部在沈阳召开的立功受奖大会。

（三）1949年

年初，开始进行试投产准备，建立倒勤（三勤倒）制度和各项生产管理制度。硝化棉（代号三部）、双片无烟药和溶剂回收（代号四部）、废酸处理（代号二部）四条生产线试车投产。第一代硝化甘油生产线（代号五部），动工兴建。

4月3日，成立厂党总支委员会。钱志道任总支书记、江涛任副书记。总支下设7个党小组，共有党员89名。

4月27日，建立青年团组织，成立团支部委员会，支部书记张尚福。

上半年，召开第二届会员代表大会，选举徐向国为厂工会主席。

7月，成立团总支委员会，张尚福任书记，共有团员72名。

8月，东北军工部从上海招聘，统一分配一批工程技术干部来厂。

8月29日，成立工厂民主管理委员会。

9月7日，建立厂职工代表大会制度。

9月下旬，钱志道调任东北军区军工部总工程师。周明任四七五厂厂长，魏祖冶、肖淦任副厂长，顾达成任总支书记（协助员）。

10月，东北军区军工部决定，工厂改称"军工二十四厂"。

12月，召开第三届会员代表大会，选举庞惠民为厂工会主席，陈玉书为副主席。

年末，单基无烟药（代号八部）开始试车投产。

（四）1950年

1月，全厂开展创生产新纪录运动，全年共创新纪录159项。

1月，建立简易靶场。

3月，成立职工子弟小学。

5月，厂长周明因拆用北大营房木建厂房，受东北人民政府撤职留任处分。

5月，硝化甘油生产线建成试车，11月正式投产。

5月，陈国梅、李群林任副厂长。

11月，东北兵工局集中分配一批从地方企业选调的工程技术干部到厂。

12月，苏联专家依留斯金来厂，指导手枪药的试制生产，1951年初离厂。

（五）1951年

年初，为支援"抗美援朝"战争，全厂开展生产大竞赛运动。动工组建双基管状药生产线（代号六部）。

（周林仓）

四、人物纪实——"四大摇篮"建设与伍修权

东安市，即现在的黑龙江省密山市，位于祖国东北边陲的兴凯湖畔，属三江平原第二区，俗称"北大荒"。中苏边境线长265公里，是背靠苏联的纵深后方。解放战争时期，被中共中央东北局和东北民主联军总部划为东北根据地的第一个后方战略基

地。伍修权在担任东北军区参谋长兼军工部政委时亲自到东安创办了我党我军第一座发射药厂，即东北军区军工部直属一厂；他到东安之后还视察了东安电器修造厂，即后来的东北军区军工部直属二厂；视察了他参与筹建的我党我军第一所航空学校。他为东安根据地的建设与发展做出了重大贡献。

（一）解放区第一座发射药厂

1945年8月15日，日本宣布无条件投降，抗战胜利结束。按照党中央的部署，1946年6月，在延安陕甘宁边区被评为特等劳动英雄，毛主席并为其题词"热心创造"的边区基本化学工业的奠基人，紫芳沟化学厂总工程师钱志道率周明、魏祖冶等领导技术骨干离开延安，奔赴东北解放区参加东北根据地建设。

1947年初，东北我军进行着三下江南、四保临江等战役，战争的规模越打越大，前方亟须弹药。根据党中央利用东北工业基础好和资源丰富建立后方战略基地的战略意图，伍修权参谋长被分配主管军工生产。4月初，他率化工专家钱志道、周明、魏祖冶到合江省所辖的鸡宁、密山一带选择厂址。中共东安地委、行政公署对此非常重视，当时任中共东安地委书记军分区政委的吴亮平（吴黎平）亲自陪同踏察。最后根据战略位置、交通运输、自然地理等综合因素，确定在西东安的连珠山区新发村，利用侵华日军坦克修配所和日本兵营残址，建设我党我军第一座大规模发射药厂。

发射药厂的全体干部战士，在东北军区军工部的正确领导下，发扬延安时期的光荣传统，发扬自力更生、群策群力、公而忘私、艰苦奋斗的创业精神，经过风餐露宿的日夜奋战，迅速完成了厂区的"三通一平"。先后建起了精制棉、硝化锦、废酸处理、乙醚制造、溶剂回收、单基发射药等6条半成品、成品生产线。完成厂房、行政设施等其他土建工程。为支援东北战场作战需要，建厂的同时利用日伪遗留的弹壳和弹体中的炸药装配生产了"五〇"弹26万余发。解放战争时期共生产硝棉2 400公斤，单基发射药57.2吨，为全国解放做出了重要贡献。

抗美援朝和对苏战备时期，全国陆续新建的发射药厂的领导和技术骨干大都是从这个工厂派出的。当年伍修权创建的东北军区军工部直属一厂（现对外国营第四七五厂）被军工战线誉为全国发射药制造工业的摇篮。1997年春，伍修权在他的寓所接见了当年军工部直属一厂现仍在密山的黑龙江奋斗化工厂的领导，对发射药厂对党和国家的贡献给予了很高的评价，并为黑龙江奋斗化工厂建厂50周年题词"发扬延安传统，争取更大光荣"。

（二）我国电工制造工业的摇篮

东安电器修造厂是东北军区军工部在东北组建的规模最大、技术实力最强的军工厂。第一任厂长程明升1927年在天津北洋大学电机系读书时加入中国共产党，1936年毕业于日本早稻田大学电机制造系。抗战时期曾任八路军总部第一兵工厂厂长，中共军委三局二处处长兼电器修造厂厂长、通讯学校校长。1942年在延安他组织研制成功了我军第一台小型手摇发电机，受到了毛主席、朱总司令的高度评价。毛主席为他亲笔题词："发展创造力，任何困难可以克服，通信器材的制造就是证明。"程明升为我党我军培养了大批电讯人才，并解决了我军通讯和军用电台、新闻广播电台用电的发电设备和所需的电讯器材，被中央军委授予特等劳动英雄的称号。第二任厂长的周建南是毕业于上海交通大学电机制造专业的高才生，抗战爆发后奔赴革命圣地延安，担任过军委通讯学校教员、华生电器厂技术员、中宣部干部教育科干事，热河电业管理局总工程师。东安电器修造厂的领导技术骨干大都来自延安电器修造厂和通讯兵学校。

1946年8月10日，东北军区总部任命程明升为东北军区军工部副部长兼东安电器修造厂厂长。他到东安创业分伊始，面对日伪残留的废墟，在一无资料、二无设备、三无资金的困难条件下，开始了艰苦的创业历程。在东安的3年时间里，据不完全统计，共生产手摇发电机911部，发报机316部，收报机36部，有线电话单机836部，总机233部，干电池10万余只，还有32部超短波机和大批信号弹。1947年4月东北军区参谋长兼军工部政委伍修权深入东安电器修造厂调查研究，协调解决军工生产中的急难问题。伍参谋长对该厂发扬延安老传统、白手起家、艰苦创业，干部处处作表率，党员事事带头，军工生产、生活、文化等各项工作取得的成绩，代表东北军区给予了很高的评价。伍参谋长回东北军区后，向总部首长全面汇报了东安根据地的建设与发展等情况。根据他的建议，密山发射药厂定名为东北军区军工部直属一厂，厂长钱志道兼任东北军区军工部总工程师。东安电器修造厂更名为东北军工部直属二厂，周建南为厂长兼总工程师，程明升调回总部任东北电业管理总局局长。

1948年11月2日，沈阳这个东北最大的工业城市解放了。厂长周建南奉命率队连夜到沈阳市军管会报到。伍修权参谋长指示周建南说："凡带'电'字的单位统统由你来接管，你带来的人安排完就着手干吧。"周建南厂长率部在沈阳一共接管了7家带"电"字的工厂。在此前后，军工部直属二厂的6个分厂的干部先后在哈尔滨、大连接收组建了12个带"电"字的工厂。现在哈尔滨、沈阳、大连许多带"电"字的工厂源于东北军区军工部直属二厂。1949年5月根据伍修权参谋长的指示，东北军区军工部直属二厂正式撤销，转交地方。至此，军工部直属二厂完成了它的光荣使命。这个工厂被誉为我国电工制造工业的摇篮。原中顾委委员、机械工业部部长、军工部直属二厂厂长周建南被誉为我国电工行业的奠基人。

东北军区军工部直属一厂（转交到地方后主体部分现为辽宁向东化工厂）、军工部直属二厂（转交到地方后主体部分为黑龙江阿城继电器厂），在解放战争，抗美援朝，中印、中苏、中越自卫反击作战和在国防尖端武器的研制中都做出了重大贡献。这两个工厂的建设与发展都凝聚着伍修权参谋长的心血。伍修权同志是当之无愧的我国大规模军事工业的创业者之一。

（三）第一所航空学校

我党我军在革命战争年代饱尝了没有空军之苦。抗日战争刚刚胜利结束，党中央预见到被日本帝国主义占据14年的东北地区，会留下一些机场、工厂和飞机，当即决定利用这一条件在东北创办航校。1945年9月18日，东北民主联军总部在沈阳成立，中央任命伍修权担任参谋长，并负责航校筹建工作。为加强对创办航空事业的领导，东北局决定成立航空委员会，伍修权任主任委员。他以极大的热情支持我党我军第一所航空学校的建设与发展，为空军的创建做了人才准备。

伍修权为刚组建的航空委员会确定了三项任务：一是组织人员赴南满各地搜集飞机航材；二是初步确定办校任务、方针、招生、训练等问题；三是把起义人员、日本航空技术人员团结组织起来，按我军办法实施管理教育，开展工作。他具体指出：鉴于目前形势和具体条件，办航校不能照抄人家的老办法，应发扬抗大精神，要尽快接收学员，边建边训练，用最快的速度，在最短的时间内，早日培养出我们自己的飞行员和飞机修理人员。经过紧张的筹备，东北民主联军总部下令于1946年3月1日，东北民主联军航空学校在吉林通化宣告成立。大革命时期入党的著名飞行专家常乾坤担任校长，飞行机械专家王弼担任政委。它的诞生是我党我军开创航空事业的新的里程碑。蒋介石为独占东北，在美国援助下，从陆海空三路向东北大举进兵。国民党反动派多次出动飞机轰炸我航校机场，妄图把它扼杀在摇篮之中。东北老航校在炮火硝烟的战争环境中历经五次搬迁，坚持建校，坚持训练。1946年11月，航校由牡丹江搬到东安。老航校从1946年3月1日建立，到1949年12月13日，历时3年零9个月。在东安是相对稳定的时期，主要教学、训练大都是在东安完成的。1947年4月，伍修权到东安老航校视察，看到飞行员吃不到肉，也没有细粮，只得天天吃被火烧过的玉米碴子和高粱米；由于后方没有布匹、棉花，航校的干部战士服装单薄；没有航空汽油只能用酒精代替。伍修权参谋长对此心急如焚，经他与中共东安地委书记兼军分区政委吴亮平、行政公署专员甘重斗协商，用密山产的大豆、白酒经当壁镇口岸与苏联换来了航空用油、棉布、汽车，解决了航校飞行员的训练的困难。为使飞行员有良好的体魄，他请求东安地委、行署帮助解决伙食补贴。经中共合江省委书记张闻天批准，东安行署财粮处定期向航校拨付经费（沙金），用以改善伙食。当时东安市后方军事单位有上千名日籍留用工程技术人员，为使他们安心工作，为我所用，除在生活上给予他们特殊待遇外，伍修权参谋长建议东安地委为他们的子女办一所日籍子弟学校。行署教育处根据他的建议，拨付经费，招聘懂日语的教师，在东安市北大营办起了一所日籍员工的子弟小学。

东北老航校在3年多的时间里共培养了500多名航空技术人员。空军正式创建后，在这所航空学校的基础上成立了七所航空学校。东北老航校被誉为中国人民航空事业的摇篮。开国大典受阅的空军、志愿军空三师、四师和飞机制造工业指战员及骨干大都是东北老航校的师生。令美国空军闻风丧胆的著名战斗英雄王海、刘玉堤、张积慧、李汉、邹炎、王天保、华龙毅、高月明、陈亮、鲁珉等都是老航校的学员。

第五章 密山被誉为"四大摇篮"

东安根据地是解放战争期间北满根据地的一个重要后方战略基地。在伍修权参谋长的领导下,军工部直属一厂、二厂和航空学校为党和人民做出了重要贡献,为密山现在的工业奠定了基础。伍修权同志创建军事工业和建设航空学校的业绩将永载史册。

注:本文作者陈兴良时任密山市政府办副主任、密山市政协委员。本文原载《历史风云中的一代英杰——伍修权》一书。

第六章　抗美援朝 保家卫国

1950年6月25日，朝鲜战争爆发，中国人民在极其困难的情况下，举起"抗美援朝，保家卫国"的旗帜，发扬伟大的国际主义精神，给予朝鲜人民无私的支援，做出了巨大的牺牲。革命老区密山人民积极响应党中央"抗美援朝、保家卫国"的号召，开展了轰轰烈烈的抗美援朝运动。

开展爱国主义、国际主义教育。1951年1月20日，密山县委举办人民武装干部训练班，县、区武装干部6 123人参加，进行了爱国主义、国际主义、抗美援朝的政治思想教育。1952年3月，中国人民志愿军归国代表团东北分团和朝鲜人民访华团东北分团来密山，县委在密山、知一两地召开群众大会，听取了访问团关于朝鲜战争形势的报告。4月10日，全县城乡开展抗美援朝大宣传；5月1日，在密山镇举行抗美援朝、反对美帝国主义重新武装日本的示威游行。

以人力、物力支援朝鲜战争。1950年11月4日，密山组成第一批担架队1 121人随志愿军赴朝；12月中旬，组成第二批担架队1 200人，由副县长王文治、团委副书记侯尚文、民政科长陆洪祥率领参加朝鲜战争。同年，密山动员637人参加志愿军二线兵团，又组成一个运输营258人，动员战勤汽车司机93人。1951年，动员联络员（朝鲜语翻译）138人。密山人民为"抗美援朝、保家卫国"战争做出了巨大的牺牲,密山市民政局现有在册英烈就有162人。

同时,捐献东北流通券10亿元,可购买战斗机一架。1952年,接收安置朝鲜战争孤儿300人,建立朝鲜儿童学院一所。

第一节　英勇的抗美援朝先头部队

朝鲜族官兵在中国抗日、解放斗争中,做出了很大的贡献。在解放战争后期,朝鲜义勇军和其他朝鲜族部队改编成解放军,其战斗序列为166师、164师、156师。后来三个师先后回国。原164师返回朝鲜罗南后,整编为朝鲜人民军第二军团第5步兵师,原164师师长兼政委金昌德(1934年3月20日,成立密山抗日游击队,共34人,下设两个分队,他担任密山抗日游击队分队长)任少将师团长。原166师返回朝鲜新义州后,整编为朝鲜人民军第一军团第6步兵师,原166师师长兼政委方虎山(1934年,参加密山抗日游击队)任少将师团长。朝鲜战争爆发后,由164师改编的人民军第5步兵师沿东海岸南下,占领江陵后遭遇美海军炮火阻击,损失重大。7月底,进军浦项地区,与第12师协同作战,经过一个多月的激战,消灭大量的敌人,战绩卓著。但9月下旬,美国仁川登陆后我军损失重大,只剩下3 000余人,开始败退。金昌德后任人民军总参谋部干部局局长、总政治局纪律委员长。原166师改编的人民军第6步兵师,攻占开城、江华岛、金浦、金浦机场后,沿着西海岸经忠清南道西部占领全罗道木浦、光州、顺州后,迁回南海岸进军庆尚南道河东、晋州地区。进攻马山时遭遇美军第25师的顽强抵抗,与美军对峙一个多月,虽然战绩辉煌,但终因力量悬殊、损失很大,撤退时兵力损失近半。

到慈江道整编,以该师为基础组编成第五军团。后与志愿军和友军联合作战,立下赫赫战功。方虎山于11月15日被授予共和国双重英雄称号,而获此荣誉称号的包括方虎山仅3人。方虎山后任朝鲜人民军陆军大学校长。

第二节 老航校学员的英雄事迹

1951年10月,中国人民志愿军空军正式参战。这批东北老航校培育出来的年轻的飞行员,不惧对手,敢于与美国空军"空中拼刺刀",使敌人闻风丧胆。我年轻的空军与友军并肩作战,击落击伤敌机425架,其中击落330架、击伤95架,立下了赫赫战功。王海率领年轻的我空军"王海大队",与号称世界王牌的美

中国人民志愿军空军机群准备起飞

国空军激战80余次,击落、击伤美机29架,荣立集体一等功;他本人击落、击伤美机9架,先后荣立二等功、一等功、特等功,被授予"一级战斗英雄"称号,所在大队被誉为"英雄的王海大队"。刘玉堤先后击落敌机6架,击伤两架,立特等功,被授予一级战斗英雄称号。

1951年11月,美国空军参谋长霍伊特·S·范登堡在一次记者招待会上承认:"我们遭到了自朝鲜战争以来最惨重的损失……鉴于朝鲜空中发生了的,从某种程度上讲可以说是险恶的变化……几乎在一夜之间中国便成了世界上空军力量最强大的国家之一……我们过去所一直依赖的空中优势,现在已面临着严重

的挑战。"《美国空军战史》写道："共军由于占有数量上的优势，所以11月份在平壤以北他们到处取得了主动地位，而联合国军所有的飞行员则只能对共军飞行员发动的进攻进行抵抗而已。"12月16日，威兰在记者招待会上承认：对交通线进行空中封锁越来越困难了。

老航校毕业的年轻飞行员们，是空军摇篮里飞出的一批雄鹰。他们在抗美援朝战争中，为消灭敌人、赢得胜利，与强大的敌人空中格斗，流血牺牲，做出了伟大的贡献。

一、志愿军空军一级战斗英雄、特等功臣王海

王海，原名王永昌，于1926年1月出生。中国第五任空军司令。在抗美援朝的空战当中，率领英雄的"王海大队"空战80多次，取得击落击伤敌机29架的赫赫战绩，荣立集体一等功；他本人击落敌机4架，击伤5架，创下了人民空军个人击落击伤敌机的最高纪录。

在中国空军"王牌"飞行员中，王海知名度很高。这并不因为他后来成为中国空军第五任司令员，而是他在抗美援朝空战中，率领英雄的"王海大队"取得的赫赫战绩。

1944年5月，王海参加了胶东抗日青年支队，1945年9月加入中国共产党。1946年3月1日，东北民主联军航空学校在通化成立。同年6月，正在山东大学学习的王海转入这所学校学习航空技术，正式成为中国人民解放军的一员。

经过近两年的学习锻炼，王海以理论和实践双优秀的成绩毕业于机械班第一期，成为一名合格的机械员。1948年4月，飞行班第二期开始训练，王海等几名机械班第一期毕业学员，通过体检符合飞行条件，被选到飞行班第二期学习飞行。经过艰苦训练，王海先后飞了"九九"高练、"九七"高练、"隼"式战斗机和"九九"袭击机，飞了起落、航行、编队、特技等课目，飞

行时间100多小时。1949年8月，他以优异成绩毕业于东北老航校飞行班第二期，编入航校飞行队。1950年5月，王海以一流的成绩毕业于第四航校速成班，成为人民空军的一名歼击机飞行员。

1950年6月25日，朝鲜战争爆发。1951年10月20日，已经是空3师9团1大队队长的王海和其他49名飞行员驾驶战机开赴前线，担负保卫新建机场和志愿军后方交通运输线安全的任务。

参加抗美援朝战争前，王海和战友们平均驾驶喷气式战斗机飞行时间只有20多个小时，而他们的对手美国空军飞行员大多参加过第二次世界大战，飞行时间多在1 000小时以上。

11月8日，王海迎来了他人生的第一次空战。8日14时，志愿军空军雷达发现美国空军9批184架飞机，对清川、安州一带的铁路目标进行轰炸扫射。志愿军空军第9团副团长林虎奉命率16架米格-15比斯型歼击机起飞至肃川上空迎战。该团第1大队飞行大队长王海率6架飞机飞抵战区后，发现左前方低空有60多架F-84型战斗机，正对清川江大桥实施轰炸，遂率队急速降低高度，直插进美军机群，猛烈开火。

在美机占绝对优势的情况下，王海率队发挥米格-15比斯型歼击机优越的垂直机动性能，经几次疾速爬高，又急冲直下的激烈冲击，将美机队形冲乱，打得美机晕头转向，慌乱不堪。此时，王海命令1中队、2中队攻击，3中队掩护。随着王海的命令，米格飞机像流星似的在美机前后左右穿飞。王海抓住战机，瞄准美机，刚要开火，另一架美机却暗暗对准了王海座机。焦景文眼疾手快，立即瞄准这架准备偷袭的美机，按下炮钮，一炮击中，空中开花。与此同时，王海一炮打掉了前面的美机，并发现一架美机正要向焦景文的座机发起攻击，便一个鹞子翻身，瞄准美机开炮射击，击中美机油箱。中炮的美机机身喷出熊熊大火，翘着尾巴，歪着身子，一头栽了下去。

这一仗，第1大队战胜了10倍于己的敌人，以6比0的辉煌战绩打了一个漂亮仗。在抗美援朝战争中，第1大队参加空战数十次，共击落击伤敌机29架，王海一人击落击伤敌机9架，创志愿军空军大队歼敌的最高纪录。从此，英雄的"王海大队"名扬军内外，令侵略者闻风丧胆。

在抗美援朝期间，由于王海战功卓著，1952年1月，中国人民志愿军给他记特等功一次；同年12月26日，又记一等功，授予一级战斗英雄荣誉称号。1953年1月10日，朝鲜民主主义人民共和国最高人民会议常务委员会，为其授予二级国旗勋章，同年11月8日，再次授予二级自由独立勋章及军功章。

抗美援朝后，王海曾担任过空军部队的师长、副军长、空司军训部第二部长等职。1975年7月11日，经毛泽东主席批准，中央军委任命王海为广州军区空军司令员。1982年11月，王海被任命为空军副司令员。1985年7月，被任命为空军司令员。

王海在空军司令员的岗位上工作了7年，直到1992年退休。1988年9月，他被授予空军上将军衔。

二、志愿军空军一级战斗英雄、特等功臣刘玉堤

刘玉堤，1923年出生于河北沧县。1938年1月年仅15岁的刘玉堤参加八路军，次年加入中国共产党。在历次空战中，击落敌机6架，击伤2架。荣立特等功一次，获一级战斗英雄称号，并获朝鲜民主主义人民共和国二级国旗勋章。离休前任北京军区副司令员兼军区空军司令员，中将军衔。

曾任一二〇师旅侦察参谋。参加了百团大战。1941年入抗大总校工程队学习。1948年毕业于东北人民解放军航空学校。后任飞行教员、华北军区航空处飞行队飞行员。1951年参加抗美援朝，任中国人民志愿军空军飞行中队中队长、飞行大队大队长、

师射击主任。先后击落敌机6架，击伤2架，立特等功，被授予一级战斗英雄称号。他飞行生涯30多年。1953年后，历任空军团长、副师长、师长、军长、军区空军司令员、北京军区副司令员兼军区空军司令员。是中共十一大代表，第三、四、六、七届全国人大代表。1988年被授予空军中将军衔。曾获三级独立自由勋章、三级解放勋章。

在东北创建的第一所航校中，刘玉堤成为第一批飞行员，飞向蓝天的梦想最终实现。

朝鲜战争爆发后，1951年10月20日，已是空3师飞行大队长的刘玉堤随部队开赴前线。11月10日，刘玉堤首尝胜利果实，共击落击伤敌机3架（击落2架、击伤1架），这给他极大鼓舞和启示。

他飞行时间不过百小时，在喷气式战斗机上只飞行了15小时左右，就奉命参加了抗美援朝作战，与侵朝美空军展开了一场殊死搏斗。他在空战中，机智勇敢，讲究战术，开创了志愿军空军部队一次空战一人独自击落敌机4架的记录；在抗美援朝作战期间，先后取得了击落击伤敌机8架的重大战果，被空军政治部授予"一级战斗英雄"称号，荣立特等功、一等功各一次，并获朝鲜民主主义共和国二级国旗勋章。

1951年11月23日，一个谱写空战神话的日子。那天中午，美国出动飞机36批，共116架，活动于朝鲜平壤以北上空，企图袭击清川江一带的地面目标。我空军3师24架米格战斗机，从8 000米高空作了180度的下滑转弯，向美机活动的空域扑去。当刘玉堤以闪电般的速度接近敌机时，狡猾的8架敌F-84飞机正下滑高度，企图向海面上逃窜。因为我飞行员没有在海上飞行的经验，天和海都是蓝的，很容易造成错觉。但刘玉堤不慌不忙，紧紧咬住最后两架美机，一直追到海面上空。刘玉堤看了一眼在自己身后作掩护的僚机，一个俯冲直追下去。眼看就要逼近海面了，美机长慌忙拉起，想转弯脱逃，可为时已晚，刘玉堤紧咬其后，在440米处以猛烈的炮火，将其打得凌空开花，坠入大海。敌僚机慌不择路，恰巧将机腹暴露在刘玉堤面前。刘玉堤抓住这稍纵即逝的瞬间，一按炮钮，敌机立刻被打得起了火，拖着长长的浓烟，一头栽了下去。

刘玉堤打下两架敌机后，再掉头去寻找自己的僚机时，却不见了僚机的踪影，他只好单机返回战区上空。这时，他又发现了7架美国F-84飞机在轰炸铁路运输线。刘玉堤迅速跟上后面那架敌机，他下意识地回头看了看。见后面没有敌机，正准备开炮时，在他机头下方突然冒出一架飞机，双方距离只有几米，险些撞上。美机也发现了他，加速逃跑，刘玉堤紧追不舍。美机突然猛收油门，减小速度，企图让刘玉堤的飞机冲到前面，变被动为主动。刘玉堤轻轻一蹬舵，转到了美机的侧面。敌机诡计未能得逞，反而因减速脱离机群。慌乱之中，一个俯冲钻进了山沟，企图甩掉刘玉堤，刘玉堤紧紧咬住不放，眼看就要撞山了，敌机只好拉起来，恰巧被刘玉堤瞄准镜锁定，旋即开炮，敌机被一举击落。

打落那架美机后，刘玉堤没有恋战，立即退出攻击，驾机上升到5 000米高度，准备寻找自己的队伍。这时，他又在清川口上空发现50多架正准备返航的美机在海湾上空盘旋。天赐良机！刘玉堤心中暗喜，他悄悄地降低高度，迅速向美机群的左后方接近，并跟紧后面两架敌机。当距离敌机400米正欲开炮时，不巧被美机发现。敌机陡然双机分开，妄图各自逃命。就在这一刹那，刘玉堤一个急转弯，瞄准敌僚机，在150米距离上开炮，敌机凌空爆炸。黑压压的美国机群顿时像炸了窝似的四处散开。趁敌机惊魂未定，刘玉堤一个燕子钻云，跃上万米高空，乘势退出战区，安全返回机场降落。

三、志愿军空军一级战斗英雄、特等功臣张积慧

张积慧，山东省荣成市人。1945年参加八路军并加入中国共产党，1951年参加中国人民志愿军入朝作战，任志愿军空军第4师12团3大队飞行大队长、副团长、团长。1953年9月，张积慧到苏联莫斯科红旗空军指挥学院指挥系学习，1957年11月毕业回国。1958年，张积慧任空军航空兵6师18团团长，1960年6月任空军航空兵6师副师长，1964年1月任空军航空兵27师师长。1969年5月，被提拔为空一军副军长，1970年任军长。1973年5月，张积慧担任了空军副司令员。1980年9月，张积慧任成都42厂副厂长。1983年11月，他任烟台市副市长，1987年，烟台市人大常委会副主任。1990年7月，经中央军委决定张积慧享大军区副职待遇，离职休养。

张积慧先后荣立特等功1次，一等功2次，二等功1次，空军授予他"一级战斗英雄"荣誉称号，朝鲜民主主义人民共和国最高人民会议常任委员会授予他二级自由独立勋章。张积慧是党的九、十、十一次全国代表大会代表，中国共产党第九、十、十一届中央委员会候补委员。

在抗美援朝作战中曾10多次参加空战，击落击伤敌机5架。1952年2月10日，在反美军凭借其空中优势，对朝鲜北方的交通要道进行封锁的"绞杀战"中，张积慧和战友们一道并肩作战，并由他一举击落美国空军英雄、少校中队长、号称"空中一霸"的"王牌飞行员"乔治·阿·戴维斯驾驶的战机，从而打破了"美国空军英雄不可战胜"的神话，引起美军，特别是美国空军的巨大震惊。对于他的出色表现，志愿军空军为他记特等功，授予"中国人民志愿军一级战斗英雄"称号，并被誉为"空中英

雄""空中突击手"。朝鲜政府授予他朝鲜民主主义人民共和国一级、二级自由独立勋章、军功章。

1952年2月10日晨,朝鲜上空进行了一场实力悬殊、惊心动魄的空战。空战后,中国人民志愿军战地巡逻队在博那郡三光里北面的山坡上,发现了一架支离破碎的美军F-86飞机残骸和飞行员尸体及遗物。遗物中有:柯尔特型警式转轮手枪一把、战斗机机用机枪一挺、头盔一只、军号牌一枚等,其中军号牌上刻有:乔治·阿·戴维斯少校。

经核查,乔治·阿·戴维斯原来是美军资深驾驶员,时任美军空军第334中队中队长,少校军衔,有着3 000小时以上的飞行经历,在第二次世界大战中曾参加战斗飞行266次,被誉为美国"空中英雄"。1951年11月入朝作战后,屡屡得手,成为朝鲜战场上"美军战绩最高的王牌飞行员"。美国远东空军司令威兰中将称他为"百战不倦的戴维斯",美国空军参谋长范登堡上将也曾两次从五角大楼致电祝贺。然而,这个不可一世、骄横跋扈的"王牌飞行员"竟被我年轻的志愿军空军驾驶员、志愿军空军第4师大队长张积慧击毙,葬身于朝鲜战场,永远地失去了头顶上的光环。

1952年的春天,戴维斯被击毙成为舆论界的一件特大新闻,人们对美国空军的威慑力量再次打了问号。

戴维斯是美国空军"百战不倦"的"空中英雄"王牌飞行员,在蓝天上飞行了约3 000个小时,仅在第二次世界大战中就参加战斗飞行266次。1951年8月,美国空军为了增强空战力量,以轮换方式派遣一批老牌驾驶员到朝鲜作战,戴维斯就是其中一个。没想到,一下栽在中国年轻的驾驶员张积慧手中。

一个烈日炎炎的中午,张积慧接受了第一次实战任务。他兴奋地跳进座舱,心在激烈地跳动着。突然,绿色信号弹划破晴朗的天空。随着发动机的吼声,他用劲地拉着操纵杆,飞机腾空而起,穿进一眼望不到边的天空。很快地在上空发现目标。张积慧和战友们接近了敌人,把炮口对向敌机。这时,庞大的敌机阴影跑进了瞄准器的光环。张积慧进行了猛烈射击。但敌机竟没打下来。这遗憾使张积慧几天不能安眠。他感到机械师的目光似乎在说,你们下次不要再白飞了。他闭上眼,一会是云,一会是海,一会是敌机。猛一睁眼,却什么也看不到。

  一个晴朗的日子,张积慧又一次奉命迎击敌机。他是第一次遇到这么大场面的空战。敌人出动了数百架飞机,密集得像一群蚊子。张积慧和战友们迎头赶上。初次交锋,张积慧的进攻没有成功。他和僚机又向敌机再次射击。他的心在怦怦地跳着,两眼死盯着敌机。敌机拼命地使用各种战术和计谋,想摆脱张积慧的射击。但是,张积慧紧紧地追击,瞄准了,就向敌机打去。敌机终于中弹了,一股白烟拖出来,但仍挣扎着向海面逃命。张积慧继续发射,敌机的烟冒得更大了,最后着起火来。

  正当他要返航时,突然从后边又来了6架敌机,成纵队形式冲来。张积慧正在救援战友,自己的飞机突然抖动了一下,他意识到是中弹了。他迅速向后一看,有两架敌机正向他开火,于是,他立即向左倒转下去。敌机占着优势,紧追着他。他的精力集中起来,他明白:这时胜利和失败就在于动作是否正确与机智,就在于刚强的意志和战胜敌人的信心。于是,他沉着地操纵着飞机,马上找到一个机会,反而向敌机射击。

  但是,刚刚开炮时、却发生一个意想不到的事情:只发射了三四发,炮弹就光了。他全身突然紧张起来,冷汗湿透了衣服。战斗中没有炮弹,就等于没有武器。狡猾的敌机发现了张积慧的致命弱点,于是毫不放松地追赶,企图把他击落。他急剧地操纵飞机垂直地上升和下降,做着不规则的动作,他感到头发晕甚至喘不过气。但敌机始终没能再打着他。他深深地懂得：这时单纯逃跑，后果是不堪设想的，只有积极地进攻，才能摆脱危险。在这比一秒还短的时间里，他决定和敌机相撞。

他迅速把飞机对准敌机冲去。他屏住呼吸，紧咬住嘴唇，额头的汗水顺着脸往下流。在这极短的时间，彼此以极快的速度接近了！谁都知道，在这种情况下，谁要先躲避，谁就必然被击落。两架飞机越来越接近，甚至敌机座舱里的人影都看到了。这是决定胜利的一刹那，这是意志较量的一刹那，敌人终究胆怯了，显然支持不住了，它惊恐地转开，避开了撞击。但它过于紧张和惊恐，使得它来不及注意高度而撞在山上。

这时，张积慧的飞机也以极快的速度接近地面，他用力地操纵，使飞机急速上升。这时下面的房子和树木急快地掠过，茂密的树林由于飞机掠过时产生的气流而摆荡着。直到接近机场，他才松了一口气。他才注意到，飞机机翼上有3个窟窿，好险啊！他想到刚才的胜利，不仅仅是动作上的胜利，而且是意志上的胜利。

张积慧不知道什么时候眼睛里充满了泪水，他沉浸在战胜敌人的幸福中。当飞机降落后，战友们紧紧地握着他的手，眼睛看着他，大家都很久没说出一句话。

1952年2月10日，张积慧吃过早饭，就进入座舱。太阳还没有出来，东方却映起了鲜红的朝霞。信号弹打响了。张积慧和战友迅速飞上了天空。他们全神贯注，巡视着天空。张积慧发现右后方有小黑点在移动，凶狠地冲来。这时，张积慧指挥僚机一块急速上升，首先占了高度优势，立即向左转，又急速向右一转，这时，敌机俯冲了下去。张积慧及时的动作是敌机预料不到的。

敌机有8架，志愿军有2架。张积慧和僚机缠住了为首的敌机。他在紧张迅速瞄准敌机时，甚至都停住了呼吸。当更接近了敌机时，他清楚地看到了敌机身上的花纹和英文字母。他咬着牙发射了全部炮弹，击中了敌机，敌机拖着烟火掉下去。

另一架敌机狡猾地向太阳方向垂直上升，企图利用阳光掩护。可是，敌机刚一动作，张积慧就咬住了它，很快，600米、300米、80米，那个美国飞行员的头都看得清清楚楚，张积慧向敌机猛烈地进行射击，敌机变成一团烟火，向地面坠落下去。

不到一分钟，张积慧在僚机的紧密配合下，击落美机两架。空战结束后，当地的志愿军地面部队从熊熊燃烧的美机残骸中找到一枚驾驶员的不锈钢证章，上面刻着：第4联队第334中队中队长乔治·阿·戴维斯少校。

《美国空军战史》对戴维斯被击落作了如下的描绘：

2月10日，戴维斯少校率领第4联队的18架F-86为掩护战斗轰炸机攻击军隅里附近的铁路目标担任巡逻，戴维斯少校在西面很远的地方发现鸭绿江的西北方向有敌机的凝结尾迹，于是他和僚机离开了F-86编队向鸭绿江飞去，戴维斯把飞机降低到了3.2万尺，F-86的这次打击显然出乎敌人的意料，仅仅几秒钟就打下了两架米格。当他从后边接近第3架米格时，第4架米格从左后方冲来，一连串炮弹把他击落于地。

击落戴维斯使这次空战的影响迅速扩大。1952年2月13日，美国远东空军司令威兰中将在一项特别声明中承认：戴维斯被击毙，是对远东空军的一大打击，是一个悲惨的损失。我们是在和一个厉害而熟练的敌人作战，需要我们拿出每一分的技能、领导经验和决心。

戴维斯死亡的消息传到美国，同样引起极大震动。他的妻子对美国空军当局提出了抗议。她引述了丈夫最近写给她的信："事情并不像他们想得那么容易。我们损失了这么多飞机、这么多的人。"

美国国会引起一片激烈的争吵，美国参议院共和党领袖勃里奇借机攻击民主党进行的朝鲜战争是"美国历史上最没有希望的冲突"。

25位战俘的妻子在美国国会门前集合请愿，把她们的丈夫还给她们。

张积慧在抗美援朝中，驾机参加了十多次空战。击落击伤敌机5架。他被誉为"空中英雄""空中突击手"，被授予"中国人民志愿军 级战斗英雄"。

张积慧回到家乡威海，不久，任烟台市副市长。家乡人民对张积慧十分尊重。1990年，中央军委、空军总部下发文件，空军原副司令员张积慧同志，收回部队管理，按大军区副职待遇离职休养。

除上述空军英雄外，还有很多战斗英雄，他们是：

志愿军空军一级战斗英雄、特等功臣鲁珉

志愿军空军"孤胆英雄"、特等功臣华龙毅

志愿军空军二级战斗英雄、一等功臣李汉

志愿军空军二级战斗英雄、特等功臣王天保

志愿军空军二级战斗英雄、一等功臣高月明

志愿军空军二级战斗英雄、一等功臣邹炎

志愿军空军荣立一等功、二级模范的耀先

志愿军空军荣立一等功的徐怀堂

志愿军空军荣立 等功的牟敦康

志愿军空军荣立一等功的猛 进

志愿军空军荣立一等功的侯书军

志愿军空军荣立一等功的孙景华

志愿军空军荣立一等功的褚福田

毛主席关于空三师作战情况报告上的批语

第三节 人物简介

一、中国人民解放军166师师长兼政委方虎山

方虎山（返朝后第六步兵师师团长），原名方尚武，别名李天夫，朝鲜军事家、战术家。1934年，在中国东北黑龙江密山县参加抗日游击队，即抗联第四军前身。1935年10月加入中国共产党。1937年，被中共满洲省委派往苏联留学，在莫斯科东方劳动者共产主义大学学习。1939年9月回到延安，1945年赴东北参加对日反攻和剿匪平乱，1946年12月参加解放战争，1949年7月，任东北第四野战军166师师长兼政委。在抗美援朝期间，率部奔赴朝鲜。到朝鲜后166师改编为朝鲜人民军第一军团第6步兵师，方虎山被任命为少将师团长。他曾率部横扫朝鲜半岛，战功卓著，两

次被授予共和国英雄称号。一代名将，中朝英雄方虎山，在中朝两国的军事史上，占有浓重的一笔。

二、中国人民解放军164师师长兼政委金昌德

金昌德，1907年生人，曾用名李德山。童年在朝鲜接受过三年初等教育，后跟随父母流亡到中国黑龙江宁安县。1930年8月，在宁安地下党组织的领导下参加抗日活动。1931年9月，"九一八"事变以后，参加原东北军军官王德林领导的吉林国民救国军。1934年2月1日，中共满洲省委给吉东全体党员发出指示信，指出：为了发展吉东地区的抗日斗争，一方面要加紧改造、巩固求国游击军和抗日同盟军，另一方面，要努力创建党直接领导的游击队。指示信特别指出，要动员最好的党团员和最积极最坚决的工农分子武装起来，在各方面工作基础比较好的密山县着手建立游击队。根据省委的这一指示，中共密山县委以已有的枪支为基础，于1934年3月20日，在密山哈达河北沟张老奋菜营正式成立了密山游击队，并命名为"密山民众抗日军"。全队共34人，其中中共党员10人，共青团员4人，代理队长张宝山，副队长金百万，分两个分队，金昌德任第二分队队长。

1934年9月17日，密山县委在哈达河北山召开扩大会议，通过了满洲省委吉东巡视员吴平提出的密山游击队与李延禄所部人民革命军合并组成抗日同盟军第四军司令部的建议，并任命李延禄为同盟军第四军司令。为了加强四军军事、政治骨干力量，中共密山县委将从苏联学习归来的一批干部派到四军，同时又选拔金昌德等20人送往苏联培训。1934年11月，金昌德肩负着组织的厚望，离开四军前往苏联莫斯科东方劳动大学学习。

1937年12月在苏联的学习结束返回延安后，在太行山抗日革命根据地的东北干部训练班学习。1938年4月，在延安中央直属

机关做保卫工作。1940年2月，任毛泽东主席的保卫参谋即警卫员，当时叫李德山。

1945年11月，李德山与支队长金泽明、政委朱德海等19名朝鲜义勇军干部由沈阳乘车抵达哈尔滨，与哈尔滨市保安总队朝鲜独立大队会合。25日在宾县蜚克图，正式改编为朝鲜义勇军第三支队。1948年3月，任东北民主联军独立第十一师副师长。10月率部参加辽沈战役，奉命进驻长春担任卫戍任务，同年11月任东北军区第164师副师长。1949年7月，任第164师师长兼政治委员。

金昌德率164师由吉林图们抵达朝鲜罗南，转隶朝鲜人民军，整编为朝鲜人民军第二军团第五步兵师，金昌德被任命为少将师团长。1950年6月，率部参加朝鲜战争。消灭大量敌人，战功卓著。

三、中国人民解放军"独臂英雄"吴夏默

吴夏默1927年出生于密山杨木岗。他童年时给地主当猪倌、马倌，14岁被抓到滴道矿干了4年苦力。1946年参加王景坤独立团，先后参加过东安保卫战和密山、饶河、虎林、宝清、佳木斯等地的剿匪战斗。在解放四平、横渡长江、解放海南岛的战斗中爆破四个敌人的碉堡，荣立二等功两次。1950年10月，赴朝参加抗美援朝战争，任146师436团副营长，在一次战斗中失去右手。1952年复员回到密山连珠山区解放村，1956年任党支部副书记。他率领村民积极参加社会主义建设，为建设美好家园，做出了突出的贡献。1957年、1959年，先后两次出席国家民政部召开的全国军烈属、复员、残疾军人积极分子代表大会，受到毛泽东、刘少奇、周恩来等国家领导人的接见，国务院授予"独臂英雄"光荣称号。1999年参加国庆50周年纪念活动，受到江泽民、朱镕基

等党和国家领导人的接见。2004年9月1日病逝，终年77岁。

参加过解放密山战斗的两位首长王景坤（左二）、李东光（右二）与老部下吴真默（左一）、金禹凡（右一）合影。除李东光外，其他三人在战斗中均失去一只手臂。（孟高君摄影）

第七章　密山老区革命遗址

第一节　密山烈士陵园

"密山烈士陵园"几个大字由谭友林将军题写

密山烈士陵园烈士墓

一、密山烈士陵园简介

　　密山烈士陵园是密山市重点烈士纪念建筑保护单位。1946年6月22日密山解放，1946年7月密山县委、县政府为纪念在解放战争中牺牲的烈士，决定建设密山烈士陵园。1950年10月，东北军区第九医院驻守密山，负责志愿军伤病员的康复治疗，其间，有120余名志愿军战士牺牲在医院里。为此，1955年进行了陵园扩建，1994年又进行了整修，占地面积38 970平方米。近几年在财政较紧张的情况下，对烈士陵园进行了整体规划、建设，筹集资金30万元修建了1 000多延长米的铁护栏、陵园大门和门卫房，修建了水泥道。1998年投资近50万元新修了50座英烈墓，把586名烈士尸骨火花后重新安葬。2002年又投资10万元为抗美援朝烈士纪念塔周围铺了1 000多平方米的水泥广场，2007年筹集资金23万元对50座英烈墓进行维修。2008年筹集资金27万元将三五九旅烈士纪念塔从人民公园迁至到烈士陵园。烈士陵园由七大纪念建筑组成。其中主体内建有50座英烈墓、安葬烈士616人，七座抗日英烈纪念碑（在抗日战争期间，密山是东北抗日联军第四军与日本侵略者斗争的主战场。从1932年至1945年间，曾有数百人为光复祖国河山而光荣牺牲。其中，四军军长李延平，副军长王光宇等7名军、师、团职抗日将领为创立东安（密山）抗日游击区而壮烈牺牲）、三五九旅烈士纪念碑和抗美援朝纪念塔等四大烈士纪念建筑；苏联红军解放东安纪念塔、柳知一烈士纪念塔、第九医院烈士纪念塔均建在中心广场、站前广场等主要地段。

二、密山烈士陵园中的纪念碑

（一）三五九旅解放密山纪念碑

（二）抗美援朝纪念碑

（三）抗联四军军长李延平烈士纪念碑

（四）抗联四军副军长王光宇烈士纪念碑

（五）抗联四军一师师长杨太（泰）和烈士纪念碑

（六）抗联五军二师师长付显明烈士纪念碑

（七）密山抗日游击队队长朱守一烈士纪念碑

（八）密山游击队参谋长金根烈士纪念碑（抗联八军三师政治部主任）

（九）密山游击队后任队长张奎烈士纪念碑（东北抗日同盟军四军二团团长）

三、密山烈士陵园成为革命传统教育基地

每逢清明、主要纪念日，重要入党团、少先队活动都要到烈士陵园开展纪念活动。

2016年密山解放70周年之际，三五九旅后代在密山烈士陵园参加公祭活动。

2016年6月23日，是三五九旅解放东北密山70周年纪念日，密山市政府举办了隆重的纪念活动，50多名三五九旅后代代表应邀来到密山这个父辈曾战斗过的地方，在密山烈士陵园参加公祭活动，拜谒了三五九旅烈士纪念塔。贺龙元帅之女贺晓明发表了公祭致辞，她感谢密山人民牢记着三五九旅这支英雄部队的辉煌战绩，表示三五九旅后代来到密山，目的就是学习并弘扬父辈艰苦奋斗的革命精神，在习主席的领导下，为实现振兴中华民族之梦而奋斗！

贺晓明和原三五九旅副政委李信之子李新南与密山市领导一起向三五九旅烈士纪念塔献花篮。

三五九旅后代代表依次将黄色菊花敬献在纪念塔塔基上。

后代代表们与少先队员们合影，纪念密山解放的红旗与少先队队旗交相辉映，标志着革命精神的传承。

下午，三五九旅后代赴密山学习团参观了北大荒王震纪念馆，拜谒了王震将军墓并敬献了花篮。花篮缎带上写着：深切怀念敬爱的王震伯伯。王震伯伯请放心，我们永远跟党走。

全体团员在王震墓前合唱了历史歌曲"三五九旅旅歌"，表达了后代们对王震伯伯的深切怀念和敬仰。

晚上，学习观看了纪念密山解放70周年大型文艺演出，并上台演唱了"三五九旅旅歌"和"强军战歌"。

大家统一身穿国旗红色的T恤衫，高举红旗，精神抖擞，斗志昂扬，高声歌唱，赢得了观众们热烈的喝彩和掌声！

在演出舞台上，三五九旅后代将专为此行集体创作的

密山烈士陵园公祭活动
来源：中红网——中国红色旅游网
作者：文/王军民 摄影/凌江

一首诗的书法作品献给了密山人民。诗词讴歌了三五九旅的艰难而辉煌的战斗历程。"铁流源自井冈山，雄师兵出南泥湾。南下北返征东北，英魂青史驻密山"。后代学习团还将为此行制作的红旗赠送给了密山人民。学习团每位成员都在红旗上面签上了父辈和自己的姓名，标志着"追寻父辈光辉足迹，继承先烈革命传统"！

三五九旅后代向密山革命纪念馆捐赠了一批革命历史文物及父辈回忆录以及大量电子版的珍贵文史、影像资料。

贺晓明赠送了贺龙元帅的巨幅戎装照片。

第二节 密山多处革命遗迹

一、苏联红军纪念碑

苏联红军远东军解放东安（现密山镇东转盘）纪念碑。1945年苏联红军进驻东安市后，为纪念东安解放和世界反法西斯斗争胜利而建。

苏联红军纪念碑

二、解放战争革命烈士纪念碑

1949年8月，东北民主联军第九医院奉命前往内地，为解放战争中牺牲在医院的259名革命烈士而建（密山火车站广场南侧）。县委书记陈应庭、康复医院领导王仪平、何远明和医院政治处、医院二所、三所全体医护人员为烈士题词。

解放战争革命烈士纪念碑

三、柳知一烈士纪念碑

1946年10月，柳知一任密山县民主政府县长。于1947年9月3日病逝，年仅34岁。为了纪念柳知一烈士于1948年建纪念碑（密山火车站广场南侧）。

柳知一烈士纪念碑

四、东北民主联军后方第九医院遗址

东北民主联军后方第九医院遗址上耸立的密山人民医院

五、密山国际交通联络站遗址

国际交通站二人班联络站遗址现状

国际交通站知一联络站遗址

第八章 开发北大荒

北大荒，人称其为"北"国高寒，"大"片沃野，"荒"无人烟。它原来是指东北的原始荒原，后来仅指黑龙江的三江平原和松嫩平原。这里是世界上仅存的三大片黑土地之一。

北大荒，其实早在两万年以前就有了人类祖先的活动。北大荒的开发垦殖，上可溯到辽、金，直至秦汉时代，下可至"民国"的"五大火犁"（拖拉机）公司及日本帝国主义"二十年内移民五百万人"的开拓团计划。但是，他们的足迹统统被历史的烟云和残酷的大自然无情地淹没在漠漠大荒之中……

只有共产党领导下的人民，才真正改造了这片土地。自1947年第一批拓荒者开进北大荒历经艰苦拼搏，北大荒变成了美丽富饶的北大仓。从20世纪50年代中期到60年代初期，王震将军作为铁道兵司令员和农垦部长，亲自组织指挥了开发北大荒的伟大战役。1954年，他率铁道兵部队来密、虎、宝、饶地区开荒建点。1956年7月2日，王震将军亲自在牡丹江农管局八五五农场（密山境内）点燃了第一把开发北大荒的荒火。

第一节　十万官兵开发北大荒

为了开发这片古老的荒原,从1947年起,我人民解放军先后抽调14万官兵,分8批次进入荒原腹地,在这里建起了全国最大的国营农场群。其中最为著名的是1958年的"十万官兵开发北大荒"。

十万转业官兵进军北大荒

一、向地球开战

中南海。春风梳柳,绿水红墙。1958年1月24日,党中央、中央军委发出《关于动员十万转业官兵参加生产建设》的指示,要求全军转业官兵去开发北大荒,屯垦戍边。为此,人民解放军全军进行了总动员。顿时,全军上下热烈响应,人人表决心,积极交申请,坚决要求去开发北大荒。当时,解放军三总部复转官兵被选为首批奔赴北大荒的先头部队。中南海文工队本来仅有一个去北大荒的名额,但因姑娘、小伙子们都报了名,领导没办法,最后只好批准了20余人。她们是:吴凤君、李艾、蒋自重、胡昕、梁晓芳……

毛泽东主席听说这些姑娘要离开中南海,去北大荒开荒生产，特地在春藕斋举办了一个"告别舞会"。舞会上，毛泽东笑着问大家："你们是自愿去的吗？"姑娘小伙子们异口同声地回答："是自愿去的。主席，我们是响应党的号召，去建设和保卫北大荒的。"毛泽东又语重心长地对大家说："一个人年轻的时候吃点苦是好事。你们去北大荒肯定会遇到许多意想不到的困难。无论在任何艰难困苦的情况下，都要保持革命的乐观主义精神。"

3月，早春的一天。北京车站举行隆重的欢送仪式，副总参谋长张爱萍、农垦部副部长张林池亲自到车站送行。车站，军乐齐奏，锣鼓喧天，中央军委机关的几千名复转官兵戴上光荣花，带着人民的嘱托，踏上北上的列车。

3月，世界震动了，美联社连续发出报道，惊呼中国军队开发北大荒！

3月，开发北大荒的热浪席卷全国。著名诗人郭沫若在《人民日报》发表诗篇《向地球开战》为离队北上奔赴北大荒的战友们壮行。黑龙江省的密山，是开发北大荒的大本营。这个不足千户的北疆小镇，一下子拥来"十万官兵"。实际上全部人员总共是81 500余人，外加随军家属等共约10万人。其中，连排干部6万人，营以上干部1.2万人。当时在密山，到处是军官，人们把这里叫作"尉官世界"。这里包括7个预备师、4个部队医院、两个兽医院，以及成建制转业的各种部队学校。还有来自解放军三总部、志愿军21军、空11师、南海舰队、哈军工、军医大学、高级步校、济南军区、坦克兵、军事通信学校、第二航空预校等复转官兵。仅以预备6师为例，就有排以上干部1 576人，其中师、团级干部50人，营、连级干部544人，有老红军4人，抗日战争时期入伍的252人。

这批转业官兵的政治素质好，党团员占85%，有一大批荣立战功的英雄。最著名的有荣立大功、一等功11次的"战斗英雄"李国富；有黄继光连的副指导员郝信友；有亲自指挥邱少云连攻占391高地的营参谋长吴品庆；有在上甘岭战役中坚持坑道斗争14昼夜的二等功臣左尚喜。

这批转业官兵文化程度高，有的参军前就是清华、北大、复旦、同济、交大、南开、武大、浙大、川大等全国著名院校的毕业生。还有一大批航空、海军、炮兵、坦克、防化、军事工程教官、文化教员、军队作家和文艺工作者，仅英、德、法、俄、西班牙、拉丁文翻译就有1 000余人。古老、贫穷、荒凉千万年的北大荒，一下子就变成了人才的"宝库"。

密山火车站官兵们如潮水般涌动。广东话、福建话、四川话、山东话、河北话混在一起，辨不出个准确口音来。每天就有一万人在这里涌动，并由这里疏散到各地农场去。民房、学校、办公室住满了军人，路边也搭起军用帐篷。大街小巷，就连车站广场都站满了军人，密山饱和了。军委总部急令，在哈尔滨、佳木斯、汤原又增设了兵站，以缓解驻地、交通的拥挤。但是，全国各地的复转官兵仍然由空中、水上、陆地继续向这里集中。在这困难时刻，预备6师千余名转业军官发出了，"高举垦荒大旗，树立战斗信念，把汽车让给兄弟部队，徒步开进荒原腹地的倡议"，立即得到了全体复转官兵的热烈响应。

4月13日，中国人民解放军副总参谋长、农垦部长、进军北大荒的总指挥王震上将，从北京风尘仆仆地来到了密山，在车站广场召开了万人大会。广场上红旗招展，人山人海。主席台上两边挂着王震将军写的一副对联："密虎宝饶，千里沃野变良田；完达山下，英雄建国立家园。"

王震将军用浓重的湖南口音对着话筒大声致欢迎辞。

原来，从1947年春开始，我军就有4万复转官兵在日本开拓团遗址，建起了全国第一个国营农场——通北机械农场。随后，荣军农场、解放团农场、农建二师农场等也先后建立。3年前，王震将军又向毛主席、中央军委打了《关于开发北大荒的报告》，并且从1954年开始亲自率领铁道兵7个师、2万余人，先行挺进北大荒，建起了12个农场，到1958年，北大荒已有54个农场了。

王震将军说："在这没有人烟的地方，我们盖了房子开了荒，英雄的人民解放军是能战胜艰难困苦的……"

他说："你们都是当过排长连长、也有当过营长的，我也当过排、连、营长。同志们在战场上打冲锋，排、连、营长是在部队前头呢，还是在后面呢？（大家回答：在前面！）那么开垦北大荒呢？（答：也该在前面！）遇到艰苦困难怕不怕？（答：不怕！）苦战3年行不行？（答：行！）说到困难，目前就有一个具体问题需要解决。米密山的转业军人很多，汽车运不过来。有的同志建议：不坐汽车，走路，走上3天4天，就到了自己的农场。早走早到，早到早生产。我看这一建议很好，有革命干劲，大家同意不同意？（回答：同意！）同意，明天早晨就出发！"会后预备6师和商丘步校的复转官兵，高举着王震将军亲手授予的"迈开英雄步伐，走向生产前线"的大旗，离开密山，首先向远在乌苏里江边的858农场进发。

随后，浙江军区训练团复转官兵立即响应，南海舰队、张家口军事通信学校响应……一群集体转业的女军官响应，要求与男同志并肩前进，不掉队，不叫苦，不坐车，节省汽油。此后有几百路男女复转官兵，以班、排、连编制迈开双脚，高唱战歌，浩浩荡荡，分头向荒原腹地进军。一路上，战友们互相帮助，互相鼓励，饿了吃口干粮，天黑了就架起篝火，几乎每个人脚上都打起了血泡，但谁也不肯掉队。一些随军家属也背着孩子，跟着部队在人烟稀少、虎狼成群的荒原上，走了100多里，坚持到达了目的地。

八一电影制片厂的战友们，也跟着先头部队，摄下了一组真实的历史镜头，这就是后来上映的纪录片《英雄战胜北大荒》。

一望无际的北大荒，从此播下了千万颗具有顽强生命力的红色种子。

二、艰苦的起点

1958年4月28日，预备6师和武汉军区机关的全体复转官兵，徒步到达指定地点。副师长肖天平被任命为858农场党委书记，总参谋部情报局副局长曾柯任命为场长。

接着，预备2师、6师一部进军到856农场。

预备3师、5师参加扩建851农场。

预备4师进入完达山北麓的855农场。

预备1师、7师、信阳步校等单位复转官兵携带所有武器挺进萝北地区，摆兵布阵，先后建成了延军、军川、江滨、名山、青年等5个农场。

接着在佳木斯成立了合江农垦局，由预备7师师长黄家景为代理局长，由王震兼任局长。

到5月中旬，来自全国各地的复转官兵已经基本安排就绪。牡丹江农垦局（密山）接收6万余人，合江农垦局接收1.7万余人，西部农场接收4 500余人，总计8.15万余人，还有随军家属等2万余人。北大荒一下子超过预定接收人数的十几倍，口粮、住房、生活用品空前紧张。

艰苦的生活开始了。北大荒的早春，乍暖还寒，冰凉透骨。新建的农场、生产队大都建在茫茫的荒原上，许多团、营、连长，把部队带到预定的地点后，学着王震将军的样子，把铁锹或

| 第八章　开发北大荒 |

树条往满目野兽印的雪地、草原上一插，大声地说，这就是我们的家。经过长途跋涉，十分劳累的战友们，不畏艰辛，立即行动起来，放下背包，动手砍树、割草、铲草坯、搭草棚。

几乎同时，北大荒的深处出现了千万间草棚。这种草棚极为简陋。用草绳、树干绑几个人字架，搭上横梁，顶盖草，底垒坯，就能挡风遮雨了。里面靠边铺上荒草，有条件的搭上木架，按照连、排、班顺序，每人50厘米，背包一放，马上又投入紧张、繁重的春播生产。

开荒官兵居住的地方

由于时间仓促，做工粗糙，大部分草棚雨天漏水，雪天透风，条件十分艰苦。有个约15平方米的小草棚住进了26个人，而且还有2名女同志。有个大的草棚，竟住了250人。

一位当年的少尉飞行员回忆说："当时夫妻一对一双地安排在一条通铺上。天很冷，但是得挂蚊帐，一个蚊帐里睡一对。还有讲究：这边男的挨着那边的男的，女的挨着女的，以免发生误会。单身男女也睡在另一条通铺上，按照年龄大小，男的从东往西排，女的从西往东排。我当时年纪最小，就挨着一个人姐睡。现在回想起来，单身男女挨在一起睡，实在可笑。当时，草棚透风，土墙挂霜，冻得我啥想法也没有……"

那时，还流传着集体洞房的故事。有4位年轻尉官都带来了未婚妻。为此，连里赶紧给他们盖了一个大草棚。接着指导员谈话正式批准：婚礼在这儿举行。战友们把里面分成四个空间，中间挂绳挡布单。在大家欢闹着把新郎、新娘送入洞房时，一位结婚早带上孩子的"老人"突然严肃宣布了纪律："第一，推选班长一人，大家睡觉、起床都要听班长口令，统一行动；第二，有话公开说，不准窃窃私语；第三，各人牢记各人的位置，夜里摸黑别找错地方。"逗得战友们哄堂大笑。

北大荒，这个比好多国家总面积还大的土地，自然环境十分恶劣。漫天遍野的没人荒草、榛材、沼泽，到处是咬人的蚊虫、蚂蚁，甚至还有熊、狼。漠漠大荒没有路，一不留意，人就迷失方向；一不小心，就会被野兽吃掉。有位战友就是为了踏荒，在风雪中失踪。有位大个子尉官，因草棚太小，睡觉时，脚伸在草棚外，被黑熊狠狠咬了一口。还有一位跟随陈毅元帅转战多年的指导员叫何明华，为了掩护女工，拿起钢叉与黑熊搏斗，被黑熊打碎了脑袋，壮烈牺牲。夜里，成群的野狼围着草棚嚎叫，有时黑熊竟围着草棚拍打，嗷嗷地叫个不停。特别是新建在水草丰盛地方的草棚，蚊子、小咬黑压压一片，战友们脸上、手上经常被叮得疙瘩成片，疼痒难忍。加上草棚潮湿拥挤，许多战友都得了风湿病和痔疮。

由于新建点大都地处边远，有的远在几百里之外的边境线上，道路不通，战友们只好徒步背口粮、油料和种子。

繁重的体力劳动，几个月吃不上青菜，战友们又整天在泥水中苦干，绝大多数复转官兵手脚脱皮、皮肤红肿、嘴唇干裂，并不同程度地患有浮肿病和营养不良症。日常生活用品就更不用说，火柴、肥皂、灯烛、卫生纸都十分珍贵。这对于刚刚从全国各大城市来的住楼房、睡钢丝床、吃大米白面的官兵来说，困难是难以想象的，可战友们仍乐观地说："我们伙食以萝卜条为基础，以咸盐和黄豆为骨干，团结改造粉条。"854农场一分场的复转官兵还用刺刀在草棚大门上刻下自己的誓言："开发北大荒，为祖国建粮仓，永远留边疆……"

第八章 开发北大荒

开荒、收割生产场景

"洒尽热汗融春雪,誓将碧血化宏图。"10万复转官兵不畏艰苦,顽强拼搏,按照王震将军"边开荒、边生产、边建设、边积累、边扩大"的五边方针,抓住农时,用大盖帽、上衣、裤子装上种子,撒播小麦,还把树杆削尖,在新翻的垄上捅眼点播大豆,战友们边点还边学着老乡的样子说:"春天捅一棍,秋天吃一顿。"

这一年,仅852农场就这样人工点播了2.7万亩大豆,而全垦区也抢种了百余万亩大豆,秋后收获了5.69亿公斤粮豆,总产量和上交商品粮是上年的两倍。

三、会战北大荒

会战北大荒,"一颗红心交给党,英雄解甲重上战场。"

1958年5月7日,《人民日报》发表了远征北大荒的河南洛阳步校少尉军官徐先国答谢郭老的诗《永不放下枪》。诗中豪迈地写道:"用拿枪的手抢起锄头/强迫土地交出食粮/让血染的军装/受到机油和泥土的奖赏/让子弹穿透的疤伤/在黑土地泛红发光/一颗红心交给党/英雄解甲永不放下枪。"

5月26日,人民日报发表了王震将军给徐先国的一封信,信中写道:"读了你的诗……我深深地感动了,你唱出了我的心声……"

为了开发北大荒，老将军的胃刚切除三分之二，就拖着病体，亲自率领十几个师的师、团长，几十次踏查荒原。他跟战友们一起风餐露宿，趴冰卧雪，北大荒上有许多新建点，都是老将军拄着棍子定下来的。一次，老将军在夜宿荒原时笑着说："蓝天当被，大地当床，月亮当灯，蚊子还为我歌唱伴奏，我们倒是乐在其中哩！"他还与战友们一起唱起了《南泥湾》。时至今天，北大荒仍然流传着"将军岭""背兵过河""司令员烧荒""部长教我扶犁""为夏大脚买鞋""创建八一农大""办迎春机械厂"等许许多多动人的故事。

当然，这里流传最广的要属将军指挥的"治水、筑路、伐木"三大战役。

治水战役。北大荒的三江平原，地势低洼，沼泽遍地，一到雨季，满眼一片汪洋。许多生产队转眼之间就变成了"水上孤岛"。为抗涝治水，确保丰收，十万复转官兵抓住农闲时机，大搞治水会战。20余个水库先后开工，其中人数最多，规模最大的要属"云山会战"。

850农场有100多万亩良田，年年遭受七虎林河水害。为此，牡丹江农垦局调集6 000余人在河上游修建云山水库，其中有4 000余人，是刚刚从密山下车，直接进入工地的复转官兵。他们分别来自空军司令部、北京警备师、志愿军一军、高炮学校、海军基地、坦克兵……

5月1日云山水库正式开工，由王震将军亲自挑土奠基，开车压实。云山水库，原定二年完成，结果只用了6个月。全部工程共挖土方74万立方米，其中用土筐就抬了63万立方米，这是一座用战友们咸苦的汗水和钢铁般的毅力浇铸成的大坝。

1958年5月4日，由王震率其所属官兵与知青共建密山青年水库。开始修建被命名为"青年水库",王震将军亲自题写水库名。密山青年水库景区位于密山镇以北13公里处,总面积5平方公里,其中北大荒书法艺术长廊0.04平方公里。水面面积1.138平方公里,建筑面积5 000平方米。库容3.57亿立方米。大坝横拦东西两山之间,长1 750米,高14

密山青年水库

米,顶端镶柏油路面,宽敞平坦,亭台水榭,理石雕塑,点缀坝上。 因为当时工程机械少,大坝几乎全是由人工取土修筑的。几千名复转官兵和知青住草棚,吃苞米面和大碴子、咸菜,在生活条件很差的情况下,凭着坚定的信念、顽强的毅力争红旗、抢进度、夺先进,艰苦奋战。

工地上,红旗飘飘,喇叭声声。几千将士,抬筐填土,上下川流,干劲冲天,热浪扑面。

筑路战役。路是北大荒的命脉。荒原上没有路,机械、油料、种子没法运,生产上不去,人也难生存。所以,大规模生产开始之前,战友们首要的任务是修荒路、筑山路、建铁路。

"打通密虎线"是当时北大荒筑路会战中最典型的一仗。

伪满时期,日本关东军曾在虎林屯布重兵,并在密山与虎林之间修筑了铁路。日本投降后,铁轨被苏军拆了,桥梁被苏军炸了,十几年的风风雨雨把路基也冲毁了。为担负起在密山、虎林、宝清、饶河四个地区创建军垦农场的重任,1957年,王震将军做出"打通密虎线,向荒原腹地修铁路"的决定。当年秋,由铁道兵转业官兵首先破土动工。1958年,数千名复转官兵放下行李,直接开进铁路工地。铁路沿线,千军万马,开采石砟,制作枕木,修筑路基,抢运铁轨。战友们冒着风雪严寒,蚊虫叮咬，打桩架桥，艰苦作业，不到一年，"密虎"全线通车。由毛主席身边来的中南海文工队员，苏州姑娘梁晓芳当上密虎线的列车长。接着，筑路大军马不停蹄，挥师北进。一年就在草原沼泽上又打通了"虎迎"（春）线。后又经过艰苦努力，完成土方90多万立方米，石方30多万立方米，修建百座桥梁，铺设了7万根枕木，7万多米钢轨，终于修通了密山——东方红铁路，全长195公里。

伐木会战是在1958年秋季打响的。当时的口号是："进军完达山，拿下20万方，保证首都十大建筑，支援大连造船厂建设，向祖国献厚礼。"

王震将军为此专门指示有关领导，组织精兵强将，完成这一艰巨的任务。很快由3 000余名复转官兵组成的大队人马，分南北两路挺进林区。南路采伐锅盔顶子，北路采伐大叶沟。战友们脱下衣服，抡斧拉锯，挥汗大干，采伐了大量木材。山上伙食差，战友们就用土筐到小沟里去捞小鱼，用树上的猴头蘑包饺子。没有水就用大锯把桦树划一道口，用草秆吸桦树汁解渴。寒冬腊月，战友们冒着零下30摄氏度的严寒，抡大斧、拉大锯，用山泉浇成冰道，把木材送下山去。

这一年，牡丹江、合江两个农垦局共伐木20万立方米，为国家创造了1 000多万元的财富，有力地支援了国家建设。

在十万官兵和农场广大职工的努力下，北大荒的国营农场得到了迅速发展。1959年粮豆总产量达10亿多斤，比1957年增长了142%；生产总值达两亿多元，由原来经营性亏损4 543.83万元，转为盈利546万元。

正如国家副主席董必武视察北大荒时即兴赋诗所说："斩棘披荆忆老兵，大荒已变大粮囤。虽然经验有得失，得失如何要细论。"

如今，北大荒已变成了北大仓，成为良田连片、林带交织、公路成网、城镇棋布的全国最大的粮食生产基地，被国家誉为"中华大粮仓"。

　　历史，将永远不会忘忆那些为开发北大荒而奋斗、而献身的十几万复转官兵们和大专院校毕业生、支边青年！

伐木工人奋战间歇欢乐的场景　　当今现代化农业的喜人场景

第二节　北大荒开发建设纪念馆

　　为了弘扬北大荒精神，教育、激励后人，牡丹江管理局在兴凯湖畔建造了北大荒开发建设纪念馆。

北大荒开发建设纪念馆

一、纪念馆的概述

　　北大荒开发建设纪念馆总占地面积2.28万平方米，建筑面积

607平方米。主要由纪念馆、纪念碑、小品、浮雕、"五色土"池等组成。

　　北大荒开发建设纪念馆位于牡丹江分局八五一〇农场兴凯湖畔；旧址建于1993年，由黑龙江农垦总局投资1 300万元兴建北大荒开发建设纪念馆园区。北大荒开发建设纪念馆园区，新址工程于2001年9月16日动工兴建，2002年7月10日全面竣工。

　　新建成的北大荒开发建设纪念馆于2002年9月4日举行开馆仪式。王震将军的儿子王兵、王军、王之，孙女王京京、王京川，孙子王京阳，重孙女王吉湘，重孙子王英华及黑龙江省委、黑龙江省人大、黑龙江省政府、农业部、农管总局、管局各分局的领导前来参加。

　　它形成几个非常抽象化的大字，在馆的左侧有一竖，加上展厅的两个横和右侧加上展厅是北大荒的"北"字，中间的一横、一撇、一捺是大字，"北大"什么

纪念馆的整体构造

呢？我们由原来的东北荒原"北大荒"成为如今的"北大仓"，所以，它的两侧展厅又分别代表仓，中间还可以看作是个人字，所谓三人为众，人民大众开垦北大荒，共融入了三代人的心血和汗水。

　　庄严雄伟的纪念碑，它位于整个纪念园的核心部分，纪念碑的主体高度是9.9米，大家都知道，9.9是自然数中，最大的数。把碑的高度建成了9.9米，说明王震将军在我们心里，享有很高的威望。纪念碑的正面是江泽民总书记于1993年9月4日的亲笔题词

第八章 开发北大荒

"王震将军率师开发北大荒纪念碑",纪念碑的底座高1.58米。1993年应垦区158万人民的请求,经国家批准,在此建立了纪念园,大家现在看到的是改建后的园区,占地面积为22 820平方米。纪念碑的碑文:

亘古荒原,渺无人迹,荆棘丛生,走兽之栖;俄族欲垦,未能立锥;倭人觊觎,终梦幻。唯共产党之雄略,锐意而拓之。公元壹仟玖佰肆拾柒年始,垦荒志士挺进。公元壹仟玖佰伍拾捌年春,名将王震率将士十万云集密山,一声令下,斗地战天,茫茫沃野沉寂千年而萌苏,芸芸众生不顾生死而耕耘,荣复军人、地方干部、城市知青、科技人员历40载之酸辛,经三代人之苦斗,

王震将军率师开发北大荒纪念碑

胼手胝足深领稼穑之艰,噫吁兮,此乃南泥湾精神之续延。血水、泪水、汗水皆融于大荒,农、工、林、牧各业尽现于边疆,此举之壮,宇内闻名,旷世绝前,为不泯其绩,遂建碑以志之,为颂扬其业,撰此文而铭之。来者驻足,忆大荒之变迁,后人记事,缅志士之伟业。悠悠岁月,全赖群贤,青史留垂,拓垦者英名常念,逝者如斯,北大荒精神永存!

中共黑龙江省国营农场总局委员会,黑龙江省国营农场总局谨立,1993年9月并记纪念碑背面的碑文,它主要撰写了有多少人来到了北大荒开发建设,他们付出了多大的艰辛。

二、纪念馆小品

由青铜浇筑的小品叫作 "大荒初拓"

小品叫作 "艰辛岁月"

在纪念碑的右侧由青铜浇筑的小品,它的名字叫作"大荒初拓",它主要表现当时的生产场景,这里有锹、镐、扁担、抬框和犁,其中的扁担和抬框是当年建设云山水库时所用的劳动工具,犁是王震将军与拓荒者共同改造后的犁,可以看到,现在的犁在它的前方是一个滑轮,没有改造之前的犁前面却是滑拖。王震将军和拓荒者耕起地来阻力非常大,经过反复实践,将前面的滑拖改为了滑轮。它主要表现当时的一个生活场景,它的名字叫"艰辛岁月",军服、军壶、军号,表示王震将军和拓荒者在硝烟滚滚的战场上,直接开到北大荒,开垦建设。

三、纪念馆的浮雕

在这个庄严雄伟的纪念碑的后面,有两个巨幅浮雕,左侧的是1958年,王震将军率领十万转业官兵刚来到北大荒,他们当时来的时候,杂草丛生,野兽出没,而且农用工具也相当简陋;右侧的是1968年,知青和支边青年来到了北大荒,他们来的时候与五十年代就截然不同,在他们的前面是麦浪滚滚一片丰收的景象,而且农用工具也先进了许多,有了飞机、拖拉机,还建起了粮仓；接下来，在两个浮雕的后面是王震将军曾经提写的一副对联，左侧"完达山下英雄建国立家园"右侧"密虎宝饶千里沃野变良田"。密虎宝饶指的是密山、虎林、宝清、饶河加上三江平原一带。

四、纪念馆内的陈设

北大荒开发建设纪念馆建筑面积607平方米，分为正厅和第一、第二展厅。第一展厅展现了1979年以前老一辈拓荒者拓荒所用的工具、物品、图片，及王震将军生前使用过的物品。表现了老一辈在非常艰苦的条件下开垦建设北大荒的情景。第二展厅展现了1980年以后北大荒在第二代人的建设和努力下发展成为如今的北大仓的景象。正厅北侧中央，160厘米高的花岗岩基座上安放着王震将军85厘米高的半身汉白玉雕像，高85厘米代表着王震将军有生之年是85岁，在塑像的下面有王震将军的一部分骨灰，为什么说只是一部分呢？因为在王震将军的生前遗嘱中说道，骨灰撒于天山，永远为中华民族站岗，永远向往壮丽的共产主义，所以，他的另一部分骨灰撒在了天山。

下面是王震生平简介：

伟大的无产阶级革命家、政治家、军事家。生于1908年4月11日，湖南浏阳人，铁路工人出身，20年代从事工人运动1927年加入中国共产党。将军智勇双全，常亲率部冲锋陷阵屡见战功，毕生作战数千次，7次负伤。长征中为红六军团政委，首先率部西征，1944年冬率4 000人自延安出发，渡黄河、越长江沿途战胜敌军重重堵截，终达湘粤边界开辟新区。后因敌情变化奉命北返，此行历时两年，行程两万七千余里，大小战斗300余次，创军事始上的又一奇迹，被毛泽东赞为我军的第二次长征，非共产党领导下之铁军能如是乎？征安未解，赴请缨进军新疆，攀越积雪祁连，横穿浩瀚戈壁，终成解放大业。新中国成立后，将军对各项建设事业无不全力以赴，曾亲帅铁道兵建成具有战略意义之鹰厦、黎湛两路。尤其倾力农垦事业，昔年垦荒南泥湾，使荆榛遍布之地变成陕北江南，随之垦发新疆，使荒凉之戈壁迭现塞外绿洲。继而开发东北荒原，拓展海南胶林。终年奔波于荒山野岭间，与群众同甘共苦，亲密无间。览今日之胜景能不忆将军之心血乎？将军为人真诚坦荡，且政治坚强。对马列主义，毛泽东思想无限忠诚，将军晚年任中华人民共和国副主席，虽届高龄，仍心系国事，拥护党的基本路线，关心人民命运、国家前途，常亲临各地视察，对教育事业和发展对外友好倾尽心力。1993年3

月12日不幸病逝于广州，殁于任上，鞠躬尽瘁，其身前遗嘱云："骨灰撒于天山，永远为中华民族站岗，永远向往壮丽的共产主义。"

总览将军之一生，不愧为共产党人之楷模。中华民族和无产阶级之真英雄也！

塑像后衬的北侧墙壁是长23米、高3米的大型锻铜浮雕《先行者》，是一个煅铜壁画，壁画的左侧和右侧都是复转官兵和支边青年在开垦和建设北大荒的场景。在阳光的照射下，他们想象中的美丽都市，想把北大荒开发建设成有楼房、有桥梁、有汽车、有工厂的这样一个地方，今天他们的愿望都实现了，所以这副壁画的名字叫《先行者》，反映了20世纪50年代王震将军率师开发北大荒的光辉历史时段、开拓先行者的理想和北大荒半个多世纪的辉煌业绩。它的设计制作者是北大荒版画院的院长张洪训先生。

五、纪念馆的"五色土"池

"五色土"池由黑，白，红，黄，棕五色土壤组成。五色土是代表着王震将军曾经生活和战斗过的五个地方，其中的褐色代表湖南，湖南浏阳是王震将军的出生地；红色代表海南；白色代表新疆；黑色代表黑龙江、北大荒；黄色代表陕北也就是南泥湾。五色土的含义还有，"五"是代表着来自五湖四海的14万复转官兵和54万支边青年等开发建设北大荒的五组人，即荣复军人、地方干部、城市知青、科技人员还有移民。中间的大五角星

"五色土"池

代表中华人民共和国。

六、火种采集地

火种采集地：为庆祝2002年3月27日省十运会火种采集而立。"北大荒的开拓之火"，也是用北大荒精神激励运动员的寓意，"北大荒精神"是中共黑龙江省1994年提出的"四大精神"之一。

火种采集地纪念碑

七、纪念馆成为教育基地

北大荒开发建设纪念馆已成为著名的爱国主义和革命传统教育基地，每天来参观学习的人络绎不绝。

社会各界代表参观后合影

哈尔滨工业大学组织师生代表参观后合影

| 第八章 开发北大荒 |

密山市检察院在纪念碑前开展主题党日活动

解说员正向游客讲解王震将军的生平

密山市党、政、军代表向纪念馆敬献花篮

"艰苦奋斗、勇于开拓、顾全大局、无私奉献"的北大荒精神将永远激励后人奋进！

第九章　亲切的关怀　殷切的期望

多年来，党和国家领导人及曾经在密山战斗过的领导对密山革命老区给予亲切的关怀和殷切的期望。

第一节　国家领导人视察革命老区密山

一、胡耀邦总书记视察密山

1984年8月，时任中共中央总书记胡耀邦视察密山。

中共中央时任总书记胡耀邦1984年视察密山时题词

二、王永刚与时任副县长金昌寿的访谈录

胡耀邦总书记在密山的点点滴滴，70多岁的金昌寿同志仍然记忆犹新，金昌寿回忆道，那天下午，密山的天空阴的很匀，下着毛毛细雨。金昌寿陪同县委书记杨玉朝，县委副书记、县长张福才等几位县主要领导在火车站迎接胡耀邦总书记。下午两点左右，胡耀邦同志的专列从虎林方向缓缓驶进密山站，在省委书记李力安、牡丹江市委书记巴风等人的陪同下，胡耀邦同志健步走下列车后，就登上了面包车，向兴凯湖驶去。在那里，胡耀邦同志亲自冒雨登上了兴凯湖泄洪闸，久久眺望浩瀚的兴凯湖，并饶有兴致地环顾着美丽的湖光山色。期间，他向当地的领导详细询问了兴凯湖的面积、水产品等情况后，又了解了密山的工农业生产等方面的工作，总书记对密山的工作很满意。"以前只是在电视上看过胡耀邦同志，近距离接触却发现胡总书记身材不高，穿着非常朴素、得体，说话和蔼可亲，一点官架子都没有，特别随和、亲民，在兴凯湖还主动与游人聊天，这是在场的人们没有想到的，真让人敬佩！"

原密山县副县长金昌寿同志正在讲述30多年前的历史

谈到30多年前的那一幕，金昌寿仍然非常感慨。

胡耀邦总书记从兴凯湖回来后，即到密山县委招待所休息，总书记休息的125房间并不是楼房里的房间，而是靠近东安街的一排平房，在当时设施还算可以，现在看房间很简陋，就是现在的密山宾馆临街的位置。当然，胡耀邦同志当年休息的那排平房早已不复存在了。

晚饭前，胡总书记在招待所的小礼堂先后与密山县五个班子成员、招待所的服务人员合了影。随后又视察了牡丹江农管局商业处，密山县五个班子成员、招待所的服务人员又随后赶到那里，再一次与胡总书记合影留念。饭后，胡耀邦同志回到房间休息。金昌寿向杨玉朝、张福才、董天德几位领导谈了想请胡耀邦同志题词的想法，大家还有些顾虑，担心总书记能不能给题。金昌寿却很自信："总书记很随和，咱们的愿望和要求也不过分，应该能给题。题词、题字的笔和纸我都准备好了，行不行咱们试试呗。"几位县领导认为有道理，决定试一试。过了一会儿，金昌寿陪同杨玉朝书记、张福才县长到首长房间汇报密山卷烟厂等方面的工作。当时，胡总书记正在全神贯注地看电视，节目是《新闻联播》。胡耀邦同志的儿子胡德平介绍，总书记无论到哪里视察、调研，每天必看《新闻联播》。

19：30时，胡总书记看完《新闻联播》后，县委书记杨玉朝走上前去，对胡耀邦同志说："总书记到密山一趟不容易，希望您给题个词，这对全县人民是个很大的鼓舞。"胡耀邦同志非常爽快地答应了这一要求，并面带微笑地说："题哪个方面的呢？"杨玉朝书记接过话题："请总书记考虑。"胡耀邦总书记若有所思，便在房间里来回踱了几个来回，突然他停下脚步说道："第一个翻番县，怎么样？"密山的几位领导微笑着，没有作答。"有没有包袱？有没有压力？"总书记问道。杨玉朝回答："是有压力，全国2 000多个县，我们和全国先进县比较，差距还很大。"这时，胡德平说："密山是个边境县，一方面受交通、信息等客观条件限制，另一方面受科技水平制约，要在翻两番上走在全国的前列，是很难实现的⋯⋯"这时，胡耀邦同志随即问道："邻国邻区比高低，怎么样？"这一提法得到了大家的一致认可，都说这个提法好！

| 第九章 亲切的关怀 殷切的期望 |

胡耀邦总书记为密山的题词（资料片）

　　金昌寿等人赶紧将事先准备的桌子、毛笔、墨汁和宣纸拿到总书记房间，准备就绪后，胡总书记略加思索，提笔就写，一挥而就，"敢与邻国邻区比高低"九个刚劲有力的大字跃然纸上。大家一看，题词比计划多了"敢与"两个字，都认为总书记这句话更加完整、更加准确。最后，总书记很潇洒地在题词下面落上"胡耀邦"和日期。大家端详着题词，不断叫好。"至今我还清清楚楚地记得胡总书记题词时运笔的动作，提、按、收、放，一招一式，特别潇洒。另外，题词正文九个字当中有六个字是繁体字，只有'敢、比、低'3个字为简体字。"金昌寿至今还沉浸在当时的气氛里。

　　后来，密山人民将胡耀邦总书记的题字刻在了一块巨大的随形花岗岩上，并将这块石碑安放在国家4A级旅游景区——北大荒书法长廊。每到旅游旺季，熙熙攘攘的游客都会在胡总书记的题词前驻足、留影。

　　胡耀邦总书记在生命的最后5年为密山留下了墨宝，其珍贵程度、深远意义是不言而喻的。30多年过去了，密山人没有辜负胡耀邦总书记的期望，"敢与邻国邻区比高低"似乎印证了密山人民不服输的精神，这句话始终激励着40余万密山人民不断深化改革开放，勠力同心，奋发图强。30多年，弹指一挥间，昔日的密山早已旧貌换了新颜，如今的密山市已经发展成为一个生态良好，城市文明，和谐繁荣，宜商宜居的美丽边城了。

第二节 在密山战斗过的部分领导视察密山题词

一、伍修权视察题词

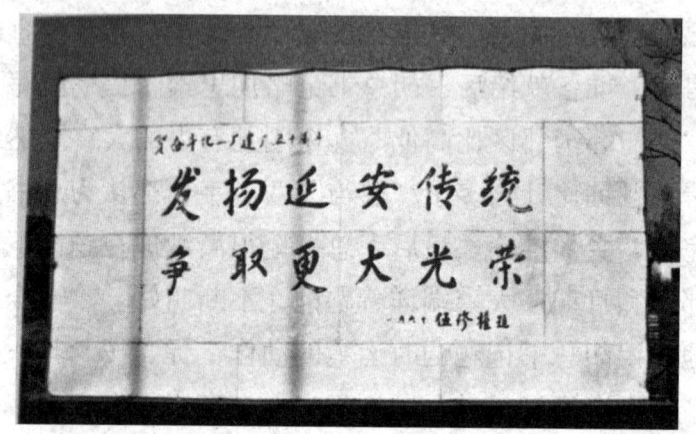

伍修权为奋斗化一厂建厂五十周年题词

二、吴亮平视察题词

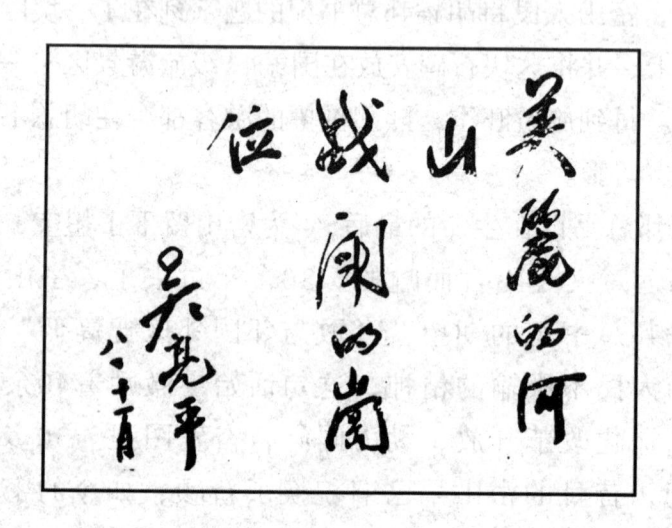

三、刘转连视察题词

四、谭友林视察题词

五、李东光视察题词

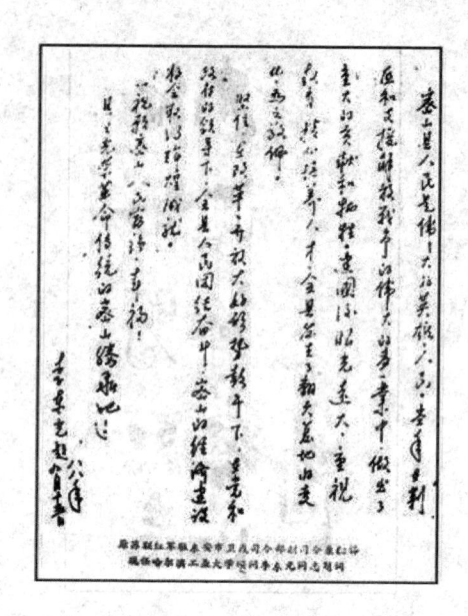

1988年8月，在回访密山时李东光写的题词

六、陈伯村视察题词

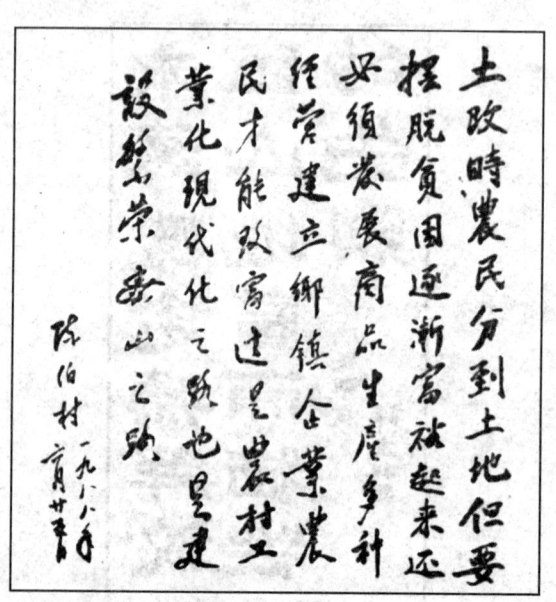

东安地委原副书记、东安地区土改工作团原团长陈伯村的题词

七、张笃回访密山题词

> 坚持四项基本原则
> 搞好改革开放为
> 密山四化建设做出
> 新贡献
>   张笃 一九九六年四月

密山县原县委书记张笃领导了土改，回访密山时的题词

八、许光庭题词

> 密山经过土地改革以后作
> 为东北根据地的战略后方的
> 各族人民为解放战争做
> 出了重大贡献
>   许光庭

密山土改工作分团原副团长许光庭题词

379

九、邵宇题词

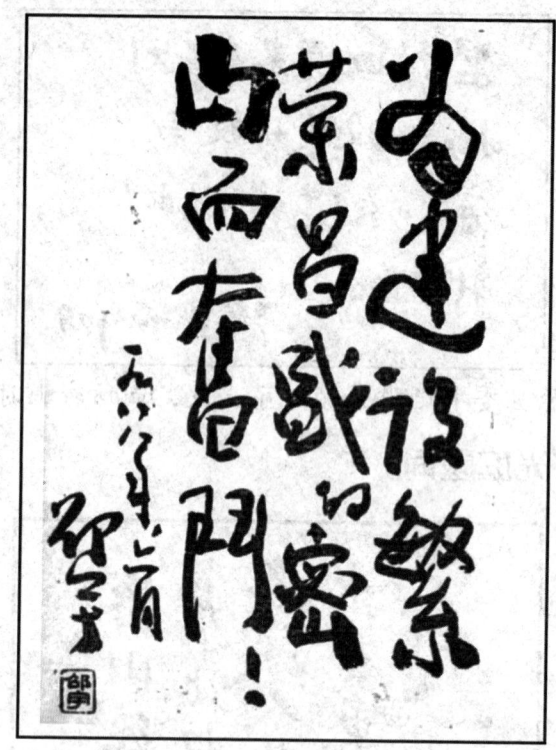

密山土改工作队原队员、东安地委党校原副校长邵宇题词

第十章　密山革命老区的建设发展

党的十八大以来，国家一类革命老区密山经济社会取得长足发展。近五年，是老区密山发展历程中不平凡的五年。密山市委、市政府团结带领全市人民，以党的十八大和习总书记一系列重要讲话精神为指针，攻坚克难，砥砺奋进，全市经济社会实现平稳健康发展。五年来，全市地区生产总值年均增长6.8%，规模以上工业增加值年均增长8.6%，固定资产投资年均增长7.8%，社会消费品零售总额年均增长13.8%，一般公共预算收入年均增长8.7%，城镇和农村常住居民人均可支配收入年均分别增长10.8%、10.6%。受外部环境和政策影响，进出口贸易额年均下降20.1%。据最新统计，密山市2015年全省县域经济综合排名第22位，较2011年提升7位。

2016年，是密山市实现"十三五"良好开局的一年。

一、综合实力稳步增强

全市地区生产总值实现130亿元，同比增长5.6%；规模以上工业增加值6亿元，增长23.2%；固定资产投资41.2亿元，增长7.1%；社会消费品零售总额40.6亿元，增长10.4%；进出口贸易额1.55亿美元，增长8.9%；一般公共预算收入4.2亿元，增长3.8%；城镇常住居民人均可支配收入23 626元，增长7.7%；农村常住居民人均可支配收入15 193元，增长7.6%。

二、项目建设成效显著

开复工5 000万元以上重点产业项目19个，其中，亿元以上项目8个，5 000万元到1亿元项目11个，实现固定资产入库9.2亿元。投资3.5亿元的新东昌机能性饲料加工等一批大项目开工建设，投资2.6亿元的双盛粮食物流、投资2.2亿元的中玉玉米精深加工、投资2.1亿元的益海嘉里粮油综合加工等项目建成投产。投资5 100万元，进一步完善开发区基础设施建设。支持企业裂变升级，银峰化工、金九药业扩产改造。全市新增规模以上企业5户，科技型企业20户。

三、现代农业加快发展

发展绿色有机和无公害农产品种植200万亩。建设"互联网+农业"示范基地37个，"三减"示范区35个。现代农民专业合作社发展到1 565个。各类食用菌发展到3 750万袋，规模化养殖场达到85个，名特优新水产品养殖面积30万亩。完善农业基础设施，投资7 774万元的穆棱河治理工程建成竣工。实施脱贫攻坚，1 607户4 720名贫困人口脱贫、2个贫困村摘帽。2016年，全市农业总产值实现62.1亿元，增长5.5%；粮食总产量达到20.9亿斤。

四、旅游经济持续升温

完善旅游设施，航空公园投入使用，开心农场开园迎客。丰富冬季旅游项目，冰雪游成为新亮点。促进旅游文化体育融合发展，成功举办兴凯湖中国汽车拉力赛、公路自行车赛、徒步大会等赛事活动和杏花、荷花、冰雪旅游文化节，开通旅游微信平台，全方位立体式营销，旅游知名度不断提升。2016年，全市接待国内外游客220万人次，增长21%；实现旅游收入7.5亿元，增长29%。密山市被评为"中国生态魅力市"。

五、商贸产业焕发活力

引进辽宁大济等企业开展俄罗斯石油及其化工产品进口，特色专业口岸建设迈出坚实步伐。强化互市贸易区运营管理，进境俄罗斯边民1.4万人次、生活用品8 192吨。成功恢复停止8年的对俄"手拎包"业务，拉动口岸过客大幅增长，全年达到15万人次，是2015年的3.6倍。引进云淘公司线上销售地产黑木耳16万斤，阿里巴巴村级服务站发展到42家，电子商务、物流快递等新兴产业呈现加快发展态势。

六、城乡面貌明显改善

投资1.63亿元，改造棚户区884户、5.5万平方米。投资1.13亿元，实施城市供水改造，增建污水处理设施。投资7 674万元，实施新区"三街一路"综合改造。投资4 072万元，开工建设新区公路客运总站。投资2亿元的密兴高速与同心路互通扩道工程竣工使用，打开城市南出口。投资3 848万元，建设农村公路52.3公里，改造公路危桥14座。投资3 261万元，改造农村泥草房、危房1 823户。投资3 106万元，建设美丽乡村示范村8个、达标村10个，建设分布式能源2 236户。

七、民生保障更加有力

全年民生支出16.8亿元，增长10.9%，占一般公共预算支出的61%。全市新增创业主体2 585个。城镇登记失业率控制在3.5%以内。城乡居民养老保险、新农合基本实现全覆盖。城乡低保标准分别提高到每人每月530元和每人每年3 720元。全年发放各类养老保险金5.8亿元，医疗补偿金1.4亿元，低保、救助资金1.3亿元。调整机关事业单位人员工资及艰苦边远地区津贴标准，年增资8 818万元。

八、社会事业全面进步

投资1 211万元，开工建设教育基础项目5个。新区蓝天实验学校投入使用。投资4 020万元的新区中医医院和妇幼保健院完成主体工程。文化"三馆一站"免费开放，群众文化蓬勃发展。五个社区服务中心建设全部达到标准。我市荣获全省"双拥模范城"七连冠。健全安全生产、食品药品安全、社会治安防控体系，人民群众安全感和满意度持续提升。

九、各项改革扎实推进

财税"营改增"全面完成，机关事业单位养老保险并轨、党政机关公车制度改革基本完成，信用联社改制农商银行挂牌营业，农村土地承包经营权确权登记和抵押贷款试点全面推开。简化行政审批，行政许可事项由309项缩减到222项。推进商事制度改革，全面实行"五证合一、一照一码"登记制度。深化县级公立医院综合改革，实行医疗服务价格调整让利百姓。实施厂办大集体改革，76户企业5 157人受益。

十、发展环境日益优化

提升政务服务水平，网上行政审批实现全覆盖。强化行政监察，查处违纪违法案件110件。加强审计监督，完成重点审计项目46个，节约财政资金240万元。成立企业投诉中心，查处破坏发展环境问题8件。加强政府自身建设，着力惩戒庸政、懒政、怠政和不作为等行为，崇廉尚实、干事创业氛围日益浓厚。

2018年，市委、市政府提出今后一个时期工作的总体思路：高举习近平新时代中国特色社会主义思想伟大旗帜，全面贯彻落实党的十九大和省市委全会精神，以"转型崛起、重振雄风"为主线，以打造"国际旅游都市"为目标，大力实施"开放密山、生态密山、创新密山、精美密山"四大战略，做大"现代旅游"引领产业发展，做强"绿色食品、对俄进出口加工"带动产业发展，做优"生物医药、现代农业、商贸物流、矿产资源深加工"支撑产业发展，积极培育壮大新动能新业态，着力提升社会治理水平，全力保障改善民生，全面从严治党，奋力走出一条现代化新密山建设的新路子。

编后语

  根据上级老促会的要求,为了进一步弘扬和践行老区革命精神,经市委、市政府同意,编写了《密山革命老区发展史》一书。《密山革命老区发展史》一书,从严格意义上讲就是一部史料汇编。此书,在收集资料、整理史料的基础上,主要通过回忆录、人物传略、纪实、大事记等有效形式,反映了密山革命老区发展历程,尤其是以史料重点说明了密山的红色历史。

  《密山革命老区发展史》一书在编写过程中,参考了《抗日斗争简史》《剿匪斗争》《密山土改》《密山县志》《中共密山历史》《密山文史资料》《天南地北密山人》北大荒开发建设纪念馆、密山"东北老航校纪念馆"等不少史料。这些史料较翔实地记录了密山革命历史,也为编写这部书提供了较好的素材。借此,向在编写上述史料的过程中付出辛勤汗水的编辑们表示衷心的感谢。

  《密山革命老区发展史》一书,由市老促会策划,敲定书的整体结构及文稿,收集、综合、整理史料及图片,设计封面封底及说明,核对史料、文字等一系列工作。

  《密山革命老区发展史》一书在编写过程中,由于各种原因,难免有些疏漏、偏差,甚至有些不妥之处,对此,请广大读者予以谅解并提出批评指正。

| 编后语 |

《密山革命老区发展史》一书的出版，必将为宣传密山红色历史，宣传密山资源优势和美好愿景起到积极的推动作用。

让红色基因和革命传统代代相传！

密山市革命老区发展史编委会

2018 年 8 月